本书配有课件、教案、开发板资源、代码资源、实验指导书、实验教案、实验教学大纲等配套教学资源

普通高等教育电子信息类系列教材

基于 STM32 的嵌入式系统原理与设计

卢有亮　编著

机械工业出版社

本书内容包括了基于 STM32 的嵌入式系统设计的原理、硬件设计、软件开发及工程实践。在原理部分针对最关键的部分给出了较为详细的解析。在硬件设计部分设计分析了作者开发的 STM32 开发板的详细电路。在软件编程部分不仅引领读者使用库函数编程实现对外设的编程，部分环节还使用寄存器方式实现，另外给出了双缓冲乒乓操作等高级编程方法，及利用 uIP、FatFs 等编程实现网络通信和文件系统。最后在工程实践部分给出了工程实例。本书的硬件和代码由作者设计及编程。

本书适合于计算机、电子、通信、机电、自动化及相关专业的本、专科学生及研究生，也适合于广大嵌入式系统开发工程技术人员、电子技术研究人员。

本书交流论坛：http://www.eeboard.com/bp
责任编辑邮箱：jinacmp@163.com

图书在版编目（CIP）数据

基于 STM32 的嵌入式系统原理与设计/卢有亮编著. —北京：机械工业出版社，2013.11（2025.1 重印）
普通高等教育电子信息类系列教材
ISBN 978-7-111-44416-9

Ⅰ.①基… Ⅱ.①卢… Ⅲ.①微型计算机-系统设计-高等学校-教材 Ⅳ.①TP360.21

中国版本图书馆 CIP 数据核字（2013）第 246235 号

机械工业出版社（北京市百万庄大街 22 号　邮政编码 100037）
策划编辑：吉　玲　责任编辑：吉　玲　崔利平　刘丽敏
版式设计：霍永明　责任校对：程俊巧
封面设计：张　静　责任印制：郜　敏
北京富资园科技发展有限公司印刷
2025 年 1 月第 1 版·第 18 次印刷
184mm×260mm · 15.5 印张 · 379 千字
标准书号：ISBN 978-7-111-44416-9
定价：45.00 元

电话服务　　　　　　　　　　　网络服务
客服电话：010-88361066　　　机　工　官　网：www.cmpbook.com
　　　　　010-88379833　　　机　工　官　博：weibo.com/cmp1952
　　　　　010-68326294　　　金　书　网：www.golden-book.com
封底无防伪标均为盗版　　　　　机工教育服务网：www.cmpedu.com

前 言

嵌入式系统设计飞速的发展，渗透到社会生活的各个方面。STM32 以其较高的性能和优越的性价比，已经成为单片机市场的主流之一。本书基于 STM32，对嵌入式系统的原理、设计、编程进行讲解，并给出一个工程实例。另外，开发了 STM32 开发板做为实验平台、搭建了一个交流论坛，旨在构造一个给力的学习平台。

在笔者的第一部著作《嵌入式实时操作系统 μC/OS 原理与实践》于 2012 年 2 月出版之后，受到了读者的欢迎，全部代码在 PC 下虚拟运行，代码和 PPT 可以在博客下载。在这种情况下，虽然可以学到 μC/OS 的代码，但是缺少在嵌入式设备上的实践。另外，笔者认为微机原理课程上有些内容过于抽象，因此，笔者开始构思设计硬件平台。STM32 系列基于为要求高性能、低成本、低功耗的嵌入式应用专门设计的 ARM Cortex-M3 内核，是现在最热门的嵌入式系统之一。因此，最后的选型是 STM32。

编写这本书的目的就是要提供一本在嵌入式系统设计方面读者读的懂的，从原理到硬件设计与调试，再到软件开发和工程实践的好书！本书中大量的实例可以作为实验课的内容。

本书第 1 章介绍了 STM32 的基本原理，这个原理不是原理大全，而是对于开发最关键的部分，例如地址映射、时钟树、中断、DMA、FSMC 等部分给出了较为详细的解析，而对于电源管理等部分只作了简单介绍。

第 2 章介绍的是硬件设计。笔者成功地设计了亮点 STM32 开发板，在这个基础上，给出了硬件设计的解析，对于读者设计嵌入式系统硬件具备参考价值，市面上其他的嵌入式系统设计的书籍是很少有这方面内容的，而且软件的编程离不开硬件的逻辑。

第 3 章是 STM32 软件开发。这里的编程是驱动的编程加应用开发。所有的章节都配备实例，这些实例都是被亮点 STM32 开发板用户验证了的。在第 3 章的最开始部分是"我的第一个基于固件库的工程"，是快速学习入门的好帮手，笔者做到了尽量细致。后面章节的双缓冲操作、网络开发组件 uIP、文件系统组件 FatFs 又是具有一定的难度和极大的应用价值。因此，这一部分由浅入深，覆盖了软件开发的大部分环节。

第 4 章是具体的工程项目实例，有需求、设计和实现，希望读者能通过它找到做工程的方法并巩固所学的知识，并提高工程开发能力。

附录 A 是亮点 STM32 开发板资源，这对软件编程的重要性显而易见，对于端口的设置，请查附录 A。

附录 B 是实验教学安排，可作为高校实验教学使用的一个参考。

因篇幅限制，本书并没有包含 μC/OS 和 μC/GUI，这些内容将出现在后续的亮点嵌入式系列书籍中介绍。

感谢机械工业出版社吉玲对我的大力支持，在成都与我对书籍的写作进行了大量的交流，并促成了亮点嵌入式在爱板网论坛安家。另外，特别感谢给予我很多建议、支持和帮助的朋友。

资源：

本书配套的开发板在淘宝（http：//brightpoint.taobao.com）有售。如果采用其他开发板或用户自己的目标板，只需修改头文件中的配置信息即可使用本书的例程。

读者还可以在以下地址进行学习和交流：

博客：http：//blog.sina.com.cn/u/2630123921

交流论坛：http：//www.eeboard.com/bp

编　者

2013 年于成都

目 录

前言
第1章 STM32 基本原理 1
1.1 STM32 性能和结构 1
1.1.1 总体性能 1
1.1.2 系统结构分析 2
1.1.3 芯片封装和引脚概述 4
1.2 Cortex-M3 处理器 5
1.2.1 Cortex-M3 的定位和应用 5
1.2.2 Cortex-M3 处理器结构 6
1.2.3 Cortex-M3 寄存器 7
1.2.4 堆栈 10
1.3 STM32 储存地址映射 11
1.4 引脚功能描述 15
1.5 电源连接 16
1.6 复位和时钟控制（RCC） 17
1.6.1 复位 17
1.6.2 时钟源 17
1.6.3 时钟管理寄存器 20
1.7 输入/输出端口 20
1.7.1 常规输入/输出 GPIO 20
1.7.2 GPIO 复用 21
1.8 模-数转换器和数-模转换器 22
1.8.1 模-数转换器 22
1.8.2 数-模转换器 23
1.9 中断 24
1.9.1 STM32 的中断通道和中断向量处理 25
1.9.2 STM32 的外部中断 28
1.9.3 STM32 的中断优先级分组 28
1.10 DMA 30
1.10.1 DMA 解析 30
1.10.2 DMA 通道和请求 31
1.11 定时器 34
1.11.1 系统滴答定时器（SysTick） 34
1.11.2 STM32 常规定时器 39
1.12 同步串行口 SPI 和 I^2C 40
1.12.1 SPI 40
1.12.2 I^2C 43
1.13 同步异步收发器 45
1.14 灵活的 FSMC 46
1.14.1 FSMC 概述 46
1.14.2 FSMC 控制液晶控制器 48
习题1 48

第2章 硬件设计 50
2.1 STM32 主板设计 50
2.1.1 MCU 及其周围电路设计 50
2.1.2 USB 转串口电路设计 51
2.1.3 TTL 转 RS232 电路设计 52
2.1.4 网络端口电路 53
2.1.5 SPI FLASH 端口电路 54
2.1.6 I^2C 端口电路 54
2.1.7 TF 卡端口电路 55
2.1.8 按键、LED 显示电路和其他端口 55
2.2 液晶屏与触摸屏控制板设计 56
2.2.1 带触摸 TFT 液晶屏 56
2.2.2 TFT LCD 屏的时序 58
2.2.3 触摸屏 58
2.2.4 TFT LCD 的背光 LED 59
2.2.5 TFT LCD 控制器 RA8875 60
2.2.6 TFT 液晶控制板具体设计 65
习题2 71

第3章 STM32 软件开发 72
3.1 STM32 软件开发环境 72
3.1.1 MDK Keil 开发环境 73
3.1.2 串口编程软件 ISP 74
3.1.3 JLINK 76
3.2 使用固件库开发我的第一个工程 81
3.2.1 获得和理解固件库 81
3.2.2 我的第一个工程 83
3.3 操作 GPIO 和管理中断 99
3.3.1 GPIO 寄存器 99
3.3.2 GPIO 库函数 102
3.3.3 嵌套向量中断控制器 NVIC

		库函数 ……………………………	107
	3.3.4	外部中断/事件管理库函数 ………	108
	3.3.5	带按键控制的流水灯实验 ………	109
3.4	串口通信和 DMA 编程 ……………		115
	3.4.1	串行异步通信 USART 库函数 …	115
	3.4.2	一个串口发送和中断接收	
		例程的实现 ……………………	116
	3.4.3	DMA 库函数 …………………	118
	3.4.4	使用 DMA 和双缓冲乒乓操作	
		实现串口接收、发送 …………	119
3.5	SPI 与 I²C 编程 ……………………		125
	3.5.1	SPI 库函数 …………………	125
	3.5.2	SPI FLASH 原理 ……………	126
	3.5.3	SPI FLASH 编程实验 ………	130
	3.5.4	TF 卡编程 …………………	135
	3.5.5	I²C 编程及实例 ……………	145
3.6	液晶屏及触摸屏编程 ………………		152
	3.6.1	FSMC 端口配置和简单	
		图形显示 ………………………	152
	3.6.2	触摸屏编程 ……………………	161
	3.6.3	汉字输出 ………………………	163
	3.6.4	图片显示和操作 ……………	173
3.7	定时器编程 …………………………		185
	3.7.1	SysTick 编程实验 ……………	185
	3.7.2	定时器库函数 …………………	187
	3.7.3	定时器编程实验 ……………	189
3.8	DAC 和 ADC 编程 …………………		192
	3.8.1	DAC 库函数 …………………	192

	3.8.2	DAC 编程 ……………………	193
	3.8.3	ADC 库函数 …………………	195
	3.8.4	DMA 方式 ADC 采集实验 ……	197
3.9	网络编程 ……………………………		201
	3.9.1	网络端口芯片 ENC28J60 驱动 ……	201
	3.9.2	uIP 编程 ………………………	207
	3.9.3	使用 uIP 实现 Ping 响应 ……	210
	3.9.4	AD 采集和网络 UDP 传输 ……	214
	3.9.5	TCP 接收和发送实验 ………	219
习题 3			220
第 4 章	**工程项目实例**		**222**
4.1	需求分析 …………………………		222
	4.1.1	需求 …………………………	222
	4.1.2	分析 …………………………	222
4.2	工程设计 …………………………		223
	4.2.1	整体设计 ……………………	223
	4.2.2	从机硬件端口设计 …………	223
	4.2.3	从机软件设计 ………………	225
4.3	软件开发 …………………………		225
	4.3.1	宏和变量定义 ………………	225
	4.3.2	主程序编程 …………………	226
设计题			228
附录 ……………………………………………………			**229**
附录 A	亮点 STM32 开发板资源 …………		229
附录 B	实验教学安排 ……………………		237
参考文献 ………………………………………………			**239**

第 1 章　STM32 基本原理

　　学习 STM32 需要从原理入手，学好 STM32 基本原理便可为全套的硬件、软件、操作系统、工程实践学习打下一个良好的基础。STM32 基本原理是整本书的快速入门知识或基石。但是本部分并不是原理大全，对于一般的情况，在学习了本书后，并不需要学习一本专门的原理方面的书籍。

　　无论是做顶层的开发还是做驱动开发，都需要掌握基本的原理。如果没有涉足这个领域，那么本章起到一个入门的作用。同时，本章的内容也可以作为工程开发、操作系统移植等方面的参考。

　　本章的第一部分是 STM32 的性能和结构，然后是对 Cortex-M3 处理器的分析，之后讲述的是 STM32 储存地址映射，引脚功能描述，电源连接，复位和时钟控制（RCC），输入/输出端口，ADC 和 DAC，中断，DMA，定时器，同步串行口 SPI 和 I^2C，以及同步异步收发器，最后介绍的是灵活的 FSMC。通过本章的学习，既可以掌握 STM32 的全貌，也可以学习到关于 Cortex-M3 处理器内核和 STM32 器件的细节信息。

1.1　STM32 性能和结构

　　STM32 具有比较高的性价比，且具有很高的市场占有率，下面介绍总体性能。

1.1.1　总体性能

　　笔者对器件的选型为高密度的 STM32F103VET6，目的是能适合一般项目的需要，而且价格可控制在 30 元以下，避免由于 FLASH 和 RAM 太小造成的瓶颈。因为要运行 μC/OS 和 μC/GUI，需要一定的 FLASH 和 SRAM。VET6 中：V 的含义为 100pins，即 100 个引脚；E 表示 512KB 的 FLASH；T 表示 LQFP 封装；6 表示 -40~85℃ 的温度范围。

　　STM32F103VET6 的整体性能见表 1-1。

表 1-1　STM32F103VET6 的整体性能

项目	解读
内核	ARM 32-bit Cortex-M3 CPU 核
最高频率	72MHz
处理能力	1.25DMIPS/MHz（在 1MHz 的时钟下，每秒可执行 125 万条整数运算指令）
FLASH	512KB FLASH 存储器
SRAM	64KB SRAM
电源和 I/O 输入电压范围	2.0~3.6V
模-数转换器（ADC）	3 个 12 位 ADC,16 通道
数-模转换器（DAC）	2 个 12 位 DAC,2 通道

(续)

项目	解读
GPIO	80 个，可忍受 5V 的高压
调试	串口调试（SWD）和 JTAG 端口
定时器	8 个，TM1～TM8
通信端口	13 个，包括 5 个串口、2 个 I^2C、3 个 SPI、1 个 CAN、1 个 USB、1 个 SDIO
FSMC	有

从表 1-1 来看，STM32F103VET6 的整体性能相对于价格（小于 30 元）来说较优秀。查看低密度和中密度系列的器件手册，STM32 性能有所缩减，但价格也降低了（STM32F103RBT6 价格不到 10 元）。由于 STM32 系列之间的全兼容性，相同封装可以 STM32 替换。STM32 性价比高是其流行的主要原因，而即便是同时使用了操作系统、图形用户端口、TCP/IP 协议栈、FAT32 文件系统等，STM32F103VET6 也可以应付，对于一般的应用足够了。

对于其他型号的 STM32 芯片，在官网查看其器件，下载对应的器件数据手册，可以和 STM32F103VET6 进行比较。差异性主要是 FLASH 和 SRAM 的尺寸，封装形式，AD、DA 及通信端口的个数等。

需要注意，1.25DMIPS/MHz 可以理解为处理能力，是在 1MHz 的时钟下，每秒执行整数指令的条数是 1.25M 条，也就是 1 个时钟周期执行超过一条的整数运算指令。这是因为采用了多级流水线的结构。这个指标，对于 ARM7 是 0.9DMIPS/MHz，ARM9 是 1.1DMIPS/MHz。这里的 D 是整数运算指令的意思，也就是采用整数指令进行测试得到的结果。这个处理能力相对于 STM32 比较便宜的价格来说是足够优秀的了。

要掌握 STM32 系统，首先要对系统的结构进行分析。

1.1.2 系统结构分析

STM32 系统结构框图如图 1-1 所示。该框图中包括了 STM32 的最核心的设备。图 1-1 中，Cortex-M3 内核是大脑，通过指令总线 ICode、数据总线 DCode、系统总线 System 与存储器和各种外设打交道，而总线矩阵实现了开关操作功能。多 DMA 通道是 STM32 系统的重要特征，有利于让 Cortex-M3 内核从繁重的数据转移工作中解放出来。高速总线 AHB 和低速总线 APB 之间通过 AHB-APB 桥进行交互。

图 1-1 上标明的数字处分别是：

（1）Cortex-M3 CPU 所在之处，是司令部，是大脑。

（2）总线矩阵，所谓矩阵就是矩阵开关，就如同电话接线员，根据请求进行接线。其核心功能是进行总线之间的连接。说得专业一点，它具有仲裁功能，由 4 个主动部件（DCode 总线、系统总线、DMA1 总线、DMA2 总线）及 4 个被动部件（FLASH 端口、SRAM、FSMC、AHB_APB 桥）构成。

（3）闪存 FLASH 通过 FLASH 端口连接 CPU。FLASH 端口有两条路到 CPU，一条是传送指令的 ICode 总线，这样，FLASH 中的指令直接通过 ICode 总线送到 CPU 进行处理。另外一条是将 FLASH 的数据线通过总线矩阵接数据总线 DCode 连接到 CPU。

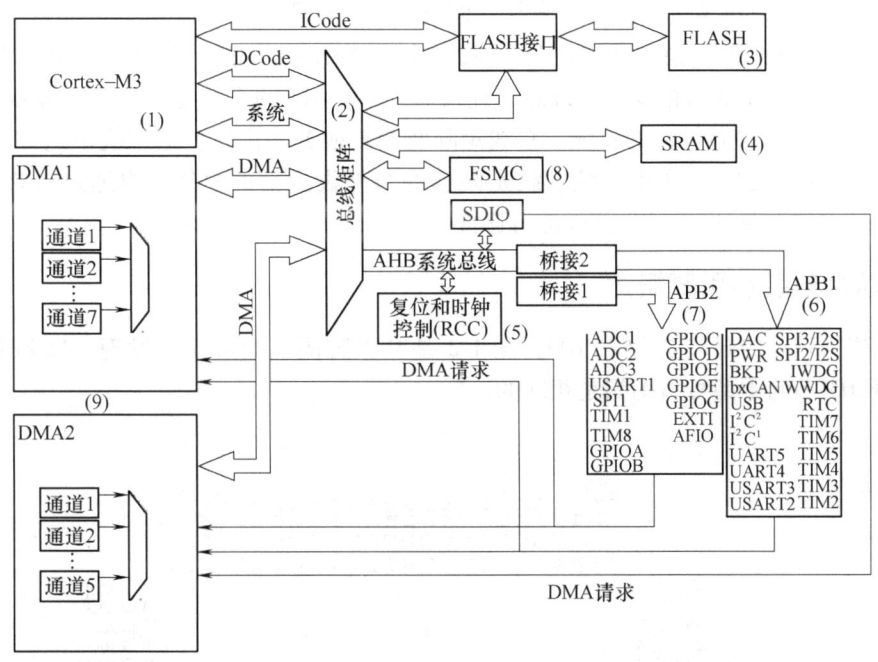

图 1-1 STM32 系统结构

(4) 静态存储器（SRAM）通过总线矩阵连接 CPU。SRAM 是数据存放的地方，堆栈等也在这里，所以其速度和容量是关键的因素。通常直接在 FLASH 中执行代码，毕竟 SRAM 容量有限，但是也可以选择将程序从 FLASH 转移到 SRAM 来执行。

(5) 复位和时钟控制（RCC），它是高速设备，连接在高速的 AHB 总线上。RCC 是一整套的时钟管理设备，通过对与之相关的寄存器的配置，可以设置 RCC 的工作模式，例如选择内部还是外部的时钟，选择高速还是低速的时钟，时钟分频或倍频的比率等。

(6) 低速 APB1 外设，通过 APB1 总线接 APB 桥 2，然后通过 AHB 系统总线接矩阵开关，最后连接到 CPU。低速外设的速度上限是 36Mbit/s。串口、SPI、I^2C 及大部分的定时器都在其中。

(7) APB2 外设，也是 APB 外设，通过 APB2 总线接 APB 桥 1，然后通过高速 AHB 系统总线接矩阵开关，最后连接到 CPU。APB2 外设的速度上限是 72Mbit/s。GPIO 口、ADC、定时 1 和定时器 8 在其中。

(8) 可变静态存储控制器（FSMC）。FSMC 具有软骨功，柔韧性非常强。FSMC 支持不同的静态存储器，具有多种存储器操作方法，并支持代码从 FSMC 扩展的存储器直接运行。通过对与 FSMC 相关的特殊功能寄存器的设置，FSMC 能够根据不同的外部存储器，发出相应的数据、地址、控制信号来匹配外部存储器，从而使得 STM32 能够应用各种不同类型、不同速度的外部静态存储器。由于 FSMC 的这种特性，可以降低系统设计的复杂性。通过 FSMC 可以以总线的方式与液晶控制器通信，从而驱动高精度大屏幕液晶，因此，FSMC 经常被应用于液晶控制器的管理。

(9) 2 个 DMA 通道。DMA 技术在 STM32 中得到了较好的应用，采用 DMA 方式可以极大地减少 CPU 的负担。因为有了 DMA，CPU 不需要做所有的事。DMA 控制器通过 DMA 总线连接到总线矩阵,再通过总线矩阵来与其他设备进行互联。

归纳一下4条总线。总线 ICode 是用来传输 FLASH 指令的,也用于预取指令。总线 DCode 是连接 FLASH 的数据线。系统总线连接着 Cortex-M3 的系统总线(外设总线)。DMA 总线是 DMA 控制器进行控制的总线。总线矩阵使用轮换算法进行仲裁来决定这些总线的连接。通过矩阵开关之后,AHB 系统总线是高速的与外设通信的总线,再通过桥接芯片后,将 AHB 系统总线与低速的 APB 总线进行连接。

1.1.3 芯片封装和引脚概述

STM32F103VE 的封装是 LQFP100,图 1-2 是其引脚图。通过比较发现,LQFP100 封装的 STM32F103 不同子型号引脚都是相同的。

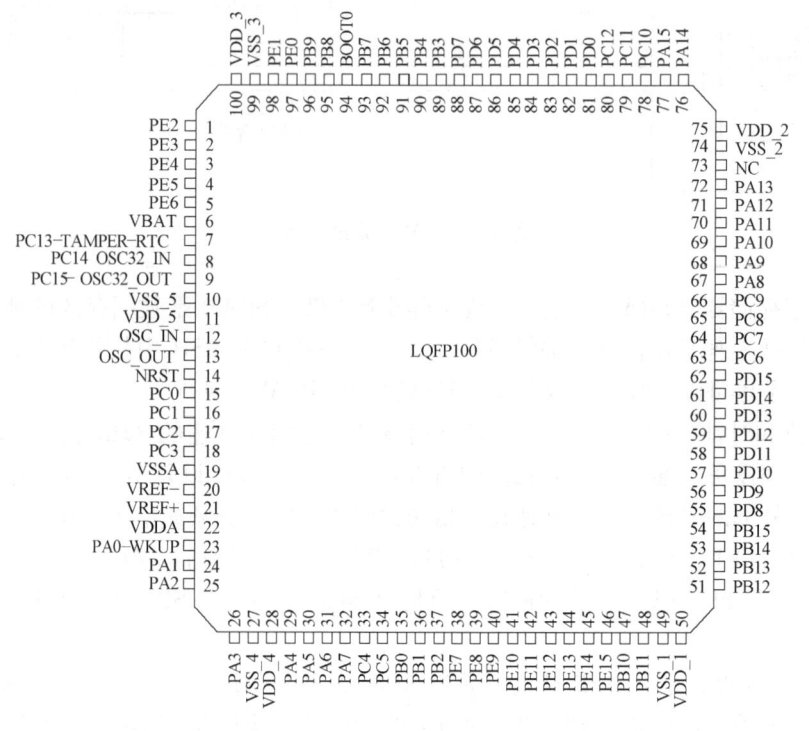

图 1-2 STM32F103VE 引脚图

要进行硬件设计必须对每个引脚的功能和电气特性都很清楚,引脚描述在器件数据手册中对应的是引脚及其描述(Pinouts and Pin Descriptions)部分。

其中,6 脚 VBAT 为电池供电端,在未提供电源(VDD 不满足要求或无电压)时为实时时钟 RTC、备份寄存器和外部时钟 32kHz 晶体振荡器供电。当不使用电池的时候必须将其连接到 VDD。

所有的 VDD 都是电源输入端,所有的 VSS 都接地。这些电源和地引脚一共 5 组(VSS1、VDD1)~(VSS5、VDD5),共用 10 个引脚。

GPIO 为常规输入/输出端口,占据了大量的引脚,共 80 个。该类引脚以 P 打头,都是

16位的，分为5个组，分别为PA0~PA15、PB0~PB15、PC0~PC15、PD0~PD15、PE0~PE15。这些端口大都有多重功能，既可作为I/O又可编程为其他功能。

OSC_IN和OSC_OUT是外部时钟输入引脚，共用2个引脚。

NRST为外部复位引脚。该引脚上的低电平将导致系统复位。

VREF-和VREF+为ADC和DAC提供参考电压，VSSA和VDDA为ADC和DAC提供电源，共用4个引脚。如果项目需要高精度的数模转换和模数转换，应该将其连接到外部参考源。

BOOT0和BOOT1为芯片启动模式配置引脚，其中BOOT1与PB2复用引脚。

未用引脚NC1个。

综合统计GPIO引脚80个，电源引脚10个，其他引脚10个，合计引脚数量为100个。

那么，SPI引脚、FSMC引脚、USART引脚等都到哪里去了呢？不用担心，STM32可对引脚功能进行编程，大多数的引脚都可以通过编程定义其功能，称之为复用。

其中，特殊的复用引脚有脚7、8、9，它们在作GPIO使用时，电流只能达到3mA，频率不能超过2MHz。如脚7（PC13-TAMPER-RTC）这样的引脚是复用引脚，默认时为TAMPER-RTC，也可以配置为PC13（GPIO的13位）。引脚8和9为PC14-OSC32-IN和PC15-OSC32-OUT，默认时为外部时钟输入。当它们在作I/O使用时，电流也只能达到3mA。

其他引脚则没有这样的限制，在作I/O使用时可以具有较高的输出能力（一般为25mA）。至于这些引脚都可以配置为什么样的复用功能，在厂家器件手册中有详细的说明。

接下来一节进入核心——Cortex-M3处理器。

1.2 Cortex-M3处理器

STM32采用的是32位处理器核Cortex-M3，Cortex-M3中的各种寄存器是主要的编程对象。即使使用库函数，还是需要对Cortex-M3的结构有所了解。本节简明扼要地研究Cortex-M3处理器。

因为Cortex-M3是ARM公司的知识产权。请在ARM公司网站获取资料，主要资料是Cortex-M3技术参考手册。

1.2.1 Cortex-M3的定位和应用

从图1-3可见，嵌入式处理器核Cortex-M3的容量（Capability）和执行功能（Performance Functionality）都居中，但其性价比是当今较好的品种之一，也是现在较流行的品种之一。嵌入式处理器主要着重于在各种功耗敏感型应用中提供具有高确定性的实时行为。这些处理器通常执行实时操作系统（RTOS）和用户开发的应用程序代码。既然是运行RTOS，那么μC/OS比较适用于在装载了Cortex-M3的STM32上运行，Linux就不合适。

以Cortex-M3核为中心的处理器的应用范围ARM公司定义为商业微控制器、汽车控制系统、电动机控制系统、大型家用电器控制器、无线传感器网络、有线传感器网络、大容量存储控制器、打印机、网络设备，当然不在这8项里的应用也有很多，例如，环境监测、各种测控系统甚至航空航天系统等。读者在掌握了这门技术之后，根据所在单位的特点，自然会应用在需要的领域。

下面介绍的是 Cortex-M3 处理器结构。

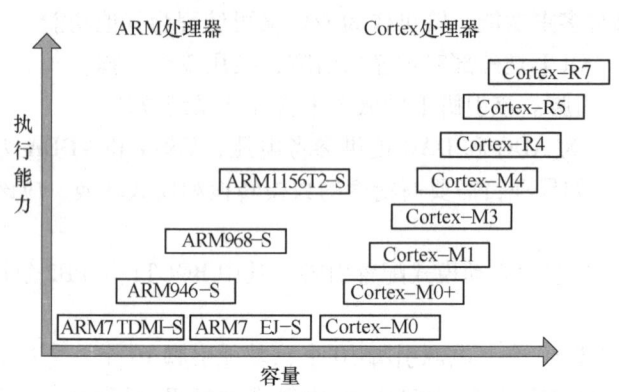

图 1-3 Cortex-M3 定位

1.2.2 Cortex-M3 处理器结构

Cortex-M3 处理器结构如图 1-4 所示。

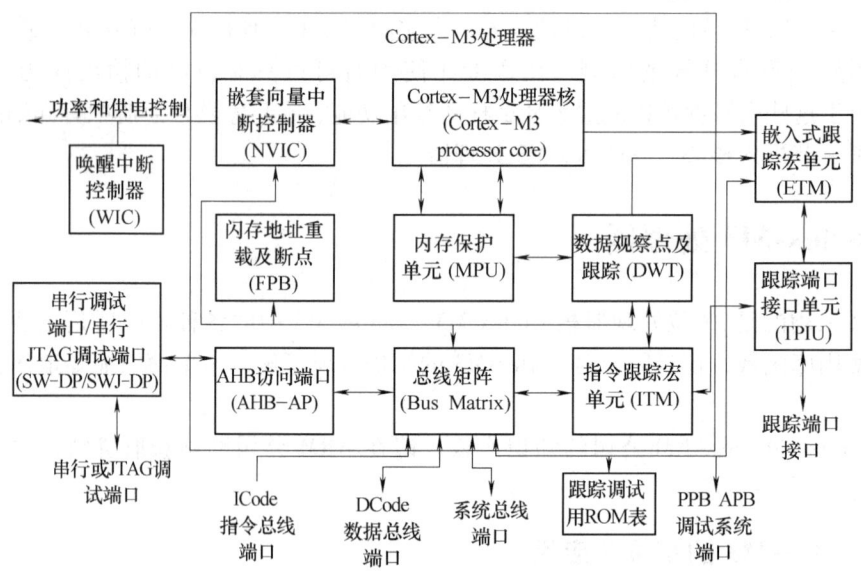

图 1-4 Cortex-M3 处理器结构

Cortex-M3 处理器结构中各个部分的解释和功能如下：

嵌套向量中断控制器（NVIC）：负责中断控制。该控制器和内核是紧耦合的，提供可屏蔽、可嵌套、动态优先级的中断管理。

Cortex M3 处理器核（Cortex-M3 processor core）：Cortex-M3 处理器核是处理器的核心所在。

闪存地址重载及断点（FPB）：实现硬件断点以及代码空间到系统空间的映射。

内存保护单元（MPU）：内存保护单元 MPU 的主要作用是实施存储器的保护，它能够在系统或程序出现异常而非正常地访问不应该访问的存储空间时，通过触发异常中断而达到提高系统可靠性的目的。STM32 系统并没有使用该单元。

数据观察点及跟踪单元（DWT）：调试中用于数据观察功能。

AHB 访问端口（AHB-AP）：高速总线 AHB 访问端口将 SW/SWJ 端口的命令转换为 AHB 的命令传送。

总线矩阵（Bus Matrix）：Cortex-M3 总线矩阵，CPU 内部的总线通过总线矩阵连接到外部的 ICode、DCode 及系统总线。

指令跟踪宏单元（ITM）：可以产生时间戳数据包并插入到跟踪数据流中，用于帮助调试器求出各事件的发生时间。

唤醒中断控制器（WIC）：WIC 可以使处理器和 NVIC 处于一个低功耗睡眠的模式。

嵌入式跟踪宏单元（ETM）：调试中用于处理指令跟踪。

串行调试端口/串行 JTAG 调试端口（SW-DP/SWJ-DP）：串行调试的端口。

跟踪端口接口单元（TPIU）：跟踪端口的接口单元。用于向外部跟踪捕获硬件发送调试停息的接口单元，作为来自 ITM 和 ETM 的 Cortex-M3 内核跟踪数据与片外跟踪端口之间的桥接。

Cortex-M3 既然是 32 位处理器核，地址线、数据线都是 32 位的。采用了哈佛结构。哈佛这种并行结构将程序指令和数据分开进行存储，其优点是因为在一个机器周期内处理器可以并行获得执行字和操作数，提高了执行速度。简单理解一下，指令存储器和其他数据存储器采用不同的总线（ICode 和 DCode 总线），可并行取得指令和数据。

1.2.3 Cortex-M3 寄存器

Cortex-M3 寄存器部分对于以后的编程是非常重要的，尤其是当进行 μC/OS 移植需要写汇编的时候，须直接编程操作这些寄存器，因此需要先认识这些寄存器。表 1-2 列出了 Cortex-M3 内核拥有的寄存器。

表 1-2　Cortex-M3 寄存器

寄存器		名　　称	说　　明
R0		通用寄存器(16 位 THUMB 指令及 32 位 THUMB2 指令都可访问)	通用寄存器
R1			
R2			
R3			
R4			
R5			
R6			
R7			
R8		通用寄存器（仅 32 位 THUMB2 指令可访问）	
R9			
R10			
R11			
R12			
R13	MSP	主程序堆栈指针	用于 OS 内核和堆栈处理
	PSP	应用程序堆栈指针	用于应用程序
R14		链接寄存器	存放子程序返回地址
R15		程序指针	存放程序地址

(续)

寄存器		名　称	说　明
程序状态寄存器 xPSR	APSR	ALU 标志寄存器	存放上条指令结果的标志,包括 N、Z、C、V、Q 位
	IPSR	中断号寄存器	存放中断号
	EPSR	执行状态寄存器	含 T 位,在 CM3 中 T 位必须是 1。含 ICI 位,记录下一个即将传送的寄存器是哪一个
PRIMASK		中断关闭寄存器	为 1 时关闭所有可屏蔽中断
FAULTMASK		异常关闭寄存器	为 1 时屏蔽除 NMI 外所有异常
BASEPRI		屏蔽优先级寄存器	定义屏蔽优先级的阀值,所有优先级大于该值的中断被关闭
CONTROL		状态控制寄存器	定义特权级别,选择堆栈指针

R0～R12 是最基本的寄存器,是通用寄存器。R0～R7 所有的指令都可以访问,R8～R12 则不是,需要 32 位的 Thumb2 指令才能访问。

R13 是堆栈指针寄存器。这样的寄存器其实有两个,一个是 MSP,一个是 PSP,但是同一时间点上,只能使用其中的一个。MSP 是系统复位时使用的,也是中断服务程序使用的;PSP 则是可以由用户程序使用的。Cortex-M3 有两种模式,特权模式和线程模式。普通应用程序代码,例如用户主程序 main 或用户函数运行在线程模式,可以使用 MSP 或 PSP。而异常处理代码即中断服务程序 ISR 代码运行在特权模式,只能使用 MSP。

MSP 和 PSP 的不同也为实时操作系统的使用提供了便利,不经过特殊设置,不带操作系统的程序永远使用 MSP,中断服务程序和用户程序使用同一个堆栈。当使用了如 μC/OS 等操作系统的时候,每个任务有自己的堆栈,让用户程序使用 PSP,中断服务程序使用 MSP。

R14 是链接寄存器,是用来存储返回地址的。如果主程序调用函数,就要把当前的地址保存到 R14。需要注意的是,在中断中,R14 是另有含义的,被称为 EXC_RETURN,含义和在用户程序中是完全不同的。位 31～位 4 全为 1,低 4 位中位 3 为 1 表示返回后进入线程模式,为 0 表示返回后进入特权模式 HANDLER。位 2 为 1 表示返回后使用 PSP,为 0 表示返回后使用 MSP。位 1 必须为 0。位 0 为 1 表示返回 Thumb 状态,在 Cortex-M3 处理器核时必须为 1,为 0 表示返回 ARM 状态。通过对 R14 的设置,可以在中断返回后,选择使用 MSP 或 PSP,这在嵌入式实时操作系统 μC/OS 移植的时候会被使用到。

EXC-RETURN 按位说明见表 1-3。

表 1-3　EXC_RETURN 按位说明

位	值	
	0	1
31～4	非法	必为 1
3	从中断返回后将进入特权模式	从中断返回后将进入线程模式
2	从中断返回后使用 MSP	从中断返回后使用 PSP
1	保留,必为 0	非法
0	返回 ARM 状态	返回 Thumb 状态,Cortex-M3 下必为 1

R15 是程序寄存器,里面是程序的地址。如果对它进行修改,就改变了程序的走向。

其他的寄存器是特殊功能寄存器,其中程序状态寄存器 xPSR 是一个 32 位的寄存器,但又可以划分为 3 个子寄存器,31~27 位为 APSR,26~9 位为 EPSR,8~0 位为 IPSR。PRIMASK、FAULTMASK、BASEPRI 都是用来设置中断屏蔽的。CONTROL 寄存器(状态控制寄存器)用于定义特权级别,选择堆栈。

Cortex-M3 操作模式如图 1-5 所示。

图 1-5　Cortex-M3 操作模式

说到 CONTROL 寄存器,就会说到特权级和用户级,特权模式和线程模式。其实所谓特权模式,就是中断服务程序运行,其他的都是在线程模式。当 STM32 开始运行的时候,首先进入复位中断程序,这是在特权模式,然后,从中断中返回,进入用户程序执行,就进入了线程模式。

例如,程序在主程序中运行,循环点亮流水灯,是出于线程模式。这时串行接口(串口)有数据送过来,串口中断发生,将进入中断服务程序 ISR,就进入特权模式。从串口中断中返回,继续控制流水灯,就回到线程模式。

特权模式下,必然运行在特权级,可以访问所有的资源,如所有的寄存器,而在用户级则不能,功能受限,例如不能够访问 CONTROL 寄存器,经过测试在用户级访问特殊功能寄存器指令无任何执行效果。用户程序在执行的时候可以处在特权级也可以在用户级,在没有进行设置的时候,是运行在特权级的。由特权级到用户级的方法就是可以通过设置 CONTROL 寄存器,但是要从用户级回到特权级却只有通过中断服务程序,因为在用户级是不能够设置 CONTROL 寄存器的,而中断服务程序是运行在特权级,可以通过设置前面分析的 R14(在堆栈中变身为 EXC_RETURN)寄存器,在中断返回后改变特权级及使用的堆栈!

如表 1-4 所示,CONTROL 有 2 位,CONTROL[0]为 0 表示是处于特权级,为 1 表示处于用户级。只有在特权级,才可以将其修改为 1,进入了用户级的线程模式。CONTROL[1]也是如此,其为 0 表示选择主堆栈指针 MSP,为 1 表示选择线程堆栈指针 PSP。笔者设计了让用户程序离开特权模式的代码如代码 1-1 所示。

表 1-4 CONTROL 寄存器按位说明

位	值	
	0	1
1	选择主堆栈指针 MSP	选择线程堆栈指针 PSP
0	特权级的线程模式	用户级的线程模式

代码 1-1 离开特权模式的代码

```
LeaveSpecialPower
    MRS  R0, CONTROL
    ORR  R0, #1
    MSR  CONTROL, R0
    BX   LR
```

使用 JLINK 在线调试，跟踪每一条语句，查看寄存器的值。MRS 语句将特殊功能寄存器 CONTROL 的值赋给 R0，R0 的值是 0，然后将 R0 与 1 按位或运算，R0 的值从 0 变为 1，然后用 MSR 将 R0 的值赋给 CONTROL，CONTROL 的值变为 1。这样，就进入了用户级的线程模式。这之后读者可以加入一些语句来测试，再使用 MRS、MSR 指令不会有任何的效果，说明用户级下对特殊功能寄存器进行了保护。如果要再返回特权级，必须进中断服务程序，并在中断服务程序通过设置 EXC_RETURN 寄存器来达到修改返回后的模式和使用的堆栈。

1.2.4 堆栈

堆栈这种后进先出的数据结构在编程中具有重要的意义，在函数调用的时候，将寄存器的值顺序压入堆栈，当程序返回的时候，将寄存器的值从堆栈中逆序弹出，这样寄存器的值不会发生变化，就不会产生错误。进入中断的时候也是这个道理。

Cortex-M3 使用的是向下增长的满栈。所谓向下增长是指向低地址增长，所谓满栈是指堆栈指针 SP 指向最后一个被压入的数据。另外，Cortex-M3 使用小端模式，高字节在高地址。堆栈以字（4B）为单位，那么 Cortex-M3 堆栈的说明图如图 1-6 所示。

在图 1-6 中，堆栈的栈顶是 0x20007FF8，堆栈中已经压入了 2 个字 0x0102030A 和 0x00000009。图的下半部分说明了在小端模式下，0x0102030A 按字节存储的方法及每个字节存储的方法，一个字中数值的高字节存储在高地址，一个字节中数值的高位存储在高位。从 0x20007FFC 地址开始存储 0x0102030A，采用小端模式的时候，低字节存储在低地址 0x20007FFC，即 0x20007FFC 的内容为 0x0A，而高地址 0x20007FFF 存储的是最高字节的 0x01。

当压入（PUSH）4 个字后，堆栈向低地址增长，栈顶变为 0x20007FE8。当再弹出（POP）3 个字后，栈顶变为 0x20007FF4。PUSH 的过程是 SP 先减 4，然后将要压入的数据存储到 SP 指示的堆栈地址空间，POP 的过程则相反。于是，图 1-6 中，当堆栈是空的时候，SP 的值应该是 0x20008000。

另外，Cortex-M3 具有主堆栈指针 MSP 和进程堆栈指针 PSP，支持双堆栈机制。当使用

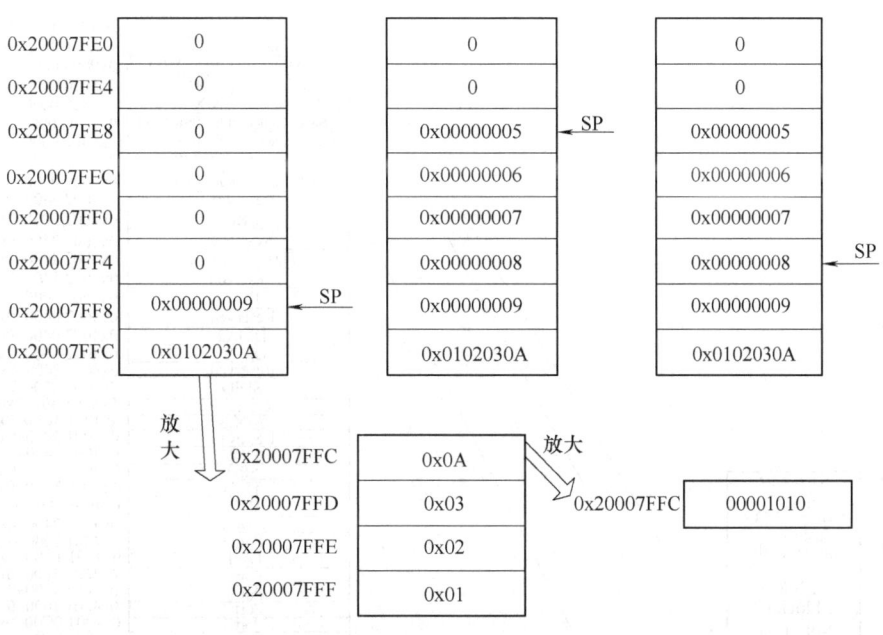

图1-6 Cortex-M3 堆栈说明图

操作系统的时候，操作系统可以修改 PSP 值来实现任务的切换。如 μC/OS 操作系统每个任务有自己的堆栈，通过修改 PSP 的值，在任务切换的时候就可以切换堆栈，而 MSP 则由中断服务程序使用。

1.3 STM32 储存地址映射

STM32 中，程序存储器、数据存储器、寄存器、输入输出端口被组织在一个 4GB 空间的不同区域，这些区域被明确的划分了。就像一个柜子有很多抽屉，这些抽屉用来做什么都被贴上了标签。如果要访问 IO 端口，就要对对应的地址写数据；如果要设置 IO 端口的属性，也要写对应的寄存器。当然，写内存也是一样的过程。这就是统一编址了，无论是写端口或是存储器，都指要向指定的地址写数据，读的过程也是这样的。因此，4GB 不能都是存储器，实际上 STM32F103VE 给 FLASH 留下的最大空间是 512MB，给 SRAM 分配的最大空间是 64MB。

但是，对于不同的设备，虽然是统一编址，内核采用的不同的总线进行访问。这在前面的系统结构图就可以看出。但是在编程过程中，却不需要考虑这些。

另外，STM32 对设备的地址进行了重新的映射，当访问存储器或外设的时候，都是按照映射后的地址进行访问。

下面给出存储映射图如图 1-7 所示，然后进行分析，该映射图来源于厂家网站下载的高密度 STM32 器件的器件手册。

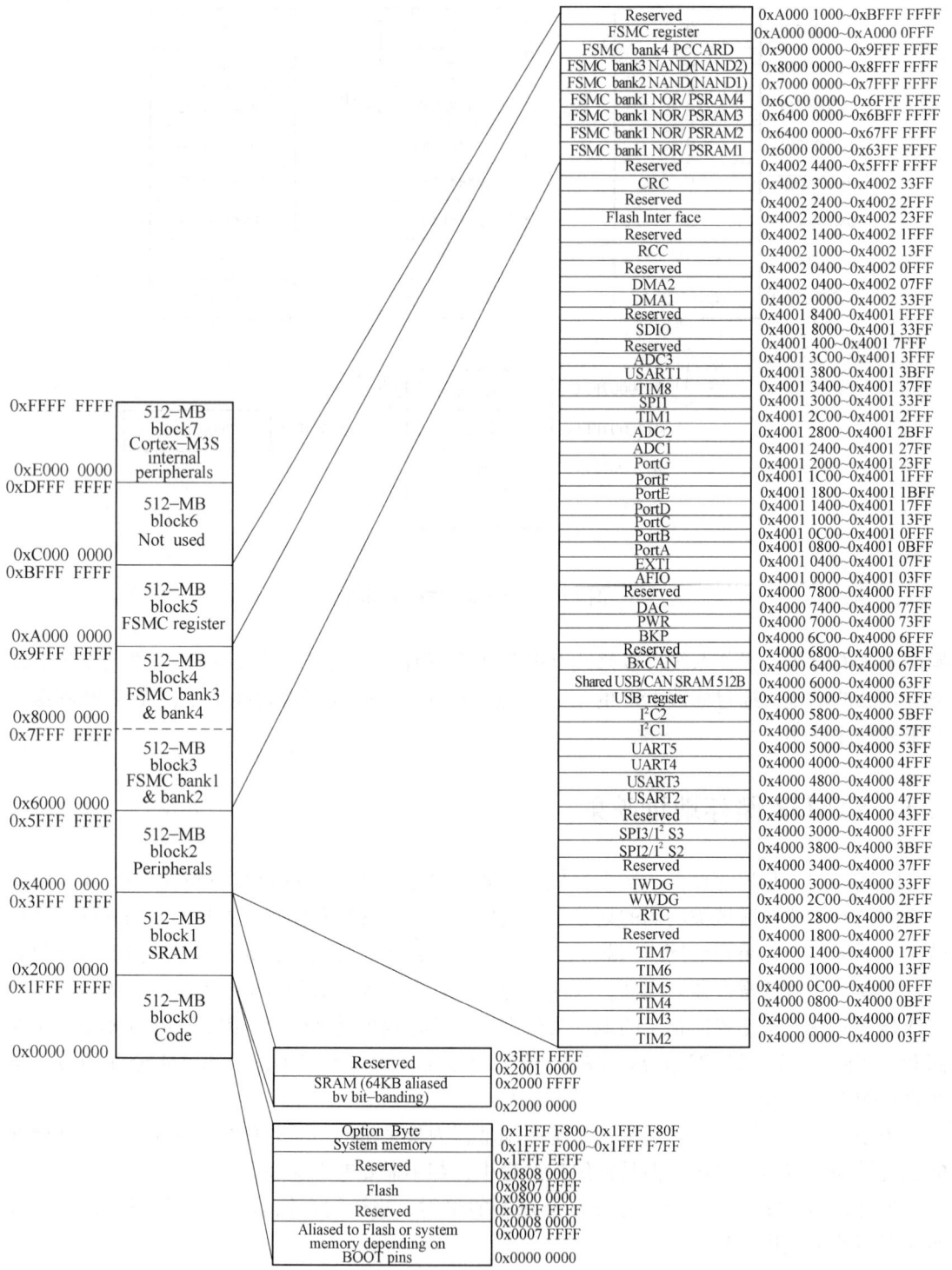

图 1-7　高密度 STM32 存储映射图

分析存储映射图，地址 0x00000000~0X1FFFFFFF 共 512MB 为块 0，最开始的地方是系统最开始执行的地方，也就是从 0 地址开始执行，根据 BOOT0 和 BOOT1 引脚的硬件配置，选择将程序从 FLASH 中或系统内存（System Memory）中运行。FLASH 地址被映射到了 0x08000000~0x0807FFFF 的空间，共 512MB。系统内存在 0x1FFFF000~0X1FFFF7FF 的空间，共 2KB。启动模式说明如表 1-5 所示。

表 1-5　启动模式

BOOT1	BOOT0	启动模式	说　　明
X	0	内置 FLASH	从 0x80000000 开始执行,该区域是主闪存,对应着烧写到 FLASH 的用户程序
0	1	系统存储器	从 0x1FFFF000 开始执行,对应着系统的启动代码,将采用串口 1 下载代码到 FLASH。使用串口下载代码时使用
1	1	内置 SRAM	在 0x2000 0000 开始的地址区访问 SRAM

从地址 0x20000000~0X3FFFFFFF 共 512MB 为块 1，是内存区。因为厂家配置的 SRAM 是 64KB，只占用了 0x20000000~0X2000FFFF 的地址空间，而从 0X20010000~0X3FFFFFFF 被保留了，不能够访问。

从地址 0x40000000~0X5FFFFFFF 共 512MB 为块 2，是为访问外设准备的。例如，当访问串口的时候，如果使用库函数，其源代码见代码 1-2。

代码 1-2　库函数中通过串口发送数据的代码

```
void USART_SendData( USART_TypeDef * USARTx, uint16_t Data)
{
  /* 参数检查 */
  assert_param( IS_USART_ALL_PERIPH( USARTx ) );
  assert_param( IS_USART_DATA( Data ) );

  /* 发送数据 */
  USARTx->DR = ( Data & ( uint16_t)0x01FF );
}
```

该代码在 stm32f10x_usart.c 中。其中，只需要研究最后一句发送数据的代码。如果发送数据 0xa2 到串口 1，应该执行的代码见代码 1-3。

代码 1-3　发送数据到串口 1 的代码

```
USART_SendData( USART1, 0xa2 )
```

于是，需要查找 USART1 的定义。在 stm32f10x.h 中，有定义为

代码 1-4　USART1 的宏定义

```
#define USART1        ( ( USART_TypeDef * ) USART1_BASE)
```

再查找 USART1_BASE 和 USART_TypeDef 的定义，都在 stm32f10x.h 中。

代码1-5　USART1_BASE 和 USART_TypeDef 定义

```
#define USART1_BASE        (APB2PERIPH_BASE + 0x3800)
typedef struct
{
    __IO uint16_t SR;
    uint16_t RESERVED0;
    __IO uint16_t DR;
    uint16_t RESERVED1;
    __IO uint16_t BRR;
    uint16_t RESERVED2;
    __IO uint16_t CR1;
    uint16_t RESERVED3;
    __IO uint16_t CR2;
    uint16_t RESERVED4;
    __IO uint16_t CR3;
    uint16_t RESERVED5;
    __IO uint16_t GTPR;
    uint16_t RESERVED6;
} USART_TypeDef;
```

继续查找 APB2PERIPH_BASE，可以到 stm32f10x.h 中宏定义开始的地方，见代码1-6。

代码1-6　PERIPH_BASE 定义

```
#define FLASH_BASE          ((uint32_t)0x08000000) /* FLASH 基地址 */
#define SRAM_BASE           ((uint32_t)0x20000000) /* SRAM 基地址 */
#define PERIPH_BASE         ((uint32_t)0x40000000) /* 外设基地址 */

#define SRAM_BB_BASE        ((uint32_t)0x22000000) /* SRAM 基地址 */
#define PERIPH_BB_BASE      ((uint32_t)0x42000000) /* 位带中外设基地址 */

#define FSMC_R_BASE         ((uint32_t)0xA0000000) /* FSMC 寄存器基地址 */

/* 外设存储映射 */
#define APB1PERIPH_BASE     PERIPH_BASE
#define APB2PERIPH_BASE     (PERIPH_BASE + 0x10000)
#define AHBPERIPH_BASE      (PERIPH_BASE + 0x20000)
```

结合图1-6 分析以上代码，外设地址 PERIPH_BASE 为 0x40000000，这和图1-6 一致，APB2 外设地址 APB2PERIPH_BASE 是 PERIPH_BASE + 0x10000，为 0x40010000。代码1-5 中 USART1_BASE 为 APB2PERIPH_BASE + 0x3800，即 0x40013800。这个和图1-6 中 USART1 的起始地址完全吻合。可以理解，结构体 USART_TypeDef 将 0x40013800 开始的连

续的 USART1 的寄存器地址进行了描述，代码 1-5 中的强制类型转换，实现了将结构体内容和 USART1 各个寄存器的映射。

通过上面的解析，读者应该明白了外设的地址映射和使用方法。

外设块之后，从地址 0x60000000 开始的 3 个块都是分配给了 FSMC，包括了 FSMC 的两个块和 FSMC 的寄存器块。

第 7 个块也就是块 6 保留，不能使用。

最后一个块是块 7，从 0xE0000000 开始到最高地址 0xFFFFFFFF 分配给了内核内部的外设。

到这里，读者可能心中有了一些疑虑。为什么这么多的功能，却没有在前面的引脚的定义中体现，如 FSMC、SPI、定时器等引脚都在哪里？只是因为采用了引脚的功能复用。通过写寄存器，可以设定复用的引脚到底是什么功能，基本上每一个输入输出引脚都有多种复用功能。下面一节简单介绍引脚功能的查看方法。

1.4 引脚功能描述

STM32 的引脚有限，功能又多样，这是使用了引脚功能复用这个技术来实现的。本节不一一给出每个引脚有哪些复用功能，因为这些在器件手册上都详细地说明了，只对部分的器件手册上的资料进行解析，如表 1-6 所示。

表 1-6 器件手册上部分引脚定义

脚位						引脚名称	类型 (1)	I/O 电平[2]	主功能[3] (复位后)	可选的复用功能	
BGA144	BGA100	WLCSP64	LQFP64	LQFP100	LQFP144					默认复用功能	重定义功能
A3	A3	—	—	1	1	PE2	I/O	FT	PE2	TRACECK/ FSMC _ A23	
A2	B3	—	—	2	2	PE3	I/O	FT	PE3	TRACED0/ FSMC _ A19	
B2	C3	—	—	3	3	PE4	I/O	FT	PE4	TRACED1/ FSMC _ A20	
B3	D3	—	—	4	4	PE5	I/O	FT	PE5	TRACED2/ FSMC _ A21	
B4	E3	—	—	5	5	PE6	I/O	FT	PE6	TRACED3/ FSMC _ A22	
C2	B2	C6	1	6	6	V_{BAT}	S		V_{BAT}		
A1	A2	C8	2	7	7	PC13- TAMPER-RTC[4]	I/O		PC13[3]	TAMPER-RTC	
B1	A1	B8	3	8	8	PC14- OSC32 _ IN[4]	I/O		PC14[5]	OSC32 _ IN	
C1	B1	B7	4	9	9	PC15- OSC32 _ OUT[4]	I/O		PC15[5]	OSC32 _ OUT	

表 1-6 左侧的脚位的分类是根据封装类型进行划分的，STM32F103VE 是 LQFP100 封装，因此在第 5 列。1 脚的名称是 PE2，类型是 I/O，即输入输出引脚，或称为 GPIO 引脚。电平 FT 表示容忍 5V 电压，输入 5V 当作高电平来处理没有问题。上电复位后的功能就是 PE2，因为是 80 个输入输出引脚，分成 5 组每组 16 个引脚，PE 表示 GPIO 的第 5 组，2 表示是该组中的位 2，即 GPIOE2。默认复用功能表示可以将其设置为哪些功能引脚，这里是 TRACECK 或 FSMC_A23。如果将其作为 GPIOE2 就不能使用 FSMC_A23，反之亦然。通过写寄存器或调用库函数进行设置，可以实现引脚功能的复用。在本书的输入/输出端口 GPIO 小节，将进一步描述复用。

部分引脚还提供重定义功能，可以通过写寄存器或使用库函数对这些引脚重新进行定义，方法和设置复用功能类似。

1.5 电源连接

做硬件时供电是首先要考虑的，供电错误了系统是不可能正确运行的。图 1-8 是 STM32 供电系统图。

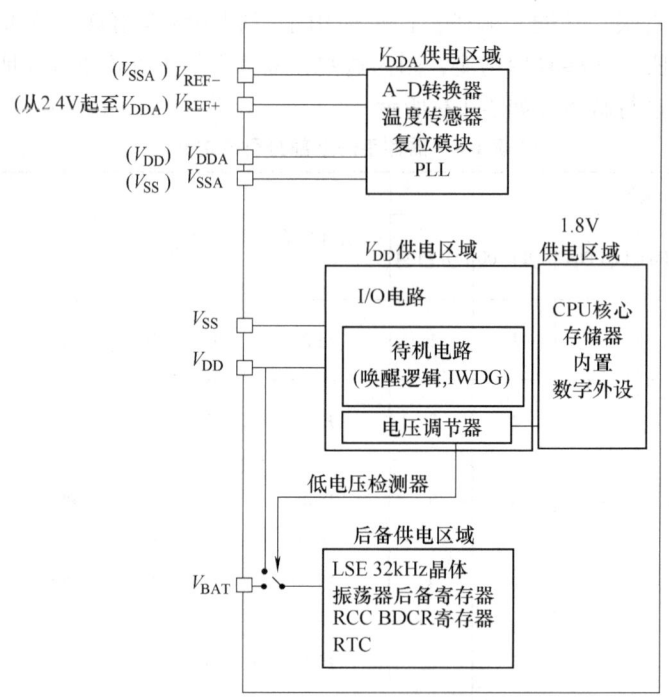

图 1-8　STM32 供电系统图

图中，电源 V_{DD} 连接到模数转换 AD 的电源 V_{DD} STM32 具有高的电压容忍能力，尽管如此，如果提供 3.3V 的供电电压没有问题就不要考虑提供 4V 的电源电压，因为有点误差就超过 4V 额定电压了。

电源的标准电压是 3.3V，这个电源还应该满足系统最大的功率要求。例如，如果电流有 300mA，那么至少需要 3.3V/300mA 的电源。按官网数据手册上的说明，STM32103 高密度系列极限最大电流为150mA,所以最大消耗功率是$3.3 \times 150mW = 495mW$。

STM32的模-数转换器ADC和数-模转换器(DAC)的电源也是3.3V,但参考源可以选择其他的值,例如2.5V。如果需要精确的参考电压,需要设计外部参考源。

电池在系统掉电的时候可以提供电源的后备,选择3V的纽扣电池就可以。

1.6 复位和时钟控制(RCC)

1.6.1 复位

STM32复位电路如图1-9所示。

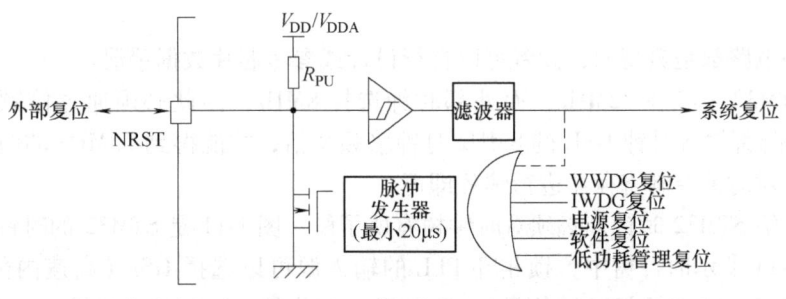

图1-9 STM32复位电路

复位分3种形式,即电源复位、系统复位和备份区域复位。

当系统上电、掉电及从待机模式返回时,发生电源复位。电源复位除备份区域的寄存器外所有的寄存器。

系统复位将复位除时钟控制寄存器CSR中的复位标志和备份区域中的寄存器外的所有寄存器。当在NRST引脚上产生一个低电平,系统复位发生,即通过按复位按钮可以引发复位。另外,当看门狗定时器计数终止时,包括窗口看门狗(WWDG)和独立看门狗(IWDG)计数终止,会产生复位。另外,软件复位和低电压也会导致系统复位。

对于备份区域的复位,一种是在软件复位的时候设定备份区域控制寄存器中的对应位就产生,一种是当电源和电池都掉电又都重新上电时产生。

这里简单介绍备份区域寄存器BKP。BKP是由42个16位的寄存器组成,可以存储84B的用户程序数据。由于处于备份区域,所以当系统掉电时,可以由电池供电,当系统复位或电源复位的时候不会失去数据。

1.6.2 时钟源

STM32有高速和低速两种内部时钟,另外可以外接高速(HSE)和低速(LSE)两组外部时钟。STM32内部有高速内部(HSI)RC振荡器和低速内部(LSI)RC振荡器两种,产生两组时钟信号。HSI振荡器输出频率典型值是8MHz,精度典型值是1%,最差值是2.5%。如果要求高精度不能采用片内HSI,一般都会选择外部时钟源。LSI输出频率典型值是40kHz,最小值是30kHz,最大值是60kHz。

HSE 频率的取值范围在 0~25MHz，精度取决于选择的晶体振荡电路。LSE 频率的取值范围在 0~1000kHz，为生成准确的串行异步通信波特率，一般频率典型值为 32.768kHz。外部时钟通常由晶体振荡器产生，典型的晶体振荡电路如图 1-10 所示。

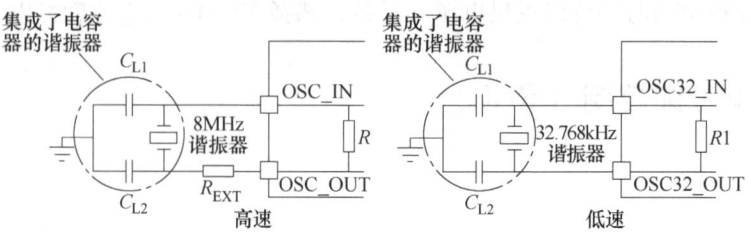

图 1-10　厂家提供的晶体振荡参考电路

晶体振荡电路都是典型的，读者可以自行设计或参考芯片数据手册。

通常，STM32 主频在 72MHz，而外部时钟选择 8MHz，因此必须通过倍频获得。通过 PLL 电路，将外部输入时钟 HSE 的 8MHz 时钟倍频 9 倍，才能得到 72MHz 的时钟。倍频数是可编程的，对时钟控制寄存器进行编程即可。

要详细了解 STM32 时钟，必须对时钟树有所了解。图 1-11 是 STM32 的时钟树。

在如图 1-11 所示时钟树中，锁相环 PLL 的输入源可以选择 HSI（高速内部时钟信号）的 2 分频或 HSE（高速外部时钟信号）或 HSE 的 2 分频。HSI 精度较低，一般选择 HSE，典型频率值是 8MHz。锁相环 PLL 对选择的时钟进行倍频后，输出的时钟称为 PLLCLK（PLL 时钟）。PLLCLK 的典型频率值是 72MHz，PLLCLK 一路被直接送给 USB 预分频器产生 USB 时钟：USBCLK（7），另一路输入系统时钟选择器。

系统时钟选择器从 HSE、PLLCLK、HSI 三者中选择一个作为 SYSCLK（系统时钟）。当系统复位的时候，HSI 被选择为系统时钟，但是 HSI 精度低，所以一般通过写时钟控制器寄存器，将 PLLCLK 时钟作为系统时钟。将 HSE 倍频到 72MHz 成为 PLLCLK，再选择 PLLCLK 作为系统时钟，那么 SYSCLK 的频率值也就是 72MHz。

SYSCLK 通过一个选通器，可作为两路 I2S 时钟（8）。

SYSCLK 通过 AHB 预分频器，进行预分频，产生 AHB 时钟 HCLK。一般将预分频值设置为 1，也就是不进行分频。因此 HCLK 的值一般就是 72MHz。在外设时钟被使能的情况下，AHB 预分频时钟送到 AHB 总线，称为 AHB 时钟。

当 SDIO 时钟被使能，AHB 时钟 HCLK 被选择作为 SDIO 时钟（9）。当 FSMC 时钟被使能，AHB 时钟 HCLK 被选择作为 FSMC 时钟（10）。

AHB 时钟 HCLK 被 8 分频后送内核，为 STCLK（11），不分频送内核，为 FCLK（12）。SYSTICK 系统定时器可以选择 STCLK 或 FCLK 为其时钟。FCLK 为供给 CPU 内核的时钟信号，所谓 CPU 主频为 XXMHz，就是指的这个时钟信号，相应的，倒数 1/FCLK 即为 CPU 时钟周期。

APB 是低速外设总线，AHB 时钟再通过 APB 预分频器进行分频，产生低速时钟，在 APB 外设被使能的情况下，送到 APB 总线。APB 总线有 APB1 和 APB2，因此有两个 APB 预分频器。读者可以通过设置分频，设置其频率。APB1 时钟为 PCLK1（14），APB2 时钟为 PCLK2（16）。

第1章 STM32 基本原理

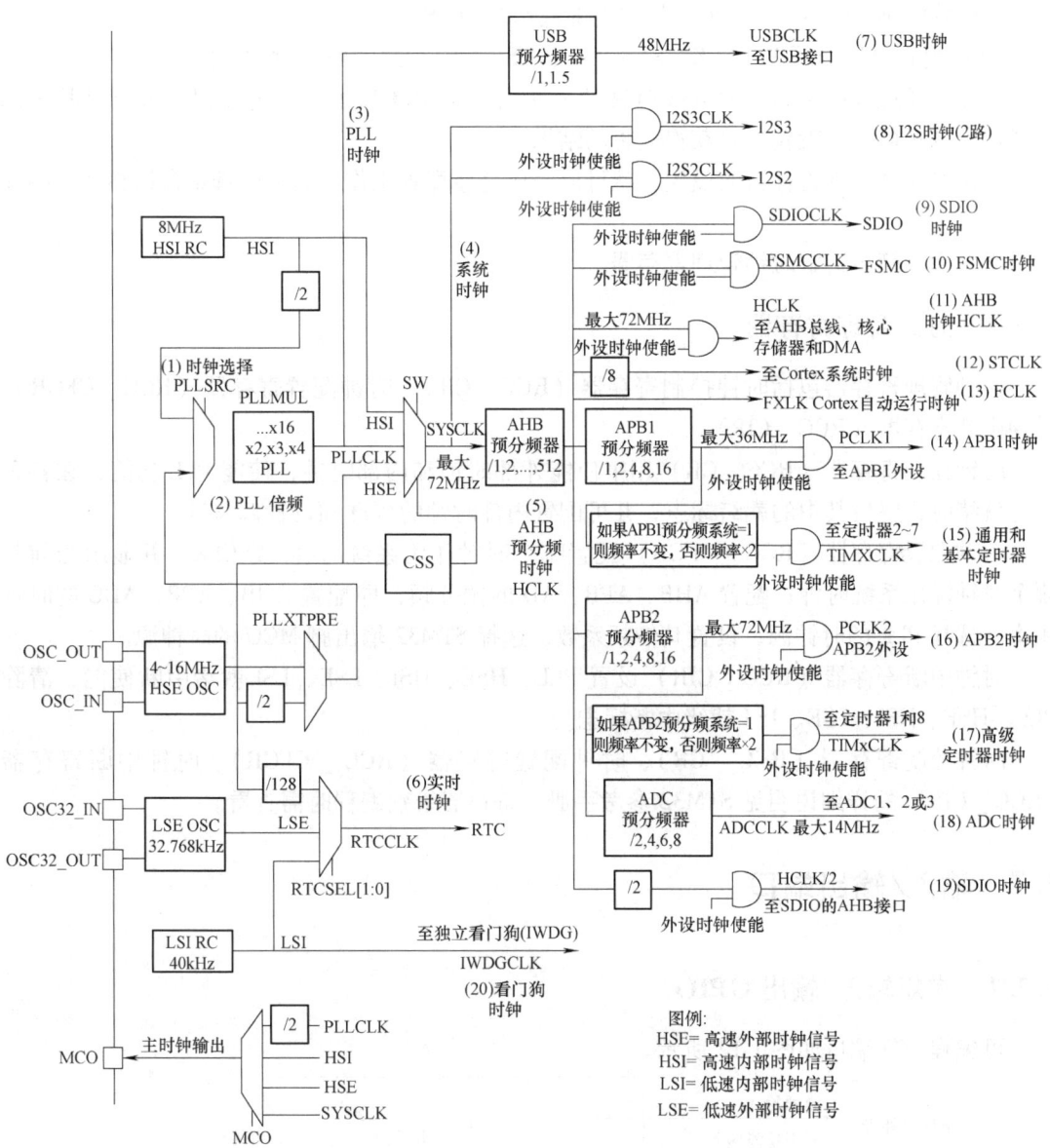

图 1-11 STM32 时钟树

定时器 2~7 的时钟 TIMXCLK（15）是 APB1 时钟或其 2 倍，可编程。定时器 1 和定时器 8 的时钟 TIMxCLK（17）是 APB2 时钟或其 2 倍，可编程。要使用定时器 1，需先打开 APB2 时钟，然后使能定时器 1 时钟；要使用定时器 2，需先打开 APB1 时钟，然后使能定时器 2 时钟。

ADC 的时钟 ADCCLK（18）也是通过 APB2 进行分频获得。因此，要使用 ADC，需使能 APB2 时钟和 ADC 时钟。

HCLK 的 2 分频送 SDIO 的 AHB 端口（19）。

实时时钟 RTCCLK（6）可以由 HSE 的 128 分频、LSE 时钟或 LSI 时钟提供。

看门狗时钟 IWDGCLK（20）使用内部低速时钟 LSI。

MCO 引脚可以选择 PLLCLK、SYSCLK、HSI、HSE 之一作为时钟输出。

可见，通过读图 1-11，STM32 时钟的来龙去脉就很清晰了。通过编程，可以对其中的选择器、分频器进行设置，以获得理想的结果。

通过对时钟管理寄存器的设置，就可以完成这些配置工作，时钟管理寄存器在系统中非常重要。

下一小节简单讲解时钟管理寄存器。

1.6.3 时钟管理寄存器

时钟管理寄存器包括时钟控制寄存器（RCC_CR）、时钟配置寄存器（RCC_CFGR）、时钟中断寄存器（RCC_CIR）。

时钟控制寄存器（RCC_CR）用来使能外部时钟和内部时钟，使能 PLL 功能；在各种时钟就绪时，置位其中的就绪标志；并可配置内部时钟的校准和设置偏移量。

时钟配置寄存器（RCC_CFGR）配置哪个时钟作为系统时钟 SYSCLK，并显示当前是哪个时钟源作系统时钟；配置 AHB、APB、AD 的预分频，即配置 AHB、APB、ADC 的时钟频率；选择 PLL 的时钟源，设置其倍频系数；选择 STM32 输出脚 MCO 的时钟源。

时钟中断寄存器（RCC_CIR）设置 PLL、HSE、HSI、LSE、LSI 就绪中断使能，清除 PLL、HSE、HSI、LSE、LSI 就绪中断标志。

时钟控制寄存器（RCC_CR）、时钟配置寄存器（RCC_CFGR）、时钟中断寄存器（RCC_CIR）的详细说明见 STM32 参考手册。寄存器级别编程时需查看。

1.7 输入/输出端口

1.7.1 常规输入/输出 GPIO

可编程 I/O 端口如图 1-12 所示。

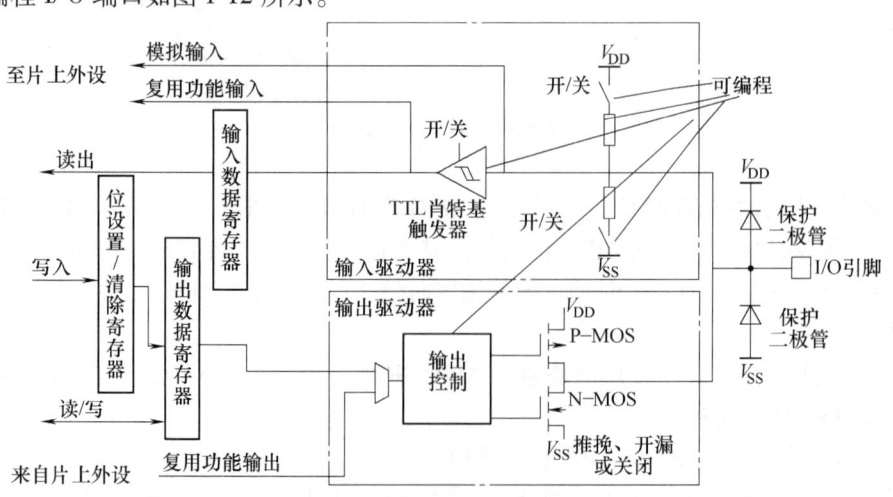

图 1-12 可编程 I/O 端口

GPIO 是常规输入/输出端口，STM32F103VE 有 PA、PB、PC、PD、PE 共 5 个 16 位的 GPIO。STM32 的 GPIO 都是可编程的，具有很多复用功能。GPIO 可以配置为很多种模式，这和 51 单片机是有明显的区别，功能性强了很多。这些模式有：

输入浮空、输入上拉、输入下拉、模拟输入、开漏输入、推挽输出、推挽复用、开漏复用。

通过对 GPIO 寄存器编程，可以设置每个端口的工作模式。GPIO 寄存器包括端口配置低寄存器（GPIOx_CRL）、端口配置高寄存器（GPIOx_CRH）、端口输入寄存器（GPIOx_IDR）、端口输出寄存器（GPIOx_ODR）、端口位设置清除寄存器（GPIOx_BSRR）、端口位清除寄存器（GPIOx_BRR）、端口锁定寄存器（GPIOx_LCKR）。所有 x 的范围为（A～E）。80 个 GPIO 分为 5 组，A～E 就是分组号。例如，GPIOB_CRL 就是 B 组 GPIO 的端口配置低寄存器，GPIOC_CRL 就是 C 组 GPIO 的端口配置低寄存器。

在本书的第 3 章编程部分，实现了对 GPIO 寄存器的编程。GPIO 的引脚是可以重新定义为其他功能的，所以可以复用。

1.7.2 GPIO 复用

可以将具有复用功能的引脚的功能进行重新配置。例如，配置一些引脚为 ADC 的引脚，这些引脚就不能再作为 GPIO 使用。这个过程叫做复用重映射。复用重映射的过程是配置复用重映射和调试 I/O 配置寄存器（AFIO_MAPR）。

本书以模-数转换器（ADC）复用重映射作为例子讲解，在第 3 章中代码部分，读者可以了解如何设置复用功能。

在多路电源检测项目中，需要检测 4 个电源的输出电压和输出电流，共需要 8 个 ADC 通道。STM32F103VE 具有 3 个 12 位 ADC，最多支持 21 个通道，因此可以满足要求。

STM32F103VE 的模-数转换器，ADC1 可以测量 16 个外部的模拟量（本书中模-数转换器（ADC）部分在后面小节讲述）。因此，选择其中的 ADC1 就可以达到要求。

在复位后，没有引脚被设置为 ADC1 的输入引脚，必须进行复用重映射才能使用模数转换功能。总结 ADC 复用引脚如表 1-7 所示。

表 1-7 ADC1 可以使用的引脚

引脚	名称	复位后功能	默认复用功能
15	PC0	PC0	ADC123_IN10
16	PC1	PC1	ADC123_IN11
17	PC2	PC2	ADC123_IN12
18	PC3	PC3	ADC123_IN13
23	PA0-WKUP	PA0	WKUP/USART2_CTS/ADC123_IN0/TIM2_CH1_ETR TIM5_CH1/TIM8_ETR
24	PA1	PA1	USART2_RTS/ADC123_IN1/TIM5_CH2/TIM2_CH2
25	PA2	PA2	USART2_TX/TIM5_CH3/ADC123_IN2/TIM2_CH3
26	PA3	PA3	USART2_RX/TIM5_CH4/ADC123_IN3/TIM2_CH4
29	PA4	PA4	SPI1_NSS/USART2_CK/DAC_COUT1/ADC12_IN4
30	PA5	PA5	SPI1_SCK/DAC_OUT2/ADC12_IN5

(续)

引脚	名称	复位后功能	默认复用功能
31	PA6	PA6	SPI1_MISO/TIM8_BKIN/ADC12_IN6/TIM3_CH1
32	PA7	PA6	SPI1_MOSI/TIM8_CH1N/ADC12_IN7/TIM3_CH2
33	PC4	PC4	ADC12_IN14
34	PC5	PC5	ADC12_IN15
35	PB0	PB0	ADC12_IN8/TIM3_CH3/TIM8_CH2N
36	PB1	PB1	ADC12_IN9/TIM3_CH4/TIM8_CH3N

选择15、16、17、18、33、34、35、36引脚作为ADC的模拟输入通道。因此，应该将15、16、17、18、33、34、35、36引脚重映射为ADC输入通道。通过配置复用重映射寄存器AFIO来实现。AFIO寄存器包括事件控制寄存器（AFIO_EVCR）、复用重映射和调试I/O配置寄存器（AFIO_MAPR）、外部中断配置寄存器1（AFIO_EXTICR1）、外部中断配置寄存器2（AFIO_EXTICR2）、外部中断配置寄存器3（AFIO_EXTICR3）、外部中断配置寄存器4（AFIO_EXTICR4）。

通过库函数，可以编程设置GPIO引脚为复用功能，详细信息可参考第3章的编程部分。

同理，如果要使用SPI功能，同样需要选择可以设置为SPI功能的引脚，然后编程设置复用功能。引脚一旦设置为特殊功能引脚，如果要再使用GPIO功能，就需要再编程设置回来。

下一节进入模-数转换器（ADC）和数-模转换器（DAC）。

1.8　模-数转换器和数-模转换器

1.8.1　模-数转换器

前一小节在引脚复用部分已经以模数转换器（ADC）作了例子。STM32F103VE拥有3个12位ADC，最多可以测量21个外部的模拟量。ADC要求输入的电压范围在V_{REF+}和V_{REF-}之间。ADC带从通道0~N自动扫描模式，具备自校准功能，通道之间的采样间隔时间可编程。当ADC时钟频率为72MHz时，转换时间可以达到1.17μs。转换结束时可产生中断。ADC框图如图1-13所示。

从框图可以看到，GPIO端口设置为模拟输入模式的时候，可以链接外部的模拟数据进行模数转换。在内部，通过一个模拟多路复用器（Analog MUX）可以分时将各个通道的模拟量送模-数转换器（ADC）进行转换。需要注意的是，多路复用器输出的结果可以送常规通道（Regular Channel）和注入通道（Injected Channel），哪个通道是属于常规通道，哪个通道是属于注入通道可以通过寄存器进行设置。ADC进行转换，结果根据通道的不同送常规寄存器（Regular Data Register）或注入寄存器（Injected Data Register）。

这好比一个开关，当开关在位置0的时候，都是用常规通道；在位置1时使用注入通道。转换结束后可产生中断请求，根据中断的设置，送NVIC进行管理。

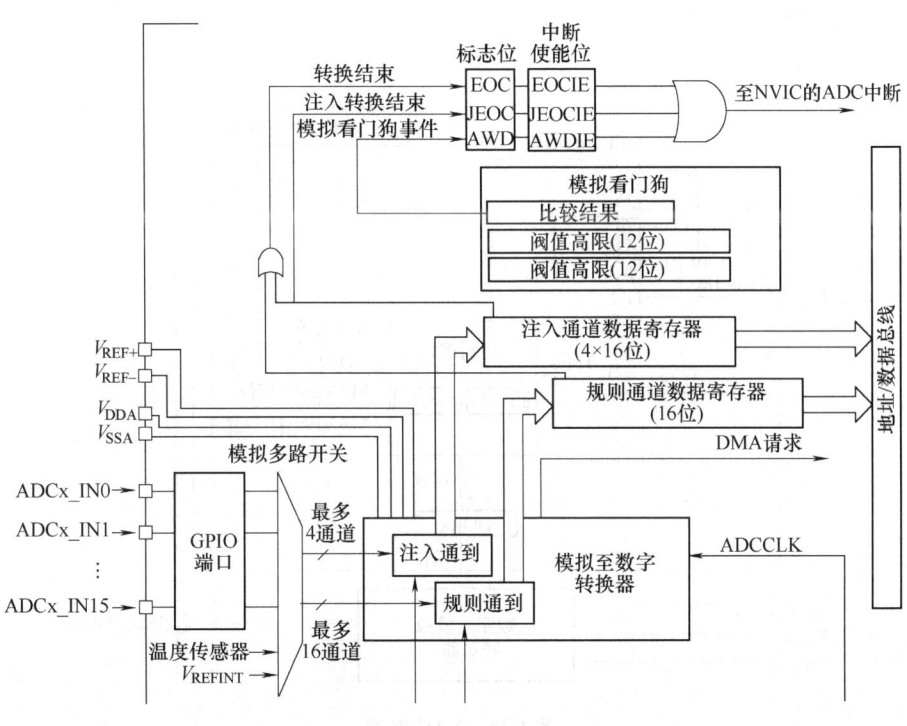

图1-13 ADC框图

一般情况下,采用常规通道进行转换,通常常规通道组中可以安排最多16个通道,而注入通道组中可以安排最多4个通道。

选择读取常规通道和注入通道如图1-14所示。

如图1-14所示,有3个常规通道和2个注入通道,在通常情况下,对常规通道进行读取和数据处理,当有按键按下,转到注入通道对其进行读取和数据处理。

V_{REF+}和V_{REF-}为参考源的输入端,当不追求高精度的时候可以接VCC,需要高精度的时候应自行设计参考源电路。

在本书的第3章,读者可以学习到使用库函数对ADC进行编程。

1.8.2 数-模转换器

另外STM32F103VE有两路12位带缓冲的DAC通道。ADC和DAC使用共同的参考输入端V_{REF+}和V_{REF-}。

数模转换器(DAC)还具有噪声波生成和三角波生成功能。

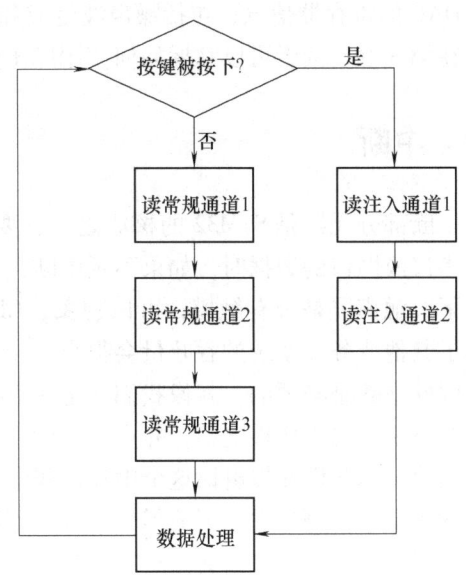

图1-14 选择读取常规通道和注入通道

DAC 框图如图 1-15 所示。

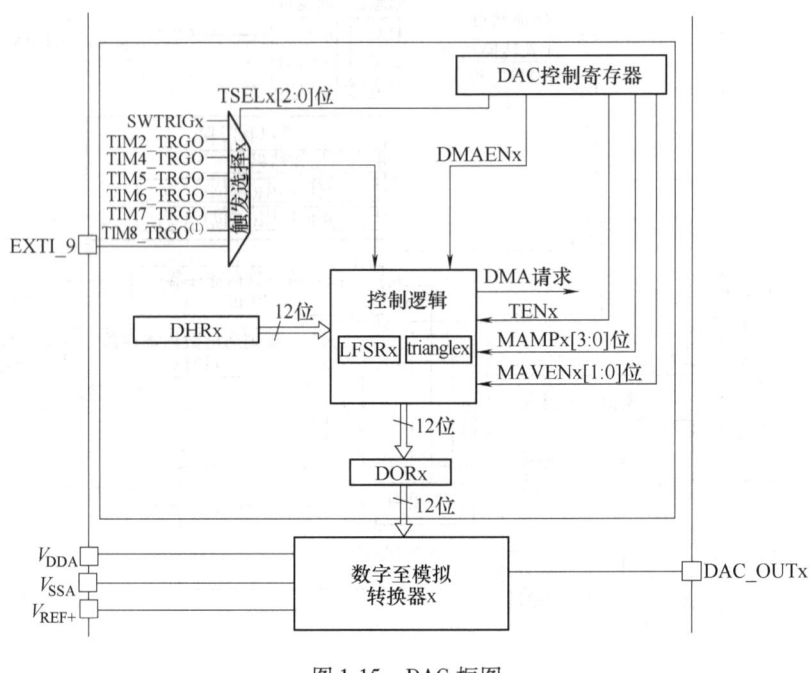

图 1-15　DAC 框图

图 1-15 左上方为触发源选择，右上方为 DAC 控制寄存器，最后在图的下方的 DAC 转换机构进行转换，转换结果在 DCA_OUT 引脚输出。ADC 和 DAC 使用共同的参考输入端 V_{REF+} 和 V_{REF-} 及共同的电源 V_{DDA}。

DAC 的寄存器信息，包括噪声波生成和三角波生成功能，在 STM32 参考手册有详细介绍。在第 3 章，读者可以掌握如何使用库函数设置 DAC 的输出，对 DAC 进行编程。

1.9　中断

中断部分无疑是 STM32 的核心之一，要使用好 STM32，就必须掌握好中断。例如，当接收串口或网口的数据时，如果不用中断，只有不停的查询。另外，如果还要查询是否有按键按下，触摸屏是否有触摸，可以想象，CPU 深陷在诸多的查询工作中不能自拔，基本上做不了其他业务，系统的吞吐量会很小。

因此中断是必须的，就像我们不是一直盯着手机看有没有电话，而是在有电话铃声的时候才放下手头的工作接电话，并在接电话后根据电话的内容决定是否继续手头的工作。还有一种情况，当我们在接电话这个中断过程中，发生了另一种中断，因为无论如何总有事情比接电话更紧迫，例如发生了地震！一定会不顾电话而去应付地震，这就好比是优先级更高的中断来了，中断发生了嵌套。STM32 当然也允许中断嵌套。

对于中断嵌套的问题，就是 CPU 抢占的问题。STM32 有先占优先级和从优先级的概念，可以理解为抢占和非抢占优先级。STM32 采取分组的策略，把一个 4 位寄存器，根据分组方法，分配给先占优先级和从优先级。默认的分组方式是分组 0，可以设置从优先级为 0～15，先占优先级都是 0。优先级数值越低,等级越高。高先占优先级的任务先响应并可打断低先占优先级的中断服务。如果先占优先级相同,中断同时到达的时候,高从优先级的任务先响应。优先级分组在 1.9.3 中再详细讨论。

在 STM32 的启动代码中,用汇编语言进行了中断向量的设置,当编写中断服务程序(ISR)的时候,只需要完成 C 语言的对应中断服务程序代码的重写就可以了。

另外,中断也是嵌入式实时操作系统移植部分必须重点考虑的事情,嵌入式实时操作系统的系统服务就是靠中断来激发的!开发者还需要考虑,操作系统的任务以及操作系统服务本身和其他的硬件中断到底应该是什么样的一种关系,在编程开发的时候,如何谨慎地处理他们之间的关系,应该制定什么样的策略。当使用了操作系统的时候,例如 μC/OS 的系统服务就需要 SysTick 或定时器中断来唤起,而官方推荐使用 PENDSV 中断作 μC/OS 的任务切换。这些都是和中断密切相关不可分割的。

简要介绍后,中断部分从 STM32 的中断通道和中断向量处理开始。

1.9.1　STM32 的中断通道和中断向量处理

STM32 中断控制器可以管理最多 68 个可屏蔽中断通道(不包含 16 个 Cortex$^{(TM)}$-M3 的中断线)以及 16 个可编程的优先等级(使用了 4 位中断优先级)。在 STM32 参考手册的中断和事件部分,以表格的形式列出了所有的中断,这里截取部分进行研究,如表 1-8 所示。

表 1-8　部分中断通道

位置	优先级	优先级类型	名　称	说　　明	地址
—	—	—	—	保留	0x00000000
	−3	固定	Reset	复位	0x00000004
	−2	固定	NMI	不可屏蔽中断 RCC 时钟安全系统(CSS)联接到 NMI 向量	0x00000008
	−1	固定	硬件失效(HardFault)	所有类型的失效	0x0000000C
	0	可设置	存储管理(MemManage)	存储器管理	0x00000010
	1	可设置	总线错误(BusFault)	预取指失败,存储器访问失败	0x00000014
	2	可设置	错误应用(UsageFault)	未定义的指令或非法状态	0x00000018
—	—	—	—	保留	0x0000001C −0x0000002B
	3	可设置	SVCall	通过 SWI 指令的系统服务调用	0x0000002C
	4	可设置	调试监控(DebugMonitor)	调试监控器	0x00000030
	—	—	—	保留	0x00000034
	5	可设置	PendSV	可挂起的系统服务	0x00000038
	6	可设置	SysTick	系统嘀嗒定时器	0x0000003C
0	7	可设置	WWDG	窗口定时器中断	0x00000040
1	8	可设置	PVD	连到 EXTI 的电源电压检测(PVD)中断	0x00000044
2	9	可设置	TAMPER	侵入检测中断	0x00000048

（续）

位置	优先级	优先级类型	名　称	说　明	地址
3	10	可设置	RTC	定时时钟（RTC）全局中断	0x0000004C
4	11	可设置	FLASH	闪存全局中断	0x00000050
5	12	可设置	RCC	复位和时钟控制（RCC）中断	0x00000054
6	13	可设置	EXTI0	EXTI 线 0 中断	0x00000058
7	14	可设置	EXTI1	EXTI 线 1 中断	0x0000005C
8	15	可设置	EXTI2	EXTI 线 2 中断	0x00000060
9	16	可设置	EXTI3	EXTI 线 3 中断	0x00000064
10	17	可设置	EXTI4	EXTI 线 4 中断	0x00000068
11	18	可设置	DMA1 通道 1	DMA1 通道 1 全局中断	0x0000006C
12	19	可设置	DMA1 通道 2	DMA1 通道 2 全局中断	0x00000070
13	20	可设置	DMA1 通道 3	DMA1 通道 3 全局中断	0x00000074

表 1-8 中上半部分的 13 行是 Cortex-M3 处理器异常，其他为 STM32 中断外设的中断。例如，优先级 –3 的中断（优先级最高），优先级类型是固定的，是分配给 Reset 引脚的中断，地址在 0X00000004。当按复位按键后，不论当前运行的是用户代码还是其他中断服务程序，都会转到 0X00000004 所存放的程序地址（32 位）去执行代码（复位代码）。注意，不是去 0X00000004 去执行代码，而是将 0X00000004 位置的 32 位数据取出，这个数据是复位程序的地址，然后转到复位程序的地址去执行。这个连续的地址空间也被称为中断向量表。

表 1-8 中，SysTick 系统嘀嗒定时器的默认中断优先级是 6，其中断向量为 0X0000003C。为什么推荐 μC/OS 使用 SysTick 唤起系统服务呢，就是因为 SysTick 在内核中，不同的 STM32 芯片外设不同，但只要使用了相同的内核，这一部分代码在移植的时候都不需要修改。

另外需要注意的是可悬挂系统调用 PendSV，其默认优先级是 5。PendSV 是 STM32 很有特色的一部分，其典型应用是使用实时操作系统的时候作任务切换。实时操作系统一般采用 SysTick 中断进行操作系统服务，但是如果在 SysTick 中断中直接进行任务切换会返回到线程态运行，而在中断活跃期进入线程态是会产生一个越界的错误。因此，解决的方法是将 PendSV 中断的优先级设置到最低的 255，然后触发 PendSV 中断，在 PendSV 中断中进行任务的切换。可以设想，因为串口中断的优先级比 PendSV 中断优先级要高，所以当 SysTick 中断服务结束的时候，会先完成串口中断服务程序，然后才进入 PendSV 中断服务程序去做任务切换，这样系统的实时性和安全性都获得了保证。

再看位置标号为 6 的中断，EXTI 线 0 中断，是默认优先级 13 的外中断，是所有 EXTI 线中断中最高的，其中断向量为 0x00000058。

在系统上电，启动代码执行的时候，会使用一系列汇编 DCD 语句，将中断向量表填写在内存 SRAM 中。部分启动代码（在 startup_stm32f10x_hd.s 中）见代码 1-7。

代码1-7 启动代码中的部分中断向量表

```
        AREA    RESET,DATA,READONLY
                EXPORT  _Vectors
                EXPORT  _Vectors_End
                EXPORT  _Vectors_Size
_Vectors        DCD     _initial_sp             ; 0地址,堆栈顶
                DCD     Reset_Handler           ; 复位向量
                DCD     NMI_Handler             ; NMI向量
                DCD     HardFault_Handler       ; 硬件故障向量
                DCD     MemManage_Handler       ; MPU故障向量
                DCD     BusFault_Handler        ; Bus故障向量
                DCD     UsageFault_Handler      ; Usage故障向量
                DCD     0                       ; 保留
                DCD     0                       ; 保留
                DCD     0                       ; 保留
                DCD     0                       ; 保留
                DCD     SVC_Handler             ; SVCall向量
                DCD     DebugMon_Handler        ; 调试监视向量
                DCD     0                       ; 保留
                DCD     PendSV_Handler          ; PendSV向量
                DCD     SysTick_Handler         ; SysTick向量
                                                ; 开始外中断部分
                DCD     WWDG_IRQHandler         ; 窗口看门狗
                DCD     PVD_IRQHandler          ; PVD
                DCD     TAMPER_IRQHandler       ; Tamper
                DCD     RTC_IRQHandler          ; RTC
                DCD     FLASH_IRQHandler        ; Flash
                DCD     RCC_IRQHandler          ; RCC
                DCD     EXTI0_IRQHandler        ; EXTI线0
```

汇编DCD指令会把Reset_Handler存放到0x00000004,那么Reset_Handler到底是什么呢?继续查看启动文件,观察启动代码中的复位代码,见代码1-8。

代码1-8 启动代码中的复位代码

```
        AREA    |.text|, CODE, READONLY
Reset_Handler   PROC
                EXPORT  Reset_Handler           [WEAK]
                IMPORT  _main
                IMPORT  SystemInit
                LDR     R0, =SystemInit
                BLX     R0
                LDR     R0, =_main
                BX      R0
                ENDP
```

代码1-8 第一句就是说明下面是只读的代码段,Reset_Handler 是程序的地址,在 FLASH 中。Reset_Handler 代码执行的功能就是调用 SystemInit 来配置时钟,然后进入用户写的入口函数 main!这就是每次按了复位按键程序都重新开始运行的原因!

接下来分析一下 SysTick_Handler,见代码1-9。

代码1-9 启动代码中的 SysTick_Handler

```
SysTick_Handler PROC
        EXPORT SysTick_Handler        [WEAK]
        B .
        ENDP
```

参数为 . 表示当前地址,无条件转移指令 B . 会跳转到当前地址因此会死循环。当系统时钟嘀嗒中断的时候,就会跳转到这里来执行,进入死循环。因为在 EXPORT 的时候使用了 WEAK,因此,如果想要写自己的系统时钟嘀嗒服务程序,就在别处(例如 stm32f10x_it.c)写一个 C 语言的 SysTick_Handler 函数就可以覆盖它了!

当用按键或根据外部信号的信号变化来发生中断的时候,就要用到 EXTI 线作中断源。这些都是外中断,接下来一小节是关于 STM32 外部中断的部分。

1.9.2 STM32 的外部中断

外部中断/事件控制器由最多 20 个能产生事件/中断请求的边沿检测器(对于 STM32F103VET6 等非互联型产品是 19 个)组成。

每个输入线可以独立地配置输入类型(脉冲或挂起)和对应的触发事件(上升沿或下降沿或者双边沿都触发)。每个输入线都可以独立地被屏蔽。挂起寄存器保持着状态线的中断请求。

要弄明白这 19 个请求的来源,请参考图1-16。

图1-16 是多个 GPIO 口的 STM32 的外部中断通用 I/O 映像,STM32VET6 没有 PF 和 PG 口。从图中可以看出,线 EXTIy($y = 0 \sim 15$)是通过多路选择器来选择一个 GPIO 口的 y 位作中断的。也就是说,同一个时间,对于不同端口同一个序号的端口线,只能设置一个做中断!例如,可以设置 PA0、PA1、PB2 作中断输入线,但不能设置 PA0、PA1、PB0 同时作中断输入线。

那么,另外的三根中断输入线在哪里呢?EXTI 线 16 连接到 PVD 输出、EXTI 线 17 连接到 RTC 闹钟事件、EXTI 线 18 连接到 USB 唤醒事件。

到这里全部外中断的 19 根线的来源极清晰了。对于互联型产品,是 20 根,其中 EXTI 线 19 连接到以太网唤醒事件(只适用于互联型产品)。

这些中断线需要编程来控制,编程的部分在本书的第 3 章。下面需要讲述一下中断优先级分组的概念。

1.9.3 STM32 的中断优先级分组

STM32 有那么多的中断源,那么如何设置中断之间的关系呢?这就要用中断优先级分组管理。

STM32 中断优先级可以设置为 5 个分组中的一种,这 5 个分组见表1-9。

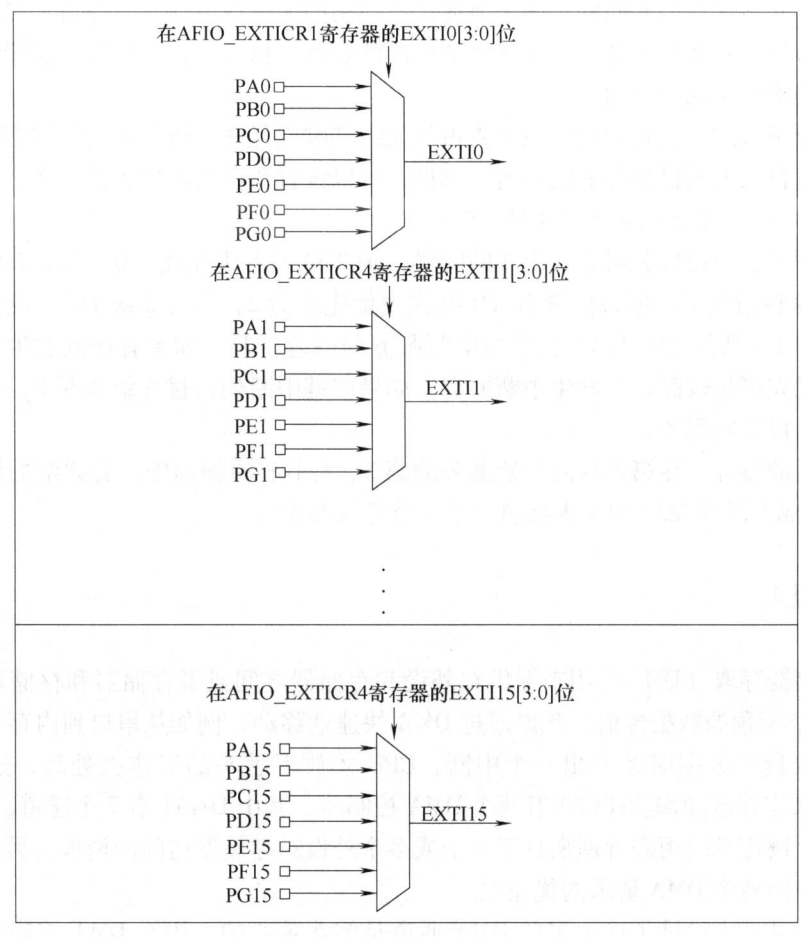

图 1-16 外部中断通用 I/O 映像

表 1-9 STM32 中断优先级分组

分组	先占优先级位数和取值范围	从优先级位数和取值范围
0	0(无)	4(0~15)
1	1(0~1)	3(0~7)
2	2(0~3)	2(0~3)
3	3(0~7)	1(0~1)
4	4(0~15)	0(无)

当设置为分组 0 的时候，对每个可设置中断可以设置 4 位从优先级［或称响应优先级（0~15)］，数值越小优先级就越高。当中断同时发生的时候，响应优先级高的中断先响应，但不能互相打断。例如，在分组方式为 0 的情况下，优先级为 13 的中断服务程序在运行，那么优先级为 1 的中断来了，也只能等待。也就是说，在这种分组情况下，完全不允许中断嵌套。

在分组方式 1，有 1 位先占优先级和 3 位响应优先级。在这种情况下，先占优先级高的中断先响应。先占优先级相同的中断,响应优先级高的先响应。并且,先占优先级高的中断来了,可以打断正在运行的低先占优先级的中断的运行,执行抢占!但是,有相同先占优先级的任务,是不能互相打断的。

在其他分组方式,也是如此,只是先占优先级和响应优先级被分配的位数不同,用户可以选择一种对自己的项目最合适的分组。例如,可以设置2位先占优先级,那么先占优先级就有4种(0~3),从优先级也是4种(0~3)。

举一个例子,当设置分组方式为2的时候,为2位先占优先级(0~3),2位从优先级(0~3)。在这种情况下,如果设置串口中断先占优先级为2,从优先级为3,设置按键中断先占优先级为1,从优先级为3,在串口中断服务程序运行时,如果有按键发生,因为按键中断的先占优先级是较高,会发生中断嵌套。如果按键中断先占优先级也是2,就不能打断正在进行的串口中断服务。

关于中断的编程,在第3章的开始部分的第3、4小节的例程中,有详细的解析!直接存储器存取DMA是STM32的一大特色,下一节进入DMA。

1.10 DMA

直接存储器存取(DMA)用来提供在外设和存储器之间或者存储器和存储器之间的高速的无需CPU干预的数据传输。数据通过DMA快速地移动,例如从串口到内存,当在内存中收到一定数量的数据时才发出一个中断,CPU才放下手头的工作去处理,这就节省了CPU的资源来作其他操作。STM32有两个DMA控制器,其中DMA1有7个通道,DMA2有5个通道,每个通道专门用来管理来自一个或多个外设对存储器访问的请求。另外,还有一个仲裁器来协调各个DMA请求的优先权。

STM32在硬件上设计了这么多的DMA通道是煞费苦心的,用好DMA控制器,可以大大地提高系统的吞吐量。在PC上,将硬盘数据复制到内存,就采用DMA模式,把复制数据的任务交给DMA来执行,CPU就可以去做别的事情了。在STM32下也是如此,在编程中不采用DMA模式,全靠CPU去辛苦劳作,是巨大的损失。

要使用好DMA控制器,首先要了解它。

本节首先解析DMA框图,然后分析DMA通道和请求。

1.10.1 DMA解析

DMA框图如图1-17所示。

从图1-17中可以看到,STM32有一大堆的可以使用DMA与内存进行直接交互的外设,但是只有2个DMA控制器。这就导致,当外设要进行DMA传输时,首先要获得批准。当然,哪几个外设可以使用哪些通道,是预先就设计好了的,在使用哪个通道的问题上就不需要过多考虑,但是编程人员必须认真对待这个问题,否则DMA传输就用不起来。

DMA传输可以从内存到外设,也可以从外设到内存,另外,内存到内存的DMA传输也是允许的,这个很方便。大部分的外设是APB外设,但是,也有两个AHB外设,以太网和USB可以参加,它们很需要高速的DMA传输!

DMA传输要申请,有申请就得成立一个仲裁机构,于是,两个DMA控制器都设立了仲

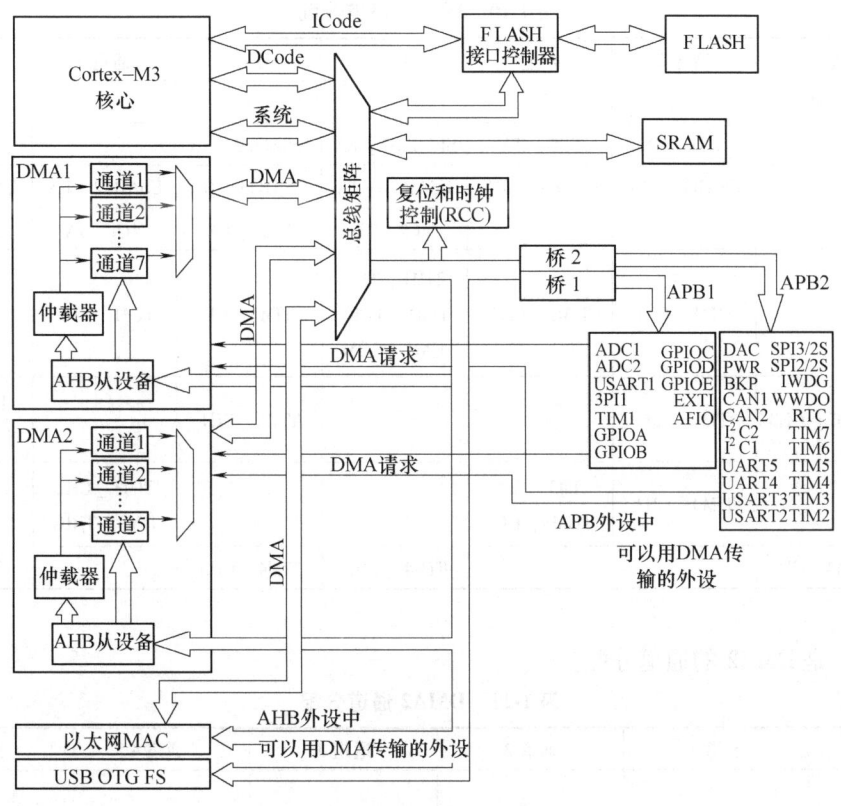

图 1-17　DMA 框图

裁委员会。

获得了批准的设备就可以在 DMA 控制器的控制下，和内存进行数据交换，但是数据传输的方向在批准的时候就要填写进申请表，还有一些其他的参数也要仔细填写进去（如传输的数据量，是按字传输还是半字、字节传输，传输完成后是否发中断等），批准后就严格按申请表的内容进行数据传输。

当然，和一般的协议一样，还有附加条款：当主人 CPU 需要访问 SRAM 的时候，DMA 请求会暂停 CPU 访问系统总线达若干个周期，总线仲裁器执行循环调度，以保证 CPU 至少可以得到一半的系统总线（存储器或外设）带宽。另外，可编程的数据传输数目最大为 65535。

1.10.2　DMA 通道和请求

DMA 的通道不是可以随便使用的，有一个预先的分配。DMA1 通道分配如表 1-10 所示。

如表 1-10 所示，ADC1、TIM2_CH3（定时器 2 通道 3）以及 TIM4_CH1（定时器 4 通道 1）可以使用 DMA1 的通道 1。那么当然，一个时间 3 个设备中只能有一个使用这个通道。

根据表 1-10，要使用串口 1 发送数据，应使用 DMA1 的通道 4！因为 USART1_TX 可以使用 DMA1 的通道 4。因此，通过编程设置后，启动 DMA 传输，可以将内存中小于 65535B 的数据，用 DMA 方式送到串口 1 上去，不需要采用一个循环一条一条地发数据，CPU 完全可以去做其他的事情了。在本书的 3.4 节可以学习到串口 DMA 发送和接收的实例。

表 1-10 DMA1 通道分配

外设	通道 1	通道 2	通道 3	通道 4	通道 5	通道 6	通道 7
ADC1	ADC1						
SPI/I²S		SPI1_RX	SPI1_TX	SPI/I2S2_RX	SPI/I2S2_TX		
USART		USART3_TX	USART3_RX	USART1_TX	USART1_RX	USART2_RX	USART2_TX
I²C				I²C2_TX	I²C2_RX	I²C1_TX	I²C1_RX
TIM1		TIM1_CH1	TIM1_CH2	TIM1_TX4 TIM1_TRIG TIM1_COM	TIM1_UP	TIM1_CH3	
TIM2	TIM2_CH3	TIM2_UP			TIM2_CH1		TIM2_CH2 TIM2_CH4
TIM3		TIM3_CH3	TIM3_CH4 TIM3_UP			TIM3_CH1 TIM3_TRIG	
TIM4	TIM4_CH1			TIM4_CH2	TIM4_CH3		TIM4_UP

表 1-11 是 DMA2 的通道分配。

表 1-11 DMA2 通道分配

外设	通道 1	通道 2	通道 3	通道 4	通道 5
ADC3⁽¹⁾					ADC3
SPI/I²S3	SPI/I²S3_RX	SPI/I²S3_TX			
UART4			UART4_RX		UART4_TX
SDIO⁽¹⁾				SDIO	
TIM5	TIM5_CH4 TIM5_TRIG	TIM5_CH3 TIM5_UP		TIM5_CH2	TIM5_CH1
TIM6/ DAC 通道 1			TIM6_UP/ DAC 通道 1		
TIM7/ DAC 通道 2				TIM7_UP/ DAC 通道 2	
TIM8⁽¹⁾	TIM8_CH3 TIM8_UP	TIM8_CH4 TIM8_TRIG TIM8_COM	TIM8_CH1		TIM8_CH2

当将内存数据连续发到 UART4 的时候，通过查表，应该使用 DMA2 的通道 5。可以确定的是，如果将这个通道分配给了 UART4，那么 ADC3、TIM5_CH1、TIM8_CH2 就不能在这个时候使用这个通道了。

读者现在非常想弄明白，如果不同的通道有外设要请求使用 DAM2，那该怎么处理呢？

仲裁委员会这个时候就出场了，通过仲裁来决定由谁来使用 DAM2 在 CPU 的控制外传输数据！仲裁器是硬件做的，仲裁的原则就是照章办事，因此是有规律的，最核心的原则就是优先级，优先级高的获得 DMA2 控制器使用权！

下面是 DMA2 请求映像，如图 1-18 所示。

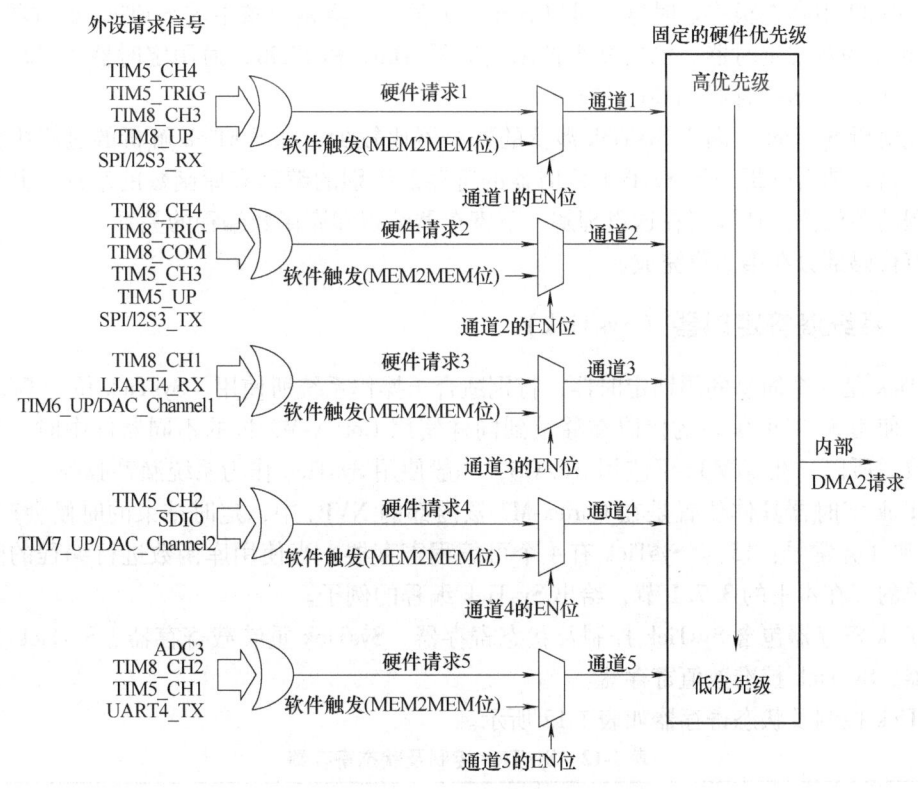

图 1-18　DMA2 请求映像

从图 1-18 中可以看出，要想让某一个通道有效，首先需要使能这个通道，可以使用寄存器写来设置使能，也可以使用库函数来编程。

假设 UART4 发送（UART4_TX）和 UART4 接收（UART4_RX）都要使用 DMA 进行传输，也就是说串口 4 发数据直接到内存，内存的数据也直接发到串口 4。这样做不矛盾也没有任何问题，是常规的设计！它们分别使用了 DMA2 的通道 3 和通道 5。

右边向下的箭头说明了，通道号越高，优先级越低，因此，接收数据的通道 3 优先级高，发送数据的通道 5 的优先级低，会优先处理数据接收！那么能不能不按这个优先级呢？可以的，在同一个 DMA 模块上，多个请求间的优先权可以通过软件编程设置（共有四级：很高、高、中等和低），优先权设置相等时才由硬件决定（请求 0 优先于请求 1，依此类推）。

在本书第 3 章 3.4.3 小节的例子中，可以看到串口 1 的两个通道都作 DMA 传输，笔者编程使用 DMA 实现了大量的数据传输！

本节的内容在 3.4 节编程的时候作为基础和参考，3.4 节的编程为本节的原理部分作了实践和例证。

1.11 定时器

在 STM32 中存在很多定时器,可以分成三大类,一类是内核中的 SysTick 定时器,另一类是 STM32 的常规定时器,包括高级控制定时器 TIM1 和 TIM8、通用定时器 TIM2、TIM3、TIM4、TIM5,基本定时器 TIM6、TIM7。

首先解析 SysTick,因为 SysTick 涉及的寄存器比较少,在 SysTick 解析的过程中会详细讲到寄存器,然后分析一下 SysTick 定时器的寄存器级别的编程和库函数的编程,并分析库函数编程的源代码。让读者在这里理解一下寄存器编程和库函数编程的关系。

所有代码部分在第 3 章完成。

1.11.1 系统滴答定时器(SysTick)

SysTick 是一个简易的周期定时器,特别适合于操作系统所使用。SysTick 位于 Cortex-M3 核内部,使用 SysTick 编写的代码在移植到同样使用 Cortex-M3 核的不同器件中时,不需要进行修改。所以,在 STM32 下应用 μC/OS,一般使用 SysTick 作为系统滴答服务。

SysTick 定时器具体位置是在 Cortex-M3 核内部的 NVIC 中,定时结束的时候会产生 SysTick 异常(异常号:15)。SysTick 有 4 个可编程寄存器,当使用库函数进行编程的时候是非常简单的。在本书的 3.7.1 节,给出 SysTick 编程的例子。

SysTick 寄存器包含 SysTick 控制及状态寄存器、SysTick 重装载寄存器、SysTick 当前数值寄存器、SysTick 校准数值寄存器。

SysTick 控制及状态寄存器如表 1-12 所示。

表 1-12 SysTick 控制及状态寄存器

位段	名称	类型	复位值	描述
16	COUNTFLAG	R	0	如果在上次读取本寄存器后,SysTick 计数完成
2	CLKSOURCE	R/W	0	0 = 外部时钟源(STCLK) 1 = 内核时钟(FCLK)
1	TICKINT	R/W	0	1 = 数到 0 产生中断 0 = 数到 0 时无动作
0	ENABLE	R/W	0	SysTick 定时器的使能位

SysTick 控制及状态寄存器的地址是 0xE000E010,其最高位为计数溢出标志 COUNTFLAG。SysTick 是向下计数的,如果计数完成了,那么 CONTFLAG 的值变为 1。当读取 CONTFLAG 的值为 1 之后,用户处理 SysTick 计数完成事件,因此读取后该位自动回到 0,这样就省却了编程读取后还要去编程清零这个烦恼。

位 2 是 SysTick 的时钟源选择,当为 0 时,选择外部时钟 STCLK;当为 1 时,选择内核时钟 FCLK。从时钟树分析知道,STCLK 是 HCLK 的 1/8,当 HCLK 的频率是 72MHz 的时候,STCLK 的频率是 9MHz,而 FCLK 就是 HCLK,一般的频率为 72MHz。

位 1 为 TICKINT,当其为 1 的时候,表示数到 0 的时候产生中断,而当 TICKINT 为 0,就不会产生中断。

位 0 是 ENABLE, 当其为 0 的时候 SysTick 定时器不工作, 为 1 的时候使能 SysTick 定时器, 开始工作, 因此是使能位。

那么 SysTick 定时器从多少开始计数呢, 这个计数值填写在 SysTick 重装载寄存器 RE-LOAD, 见表 1-13。

表 1-13 SysTick 重装载寄存器

位段	名称	类型	复位值	描述
23:0	RELOAD	R/W	0	当倒数至零时,将被重装载的值

SysTick 控制及状态寄存器的地址是 0xE000E010, RELOAD 寄存器紧紧地挨着控制及状态寄存器, 其地址就是 0xE000E014! 因为每个寄存器都是 32 位的, 尽管 SysTick 控制及状态寄存器有用的只有 4 位! RELOAD 是 1 个低 24 位有效的寄存器, 也就是说其取值范围是 0 $\sim 2^{23}-1$ (0 - 8388607)。如果设置重装载寄存器的值为 8388607, 当 SysTick 的计数频率为 72MHz 的时候, 那么当 SysTick 全为 1 时, 经过 0.116508s 计数完成。

显然不能通过重装载寄存器 (RELOAD) 来读取当前计数到什么值了, 要获得当前的计数值怎么办呢, 幸好还有 SysTick 当前数值寄存器 (CURRENT), 见表 1-14。

表 1-14 SysTick 当前数值寄存器

位段	名称	类型	复位值	描述
23:0	CURRENT	R/W	0	读取时返回当前倒计数的值,写它则使之清零

SysTick 当前数值寄存器 (CURRENT) 的地址是 0xE000E018。通过读取它的值获得当前计数到哪里了, 尽管一般不需要这样做。

另外还有一个 SysTick 校准数值寄存器, 见表 1-15。

表 1-15 SysTick 校准数值寄存器

位段	名称	类型	复位值	描述
31	NOREF	R	—	1 = 没有外部参考时钟(STCLK 不可用),0 = 外部参考时钟可用
30	SKEW	R	—	1 = 校准值不是准确的 10ms 0 = 校准值是准确的 10ms
23:0	TENMS	R/W	0	10ms 的时间内倒计数的格数。芯片设计者应该通过 Cortex-M3 的输入信号提供该数值。若该值读回零,则表示无法使用校准功能

SysTick 当前数值寄存器 (CURRENT) 的地址是 0xE000E01C。

使用这个校准数值寄存器可以更方便的编程, 需要做的就是读取 TENMS 的值, 如果不是 0, 就把它装入 RELOAD 寄存器, 设置好启动, 就可以产生以 10ms 为周期的延时, 这样在不同 CM3 产品上移植不需要修改代码。当然, 如果需要其他的值, 可以按比例运算。

寄存器的地址和内容都有了, 假设系统初始化后工作在 72MHz 的频率下, 下面不使用校准数值寄存器, 简单地编写一段程序实现每 10ms 产生一次中断!

代码1-10　每10ms为周期发生SysTick中断的寄存器实现

```c
#define  OSFREQ 100  //操作系统中断周期10ms,频率100Hz
#define  SysTick_CSR (*((volatile unsigned int *)0xE000E010))//控制寄存器
#define  SysTick_LOAD (*((volatile unsigned int *)0xE000E014))//重载寄存器
#define  SysTick_VAL (*((volatile unsigned int *)0xE000E018))//当前值寄存器
#define  SysTick_CALRB (*((volatile unsigned int *)0xE000E01C))//校准值寄存器
//volatile的含义是放弃优化,每次读写都能够直接读和写寄存器
SysTick_Init()
{
        SysTick_VAL = 0;  //当前值寄存器清零
        SysTick_LOAD = FCLK / OSFREQ;
//SysTick的计数频率是FCLK,要产生中断的频率是OSFREQ,因此计数值应该是FCLK / OSFREQ
        SysTick_CSR |= 0x07;
//使用FCLK作SysTick频率,使能SysTick中断,使能SysTick
}
int main(void)
{
        //在进入main之前,已经初始化了系统时钟频率为72MHz
        SysTick_Init();  //设置和启动10ms一次的中断
        while(1)
        {
            ;//用户代码
        }
}
```

当然,还可以选择用库函数实现。

代码1-11　以10ms为周期发生SysTick中断的库函数实现

```c
#include "misc.h"
#include "stm32f10x.h"
#include "core_cm3.h"
#define   FCLK 72000000
#define   OSFREQ 100  //操作系统中断周期为10ms,频率为100Hz

//volatile的含义是放弃优化,每次读写都能够直接读和写寄存器
SysTick_Init()
{
    SysTick_Config(FCLK / OSFREQ);  (1)
}
int main(void)
{
```

```
//在进入 main 之前,已经初始化了系统时钟的频率为 72MHz
SysTick_Init();//设置和启动 10ms 一次的中断
while(1)
{
    ;//用户代码
}
}
```

SysTick_Config 在固件库 3.5 版本中,使用内核头文件 core_cm3.h 中声明的函数 SysTick_Config 就可以启动 SysTick 定时器,比较代码 1-10 和代码 1-11 的区别就是(1)处,查看库函数中该函数的代码。

代码 1-12 库函数中 SysTick_Config 及其相关定义和宏的代码

```
typedef struct
{
    _IO uint32_t CTRL;      /*!< 偏移: 0x00 SysTick 控制和状态寄存器 */
    _IO uint32_t LOAD;      /*!< 偏移: 0x04 SysTick 重装载寄存器    */
    _IO uint32_t VAL;       /*!< 偏移: 0x08 SysTick 当前值寄存器    */
    _I  uint32_t CALIB;     /*!< 偏移: 0x0C SysTick 校准寄存器      */
} SysTick_Type;

/* CM3 使用 4 位优先级位 */
#define _NVIC_PRIO_BITS  4

/* Cortex-M3 硬件内存映射 */
#define SCS_BASE        (0xE000E000)       /*!< SCS 基地址 */
#define SysTick_BASE    (SCS_BASE + 0x0010)
#define SysTick         ((SysTick_Type *) SysTick_BASE)

/* 分析:SysTick_BASE 的地址是(SCS_BASE + 0x0010),也就是 0xE000E010
        SysTick 为指向 SysTick_Type 类型的指针,其地址在 0xE000E010
因此,   SysTick -> CTRL 地址就是 0xE000E010
        SysTick -> LOAD 地址就是 0xE000E014
        SysTick -> VAL 地址就是 0xE000E018
        SysTick -> CALIB 地址就是 0xE000E01C
        这和前面说明的相符合
*/

/* SysTick 控制和状态寄存器定义 */
#define SysTick_CTRL_COUNTFLA        16              /*计数标志,位 16 */
#define SysTick_CTRL_COUNTFLAG_Msk   (1ul << SysTick_CTRL_COUNTFLAG_Pos) /* SysTick 控制寄存器:计数标志掩码 0x8000 */
```

```
#define SysTick_CTRL_CLKSOURCE_Pos        2          /* SysTick 时钟源,位 2 */
#define SysTick_CTRL_CLKSOURCE_Msk (1ul << SysTick_CTRL_CLKSOURCE_Pos)  /*!< SysTick 控制寄存器:时钟源掩码 0x0004 */

#define SysTick_CTRL_TICKINT_Pos          1          /* SysTick 中断设置,位 1 */
#define SysTick_CTRL_TICKINT_Msk   (1ul << SysTick_CTRL_TICKINT_Pos)    /*!< SysTick 控制寄存器:中断配置掩码 0x0002 */

#define SysTick_CTRL_ENABLE_Pos           0          /*!< SysTick 使能位,位 1 */
#define SysTick_CTRL_ENABLE_Msk    (1ul << SysTick_CTRL_ENABLE_Pos)     /*!< SysTick 控制寄存器:使能掩码 0x0001 */

/* SysTick 重装载寄存器定义 */
#define SysTick_LOAD_RELOAD_Pos           0          /* SysTick 装载寄存器:RELOAD 位 */
#define SysTick_LOAD_RELOAD_Msk    (0xFFFFFFul << SysTick_LOAD_RELOAD_Pos)   /*!< SysTick 重装载掩码 0xFFFFFF */

/* SysTick 当前值寄存器定义 */
#define SysTick_VAL_CURRENT_Pos           0          /*!< SysTick 当前值寄存器:CURRENT 位 */
#define SysTick_VAL_CURRENT_Msk    (0xFFFFFFul << SysTick_VAL_CURRENT_Pos)   /*!< SysTick 当前值寄存器掩码 0xFFFFFF */

//这里略去对校准值寄存器的定义部分

static_INLINE uint32_t SysTick_Config(uint32_t ticks)
{
    if(ticks > SysTick_LOAD_RELOAD_Msk) return (1);   /* 判断是否装载值有效,如果超过了 0xFFFFFF 显然无效,返回 1 */

    SysTick->LOAD = (ticks & SysTick_LOAD_RELOAD_Msk) - 1;           /* 设置重装载值 */
    NVIC_SetPriority(SysTick_IRQn, (1 << _NVIC_PRIO_BITS) - 1);      /* 设置优先级为 15 */
    SysTick->VAL = 0;                                                /* 当前值寄存器清零 */
    SysTick->CTRL = SysTick_CTRL_CLKSOURCE_Msk |
                    SysTick_CTRL_TICKINT_Msk |
                    SysTick_CTRL_ENABLE_Msk;
    /* 与 0x07 相或,等同于 SYSTICK_CSR |= 0x07; */
    return (0);                                                      /* 函数成功返回 */
}
```

可见,库函数实际上实现了和直接写寄存器相同的功能。在库函数 3.5 版本就只剩下了两个 SysTick 函数,SysTick_Config 能实现的功能十分有限。如果采用了不同的优先级分组,或要在程序中使能和除能 SysTick，它都不能够实现。但是，当读了这段代码之后，实现这样的功能是不是没有问题呢？回答是肯定的，库函数是为快速实现功能的一种途径，并非包治百病。有的时候，采用库函数编程，还可以配合使用寄存器，这样能得到更高的效率。

1.11.2　STM32 常规定时器

STM32 的常规定时器分为三类，包括高级控制定时器 TIM1 和 TIM8，通用定时器 TIM2、TIM3、TIM4、TIM5，基本定时器 TIM6、TIM7。

表 1-16 描述了这三种定时器的功能。

表 1-16　三种定时器功能比较

高级控制定时器 TIM1 和 TIM8	通用定时器（TIM2、TIM3、TIM4 和 TIM5）	基本定时器 TIM6 和 TIM7
16 位向上、向下、向上/下自动装载计数器	16 位向上、向下、向上/下自动装载计数器	16 位自动重装载累加计数器
16 位可编程（可以实时修改）预分频器，计数器时钟频率的分频系数为 1～65535 之间的任意数值	16 位可编程（可以实时修改）预分频器，计数器时钟频率的分频系数为 1～65536 之间的任意数值	16 位可编程（可实时修改）预分频器，用于对输入的时钟按系数为 1～65536 之间的任意数值分频
多达 4 个独立通道： —输入捕获 —输出比较 —PWM 生成（边缘或中间对齐模式） —单脉冲模式输出	多达 4 个独立通道： —输入捕获 —输出比较 —PWM 生成（边缘或中间对齐模式） —单脉冲模式输出	
死区时间可编程的互补输出		
使用外部信号控制定时器和定时器互联的同步电路	使用外部信号控制定时器和定时器互联的同步电路	
允许在指定数目的计数器周期之后更新定时器寄存器的重复计数器		
刹车输入信号可以将定时器输出信号置于复位状态或者一个已知状态		
如下事件发生时产生中断/DMA 请求： —更新:计数器向上溢出/向下溢出,计数器初始化（通过软件或者内部/外部触发） —触发事件（计数器启动、停止、初始化或者由内部/外部触发计数） —输入捕获 —输出比较 —刹车信号输入	如下事件发生时产生中断/DMA 请求： —更新:计数器向上溢出/向下溢出,计数器初始化（通过软件或者内部/外部触发） —触发事件（计数器启动、停止、初始化或者由内部/外部触发计数） —输入捕获 —输出比较	在更新事件（计数器溢出）时产生中断/DMA 请求
支持针对定位的增量（正交）编码器和霍尔传感器电路	支持针对定位的增量（正交）编码器和霍尔传感器电路	
触发输入作为外部时钟或者按周期的电流管理	触发输入作为外部时钟或者按周期的电流管理	
		触发 DAC 的同步电路

高级控制定时器（TIM1 和 TIM8）由一个 16 位的自动装载计数器组成，它由一个可编程的预分频器驱动。它适合多种用途，包含测量输入信号的脉冲宽度（输入捕获），或者产生输出波形（输出比较、PWM、嵌入死区时间的互补 PWM 等）。使用定时器预分频器和 RCC 时钟控制预分频器，可以实现脉冲宽度和波形周期从几微秒到几毫秒的调节。高级控制定时器（TIM1 和 TIM8）和通用定时器（TIMx）是完全独立的，它们不共享任何资源。它们可以同步操作。

其他类型的定时器和高级定时器的区别可以参考表 1-16，各种定时器的寄存器很多，如果采用寄存器方式编程，必须详细查看 STM32 参考手册。

1.12 同步串行口 SPI 和 I^2C

由于嵌入式系统主频逐步提高，串行通信如 SPI 和 I^2C 等在嵌入式系统中地位逐步提高。串行同步通信效率高，占用的端口线少，目前 STM32 中最核心的同步串行口是 SPI 和 I^2C。

1.12.1 SPI

串行外设端口（Serial Peripheral Interface，SPI）是一种同步串行外设端口，它可以使 MCU 与各种外围设备以串行方式进行通信、交换信息。

STM32 的 SPI 支持 3 线全双工同步传输，可选择以 8 或 16 位传输帧格式进行传输，支持多种模式。

通常 SPI 通过 4 个引脚与外部器件相连。

MISO：主设备输入/从设备输出引脚。该引脚在从模式下发送数据，在主模式下接收数据。

MOSI：主设备输出/从设备输入引脚。该引脚在主模式下发送数据，在从模式下接收数据。

SCK：串口时钟，作为主设备的输出，从设备的输入。

NSS：从设备选择。这是一个可选的引脚，它的功能是用来作为"片选引脚"，让主设备可以单独地与特定从设备通信，避免数据线上的冲突。从设备的 NSS 引脚可以由主设备的 GPIO 引脚来驱动，如果 NSS 有效，才能和主机进行 SPI 通信。因此，通过将从设备的 NSS 引脚连接到不同的 GPIO 端口，主设备就可以带多个从设备。

在一个 SPI 时钟周期内，会完成如下操作：

1）主机通过 MOSI 线发送 1 位数据，从机通过该线读取这 1 位数据。

2）从机通过 MISO 线发送 1 位数据，主机通过该线读取这 1 位数据。

这个 SPI 时钟周期，就是 SCK 信号的时钟周期。因此，该时钟的频率决定了 SPI 的传输速率。

SPI 主从模式如图 1-19 所示。

如图 1-19 所示，在主从模式下，一个主机可以分时访问 3 个从机。假设当 NSS1 为低电平时，选择 SPI FLASH，通过 SPI 接口与 SPI FLASH 进行通信。当 NSS2 有效时，可以访问 TF 卡，例如读取 TF 卡内容或写 TF 卡。当 NSS3 有效的时候，可以访问网络端口芯片。注

第 1 章 STM32 基本原理

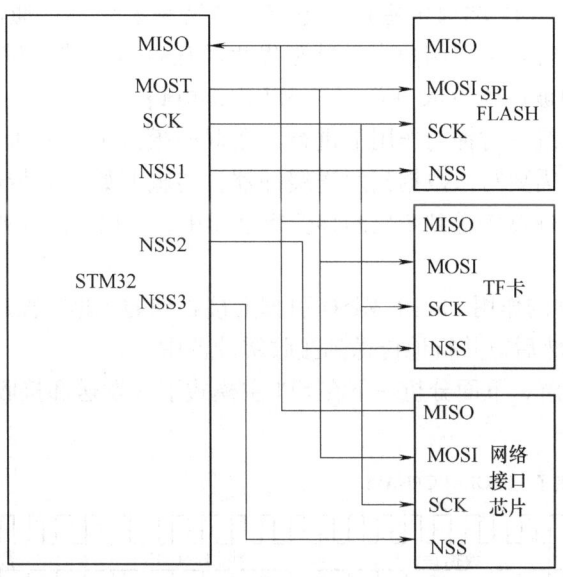

图 1-19　SPI 主从模式

意，NSS1、NSS2、NSS3 需分时有效。

STM32 具有多路 SPI 接口，可以使用 3 路 SPI 接口分别连接上述 3 个设备，就不存在 NSS 不能同时有效的问题。

STM32F103VET6 具有 3 路独立的 SPI，其中一路 SPI 的框架如图 1-20 所示。

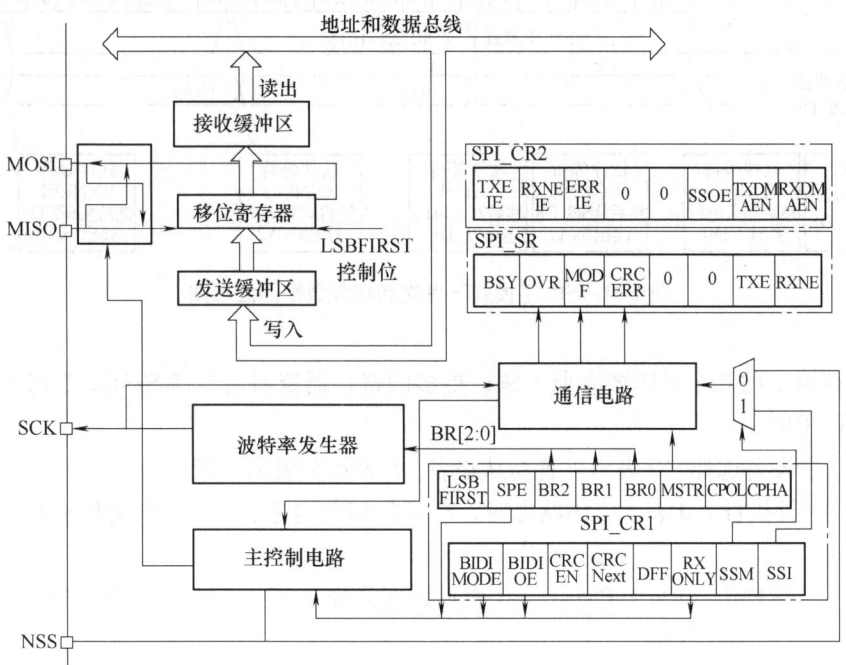

图 1-20　SPI 框图

由 SPI 框架图可知，SPI 端口由主控制电路、波特率发生器、通信电路、控制寄存器、发送和接收缓冲区、移位寄存器组成。波特率发生器根据寄存器中设置的值对 APB 时钟进行分频，分频后的时钟被送到 SCK 并作用于 SPI 内部电路。

接收和发送也是在统一时钟的作用下进行，在双向模式下，发送和接收的处理过程是：当数据要发出的时候，需要写入数据到发送缓冲器，传输开始。在传送第一位数据的同时，数据被并行地从发送缓冲器传送到 8 位的移位寄存器中，然后按顺序被串行地移位送到 MOSI 引脚上。

在 SCK 同一个时钟的作用下，在 MISO 引脚上接收到的数据，按顺序被串行地移位进入 8 位的移位寄存器中，然后被并行地传送到接收缓冲器中。

为加深对 SPI 的理解，下面分析一下在 SPI 主模式下，发送和接收数据的波形图，如图 1-21 所示。

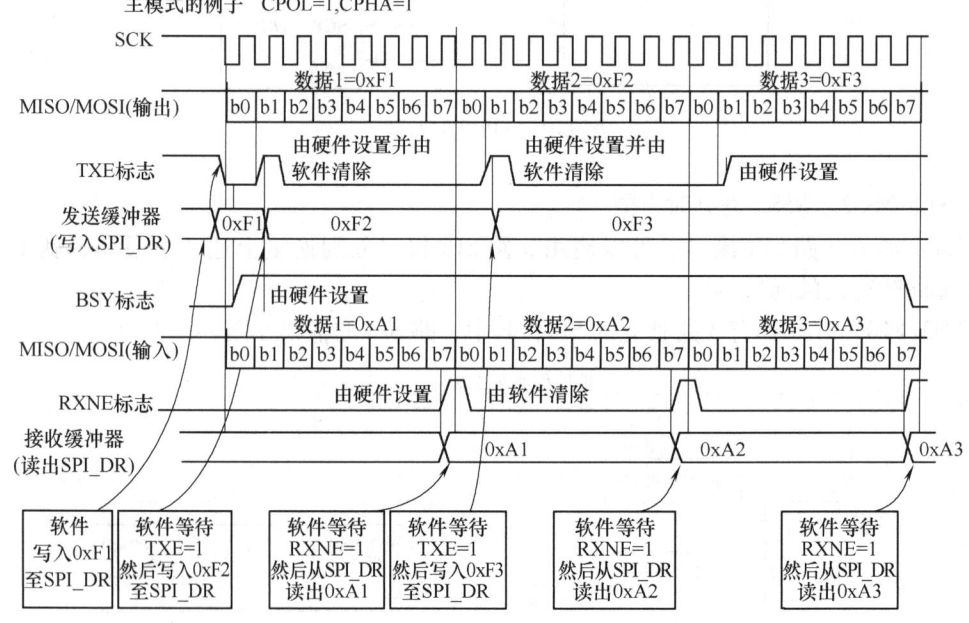

图 1-21　SPI 主模式下发送和接收数据的波形图

SPI 寄存器中的几个域需要有所了解，更多的寄存器资料请参考 STM32 参考手册。

1）SPI_CR1 中。

MSTR：主设备选择。0 表示配置为从设备；1 表示配置为主设备。

CPOL：时钟极性。0 表示空闲状态时，SCK 保持低电平；1 表示空闲状态时，SCK 保持高电平。

CPHA：时钟相位（Clock Phase）。0 表示数据采样从第一个时钟边沿开始；1 表示数据采样从第二个时钟边沿开始。

2）状态寄存器 SPI_SR 中。

BSY：忙标志。0 表示 SPI 不忙；1 表示 SPI 正忙于通信，或者发送缓冲非空。

TXE：发送缓冲状态。0 表示发送缓冲非空；1 表示发送缓冲为空。

RXNE:接收缓冲非空。0 表示接收缓冲为空;1 表示接收缓冲非空。

图 1-21 中,CPOL 和 CPHA 都为 1,则 SCK 高电平时为空闲状态,低电平有效。数据采样从第二个时钟边沿开始。当数据 0xF1 写入缓冲区后,TXE 变低表示缓冲区非空,同时将数据的高位发送到 MOSI。TXE 为 1,表示发送缓冲区已空,数据已经全部送到移位寄存器了,就可以继续向发送缓冲区发送下一个数据 0xF2,而此时 0xF1 还在发送之中。当 8 个 SCK 周期,0xF1 发送完成后,就开始发送 0xF2 到 MOSI。这时 TXE 再次有效,表示发送缓冲区空,可以写 0xF3 了。

同时,在 SCK 时钟的作用下,连续接收数据到接收缓冲区,当 RXNE 有效(高电平)时,就可以从接收缓冲区读取数据。如图 1-21 所示,读取的数据依次是 0xA1,0xA2,0xA3。

在本书的 3.5 小节,将给出使用哪个库函数实现 SPI 编程。

下面小节将进入 I^2C 总线协议。

1.12.2 I^2C

本小节介绍 I^2C 总线协议。因为通过协议的分析,使用 GPIO 模拟的方式很容易实现 I^2C 通信且被普遍采用,所以不再过多的介绍 STM32 上 I^2C 方面的内容。

(1) I^2C 总线是一个多主机的总线。这就是说 I^2C 总线可以连接多于一个能控制它的器件。主机通常是微控制器,例如 STM32。考虑数据在两个连接到 I^2C 总线的微控制器及 3 个 I^2C 外设之间传输的情况有如下几点,I^2C 连接关系如图 1-22 所示。

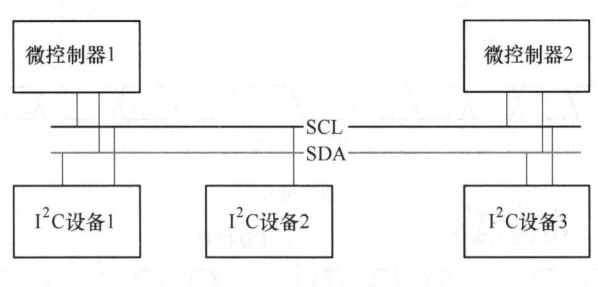

图 1-22 I^2C 连接关系

1) 假设微控制器 1 要发送信息到 I^2C 设备 2。
①微控制器 1 作为主机寻址 I^2C 设备 2;
②微控制器 1 作为主机发送器发送数据到 I^2C 设备 2 接收器;
③微控制器 1 终止传输;
2) 如果微控制器 1 想从 I^2C 设备 2 接收信息。
①微控制器 1 作为主机寻址 I^2C 设备 2;
②微控制器 1 作为主机接收器从 I^2C 设备 2 发送器接收数据;
③微控制器 1 终止传输;

假设设置微控制器 1 为主机,那么除了微控制器 1 之外的 4 个设备可以都是从机。

(2) SDA 和 SCL 都是双向线路,都通过一个电流源或上拉电阻连接到正的电源电压。当总线空闲时这两条线路都是高电平。I^2C 总线上数据的传输速率在标准模式下可达

100kbit/s，在快速模式下可达400kbit/s，在高速模式下可达3.4Mbit/s。

（3）协议要求在传输过程中，数据线SDA上的数据必须在时钟SCL的高电平周期保持稳定。SDA的高或低电平状态只有在SCL线的时钟信号是低电平时才能改变。

（4）起始和停止条件。

起始条件：在SCL是高电平时，SDA线从高电平向低电平切换。

停止条件：在SCL是高电平时，SDA线由低电平向高电平切换。

（5）传输数据

发送到SDA线上的每个字节必须为8位，每次传输可以发送的字节数量不受限制，每个字节后必须跟一个响应位。首先传输的是数据的最高位MSB，如果从机要完成一些其他功能后才能接收或发送下一个完整的数据字节，可以使时钟线SCL保持低电平，迫使主机进入等待状态。当从机准备好接收下一个数据字节时才释放时钟线SCL，这时数据传输才能继续。

数据传输必须带响应，响应时钟脉冲由主机产生，在响应的时钟脉冲期间发送器释放SDA线。在响应的时钟脉冲期间接收器必须将SDA线拉低使它在这个时钟脉冲的高电平期间保持稳定的低电平。

在图1-23中，最开始产生一个启动信号，然后从高位到低位传输，在8个时钟过后传输完8位，在第9个时钟，从机发送响应位0。如果从机不能连续接收数据，拉低SCL，恢复接收的时候释放SCL。当从机没有产生响应，即在第9个时钟从机没有将SDA拉低，则终止传输。

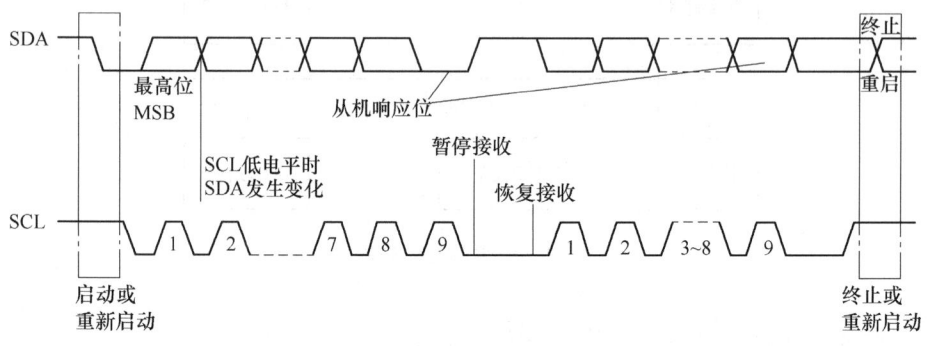

图1-23 I²C总线的数据传输

（6）带寻址的数据传输

当I²C总线上有多个设备的时候，每个设备可以有一个7位的地址。采用如图1-24所示的带7位地址的完整传输格式。

在图1-24中，最开始产生一个启动信号，然后7个时钟从高位到低位传输，在7个时钟过后传输完7位地址。在第8个时钟，发送读/写位，"0"表示发送（写），"1"表示接收（读）。第9个时钟，从机发送响应位。然后进入数据传送。

在本书的第3章，根据协议内容，采用GPIO模拟的方式实现了这一部分的编程。

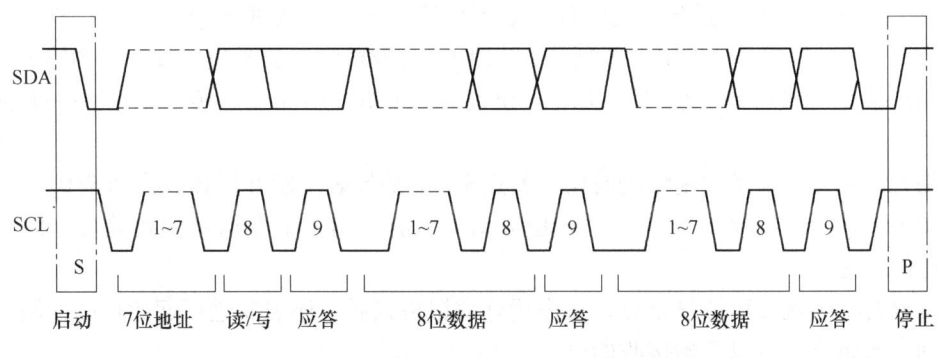

图 1-24　I²C 带地址信息的完整传输

1.13　同步异步收发器

STM32 的同步异步收发器（USART）和传统的 51 单片机或 PC 即串行口 UART 稍有区别。

通用同步异步收发器（USART）提供了一种灵活的方法与使用异步串行数据格式的外部设备之间进行全双工数据交换。USART 利用分数波特率发生器提供宽范围的波特率选择。另外，它还允许多处理器通信。USART 也可以使用 DMA 方式直接将接收的数据存储到内存或从内存中批量发送数据，也支持多种中断方式。

端口通过 3 个引脚与其他设备连接在一起。这 3 个引脚为接收数据串行输入（RX）和发送数据输出（TX）及地（GND）。如果使用更复杂的功能，如硬件流控制的时候，需要更多的引脚。

作为入门，本节只讲解最基本的串行异步收发功能，且大部分应用采用这种方法。更高级的功能可以参考 STM32 参考手册。

USART 发送数据格式如图 1-25 所示。

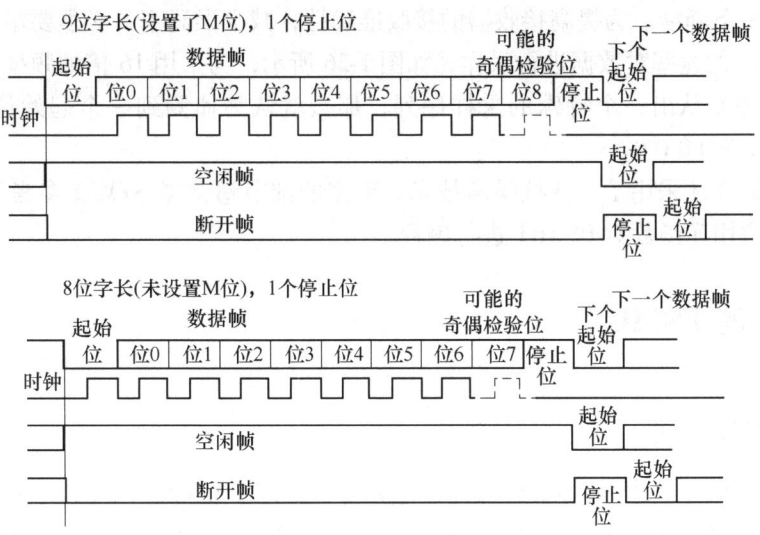

图 1-25　USART 发送数据格式

如图 1-25 所示,当发送数据的时候,如果设置发送 9 位数据且包括奇偶校验位,那么先发送启动位 0,然后是从 LSB(最低位)到 MSB(最高位)的 8 位数据,其中第 8 位数据位是奇偶校验位,然后是 1 位停止位(这里设置停止位为 1 位)。接着,是另一个发送周期。

如果无需发送,发送空闲帧的时候,发送全 1。如果表示断开连接,发送全 0。

如图 1-25 所示,如果设置为发送 8 位数据,一般应用于不发送奇偶校验位,即不进行奇偶校验的场合。

在接收的时候就要稍微复杂点,在设置好数据格式后,还需要进行起始位的侦测,以判断接收到了起始位,可以开始接收的过程。

USART 接收过程的起始位侦测如图 1-26 所示。

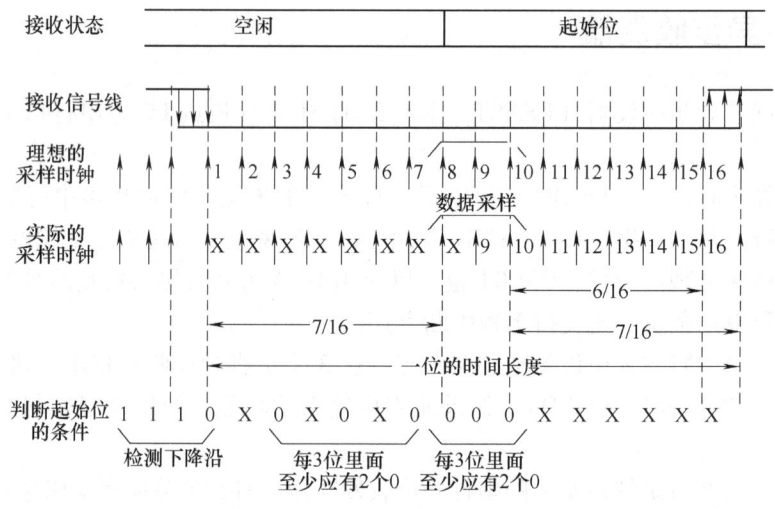

图 1-26　USART 接收过程的起始位侦测

在空闲状态之后的起始位或停止位之后的起始位,都有 1 个下降沿,所以判断起始条件首先要检测这个下降沿。为提高接收器的接收准确性,减少误码率,必须要用比数据波特率高 n 倍($n>1$)的速率对数据进行采样,如图 1-26 所示,为采用 16 倍的频率进行检测。在 USART 中,如果辨认出一个特殊的采样序列,那么就认为侦测到一个起始位。该序列为:1 1 1 0 X 0 X 0 X 0 0 0 0。

另外,STM32 还采用了一些抗噪声技术,更多的细节请参考 STM32 参考手册。在本书第 3 章,将讲解用库函数对 USART 进行编程。

1.14　灵活的 FSMC

1.14.1　FSMC 概述

可变静态存储控制器 FSMC 不仅可以应用于 SRAM、ROM、PSRAM、NOR FLASH 和 NAND FLASH 存储器的管理,目前还广泛应用于 TFT 液晶屏的控制,很多系统都采用 FSMC 作液晶屏控制。

FSMC 的灵活性还表现于 FSMC 不仅支持多种数据宽度的异步读、写操作，而且支持对 NOR 闪存、PSRAM、NAND 闪存的同步突发访问方式。支持更多的存储器型号，支持代码从 FSMC 扩展的外部存储器直接运行。

先观察一下 FSMC 的框图，如图 1-27 所示。

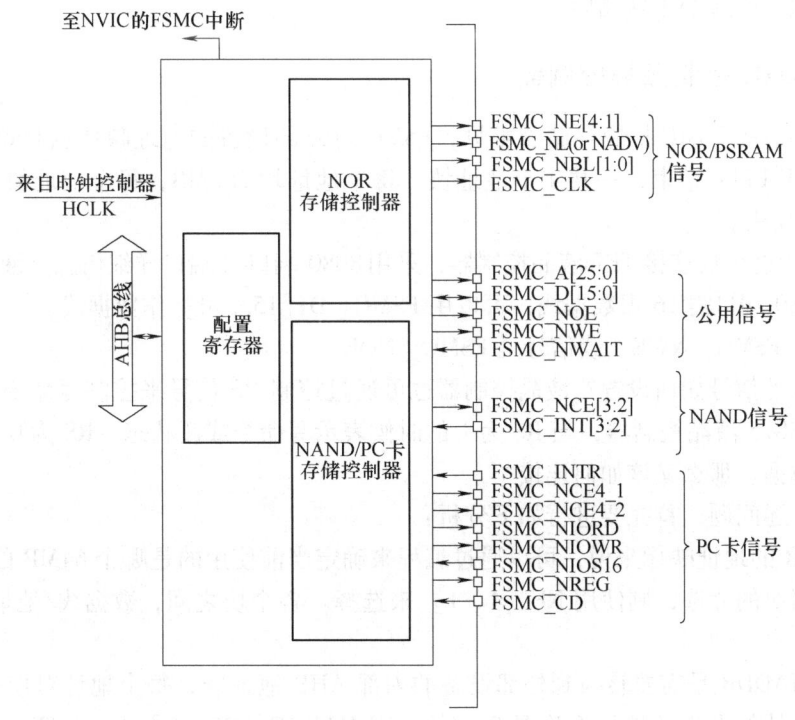

图 1-27　FSMC 框图

从框图可见，FSMC 模块连接 STM32 的 AHB 总线，内部有配置寄存器、NOR 内存控制器和 NAND/PC 卡内存控制器，输入输出信号众多。此外，FSMC 还使用 STM32 内部的时钟信号 HCLK，输出 FSMC 中断信号到 NVIC。

外部扩展的存储器的宽度可能和 AHB 总线的 32 位宽度不一致。如果是这样，AHB 操作的数据宽度大于外部设备的宽度，此时 FSMC 可将 AHB 操作的数据宽度分割成几个连续的较小的数据宽度，以适应外部设备的数据宽度。

当扩展存储器的时候，FSMC 可以将外部存储器划分为 256MB 的连续的 4 个存储块，如图 1-28 所示。

存储块 1 用于访问最多 4 个 64MB 的 NOR FLASH 或者 PSRAM 存储设备。这个存储区被

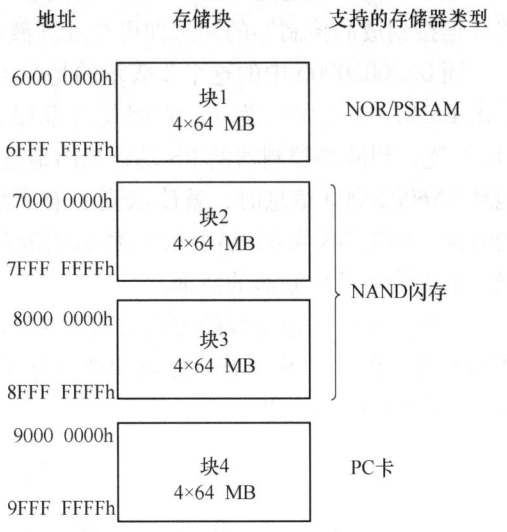

图 1-28　FSMC 扩展存储器地址分配

划分为 4 个 NOR 闪存/PSRAM 区，有 4 个专用的片选。

存储块 2 和 3 用于访问 NAND FLASH 存储设备，容量达 512MB。

存储块 4 用于访问 PC 卡存储设备，4 个 64MB。

关于 FSMC 与各种存储器的端口描述和时序描述，以及寄存器描述，见参考手册。下面介绍使用 FSMC 控制 TFT 液晶屏。

1.14.2　FSMC 控制液晶控制器

从前一小节的 FSMC 扩展存储器可见，FSMC 对外部设备的地址映像从 0x6000 0000 开始，到 0x9FFF FFFF 结束，一共 4 个地址块，每个地址块 256MB，每个地址块又分成 4 个 64MB 的分地址块。

选择 NOR 这个块连接 TFT 液晶控制器，采用 8080 端口（端口详细信息见液晶驱动板设计部分）。8080 端口需 16 根数据线，可以用 FSMC＿D［15…0］作数据线。

写信号是 FSMC＿NWE，读信号是 FSMC＿NOE。

那么，地址信号如何设置？液晶控制器也可通过控制 RS 信号来控制写命令和数据，笔者使用的 RA8875 液晶控制器，当 RS 为 1 的时候表示写命令或读状态，RS 为 0 的时候表示写数据或读数据。那么又该如何连接？

要解决上述问题，首先要进行如下分析：

对于 NOR 的地址映像来说，可以通过编程来确定当前使用的是哪个 64MB 的分地址块。而 4 个分存储块的片选，则使用 NE［4∶1］来选择。各个块之间，数据线/地址线/控制线是共享的。

这里的 HADDR 是需要转换到外部设备的内部 AHB 地址线，每个地址对应一个字节单元。因此，若外部设备的地址宽度是 8 位的，则 HADDR［25∶0］与 STM32 的 CPU 引脚 FSMC＿A［25∶0］一一对应，最大可以访问 64MB 的空间。若外部设备的地址宽度是 16 位的，则 HADDR［25∶1］与 STM32 的 CPU 引脚 FSMC＿A［24∶0］一一对应。

那么，当写地址为 0X60020000 的时候，选择了图 1-28 的块 1，这时，NE1 引脚有效，将其连接到液晶控制器的片选即可寻址到液晶控制器。

而 0X60020000 中的这个 2 表示的是位 17 为 1，转换到 FSMC 端口，就是 FSMC 的地址输出 FSMC＿A［16］为 1，原因是外部设备的地址宽度是 16 位的。这样，将 FSMC＿A［16］连接到液晶控制器的 RS 端，当向地址 0X60020000 写的时候，就可以写命令，当读取地址 0X60020000 信息时，就读取到了液晶控制器的状态。而当向地址 0X60000000 写数据的时候，因为 RS 为 0，就完成写数据到液晶控制器；而从地址 0X60000000 读取数据的时候，就是读液晶控制器的数据。

这样，就可以用总线的方式访问液晶控制器，省却了使用 GPIO 直接编程控制液晶控制器的不便。亮点 STM32 开发板成功地设计了通过 FSMC 访问液晶控制器，在第 3 章将给出液晶控制的例程及分析。

习　题　1

1. 论述 STM32 和 Cortex-M3 的关系，STM32 的外设有哪些？
2. 简述 STM32 系统结构。

3. 结合时钟树 STM32 的 FSMC 时钟是怎么产生的？
4. 系统定时器 SysTick 的地址是如何映射的，如何编程设置 SysTick 中断发生频率？
5. 1 个 SPI 主设备可以连接 5 个 SPI 从设备吗？如果可以，画出连接图，说明如何操作。
6. SPI3 以 DMA 方式发送和接收数据，应使用哪些 DMA 通道，为什么？
7. 分析 I^2C 的时序逻辑。
8. 如果通过 STM32 串口 1 发送 8 位数据，带一位奇偶校验位，图示发送的格式。
9. 如何使用 FSMC 实现以总线方式来控制液晶控制器。

第 2 章 硬 件 设 计

本章的内容为硬件设计,也就是原理图的设计,讲述了如何去设计一个 STM32 的硬件系统。对于 PCB 的设计和加工,元器件的焊接不是本书要讨论的内容。

通过实践,设计和制造了一套电路板,一个是 STM32 的主板,具有 STM32F103VET6 这个 MCU 及其外围的晶体振荡器等,以及外围的一系列端口芯片和端口。另外,设计了一款带有 4.3in(1in=0.0254m)带触摸屏液晶的液晶控制板,液晶分辨率为 480×272。

本章分 STM32 主板和液晶控制板两个部分。对于液晶控制板,因为有新的器件 RA8875,所以仍有部分的原理性内容。

2.1 STM32 主板设计

STM32 主板除 STM32F103VET6 之外,有以下芯片:
网络端口芯片 ENC28J60,通过 SPI3 连接到 MCU。
RS232 端口芯片 MAX3232,通过 USART2 及 UART4 连接到 MCU。
USB 转串口端口芯片 CP2102,通过 USART1 连接到 MCU。
8MB 的 SPI FLASH W25Q64,通过 SPI2 连接到 MCU。
256B 的 I^2C 芯片 AT24C02,通过 GPIO 方式连接到 MCU。
多路复用器 74HC157,用来切换 STM23 和 RA8875 对 SPI FLASH 的访问。
另外主板还提供了一系列的端口:包括图形液晶端口、字符液晶端口、模拟端口、GPIO 主端口、3 个辅助端口、RS232 专用端口、串口转 USB 端口及 JLINK 端口。

2.1.1 MCU 及其周围电路设计

如图 2-1 所示为 MCU 及其周边电路,该电路是整个电路的核心部分。

其实 MCU 的连接并不复杂,在图 2-1 中,除 STM32F103VET6 本身及滤波电容之外,可以分为 8 个部分,标记在图 2-1 中。

与液晶板连接的 8080 端口,通过 FSMC 方式连接,并有 SPI。
①唤醒电路,高电平有效,接 220kΩ 下拉电阻。
②复位电路,低电平有效。带 RC 启动复位。
③启动配置,6 脚用跳线选择 BOOT1 和 BOOT0 接高电平或低电平。
④高速晶体振荡电路,采用 8MHz 晶体振荡器,在 STM32 内部倍频为 72MHz。
⑤参考电压,采用 LC 滤波,参考电压可跳线选择直接接 V_{CC} 或通过 TL431 稳压电路产生。
⑥备用电源。可通过跳线选择直接接 V_{CC} 或电池。
⑦AD 输入 RC 滤波,共 8 路。
⑧低速晶体振荡电路,选用 32.768kHz 晶体振荡器,产生串口波特率。

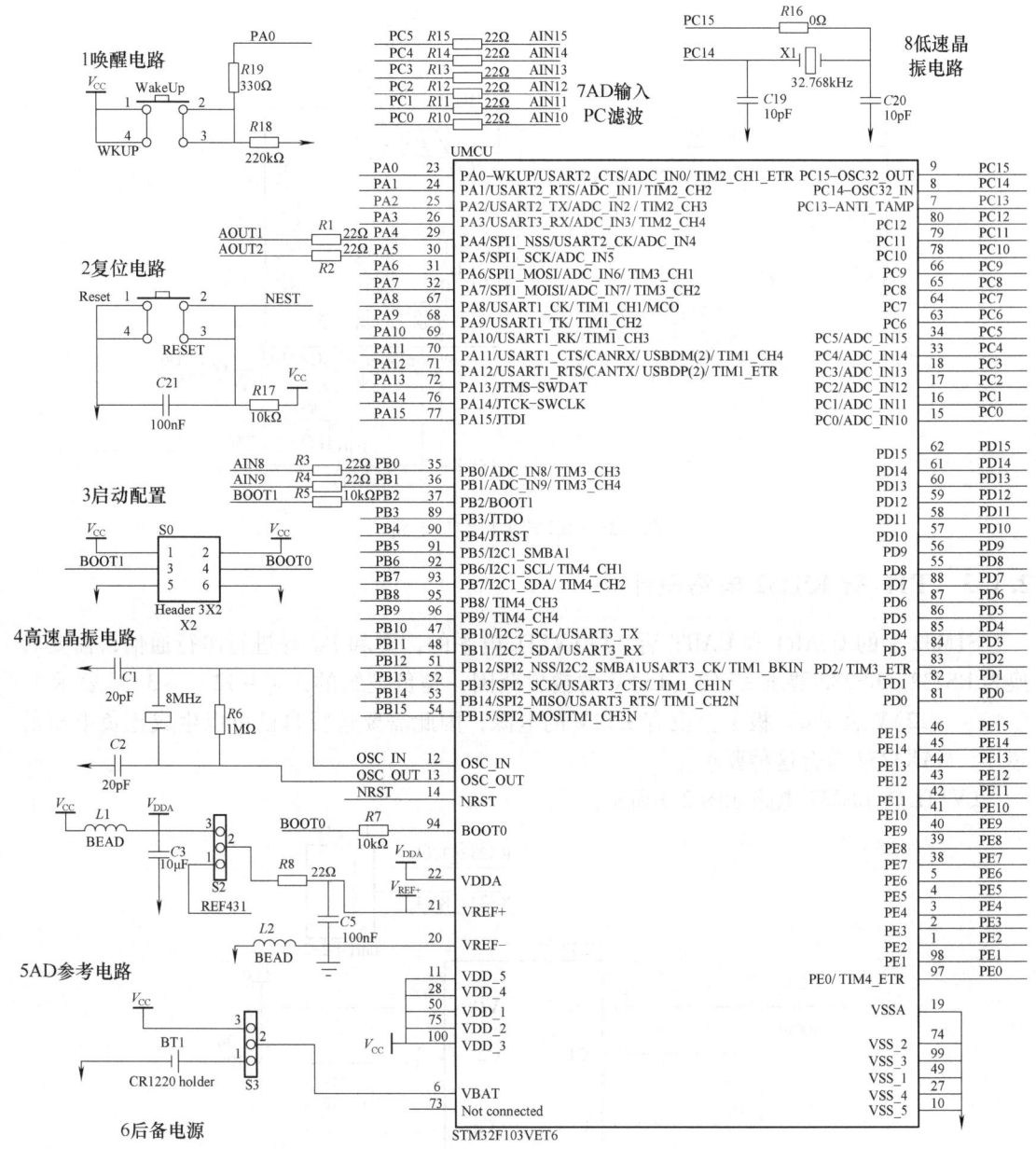

图 2-1 MCU 及其周边电路

2.1.2 USB 转串口电路设计

USB 转串口电路可以使没有串口的便携式计算机用户方便地通过 USB 端口下载代码到 FLASH 中，也可以方便地进行串口通信。

USB 转串口接口电路如图 2-2 所示。

USB 转串口芯片是 CP2102，该芯片稳定性较好。当其正常工作的时候，灯 LED6 亮。该芯片 DP/D+引脚连 MINI USB 端口的脚 3，DM/D-引脚连 MINI USB 端口的脚 2，为一对 USB 输入输出线。TXD 与 RXD 引脚接 MCU 的 PA10（USART1_RX）和 PA9（USART1_TX）。

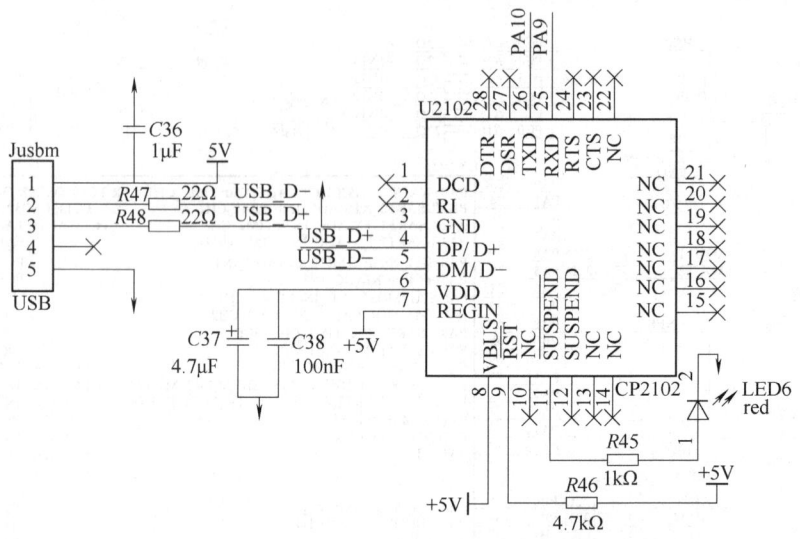

图 2-2　USB 转串口端口电路

2.1.3　TTL 转 RS232 电路设计

STM32 上的 USART 和 UART 端口是 LVTTL 电平的，要和 PC 等进行串行通信，需要转换为 RS232。RS232 要求 ±（3～15）V 的输出范围，是负逻辑的，（-12～-3）V 表示 1，（+3～+12）V 表示 0。板子上没有 ±12V 的电源，因此需要选择自己可以生成正负电压的芯片。MAX3232 符合这种要求。

LVTTL 转 RS232 电路如图 2-3 所示。

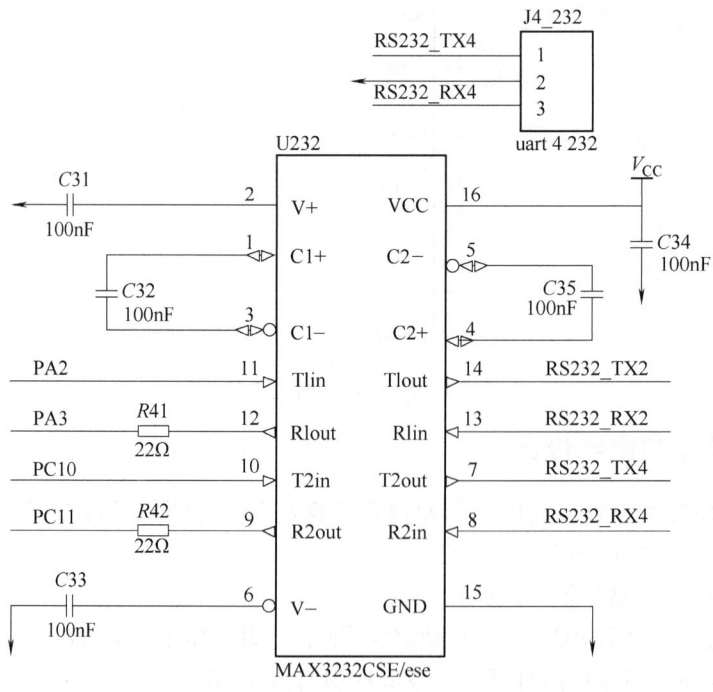

图 2-3　LVTTL 转 RS232 电路

图 2-3 中,实现了 2 路串口转 RS232。分别是串口 2(PA2 和 PA3)和串口 4(PC10 和 PC11)。

2.1.4 网络端口电路

ENC28J60 是带有行业标准 SPI 与 IEEE 802.3 兼容的以太网控制器。它可作为任何配备有 SPI 的控制器的以太网端口。它集成 MAC 和 10BASE-T 双绞线以太网物理层,具有接收器和冲突抑制电路,支持一个带自动极性检测和校正的 10BASE-T 端口,支持全双工和半双工模式,具有可编程在发生冲突时自动重发、可编程填充和 CRC 生成,自动拒绝错误数据包。目前广泛在嵌入式系统中使用。本书采用 ENC28J60 作为以太网控制器。

除了以太网控制器,还需要设计网络适配器电路以实现和水晶头的端口和网络变压器功能。设计原理图如图 2-4 所示。

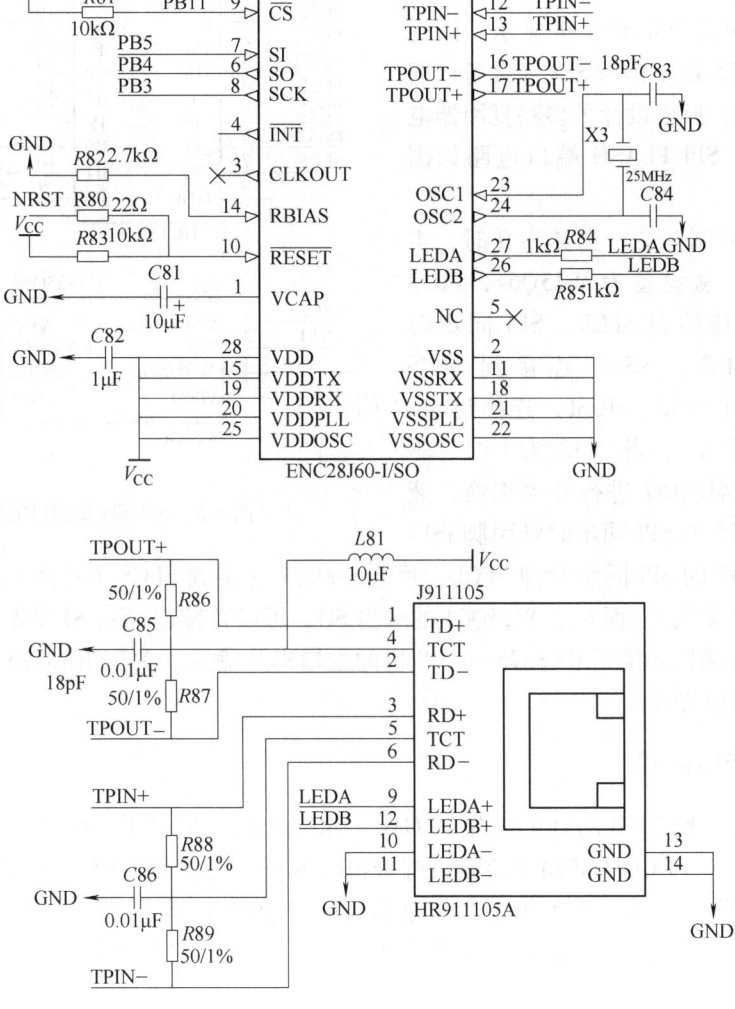

图 2-4 网络端口电路

图 2-4 中，ENC28J60 的电路部分包含了 MCU 的 SPI，连接到 STM32 的 SPI3，即 PB5（SPI3_CLK）、PB4（SPI3_MISO）、PB3（SPI3_MOSI）。另外使用 PB11 作片选。当 PB11 为低电平时，$\overline{CS}$ 有效，与 ENC28J60 的 SPI 线路建立连接，可以调用库函数实现 SPI 通信以向 ENC28J60 发送命令和数据，或获取状态和数据。

TPIN+、TPIN−、TPOUT+、TPOUT−为以太网端口，连接到网络适配器 HR911105A，通过变压器隔离送到外部网络。HR911105A 具备两个指示灯，连接在 ENC28J60 的 LEDA 和 LEDB，以指示网络状态。

设计时需注意 TPIN+、TPIN−、TPOUT+、TPOUT−的走线尽量粗，走线距离尽量一致。

2.1.5　SPI FLASH 端口电路

W25Q64 是 8MB 的 SPI FLASH，可采用 SPI 与 MCU 通信，可用于存储采样数据、波形数据、图片、字库等大容量信息。另外，液晶控制器 RA8875 可以透过 DMA 方式，通过 SPI 端口获取 W25Q64 存储的字库和图片，方便进行图片的快速显示和汉字显示。因为 STM32 和 RA8875 都要作为 SPI 主设备访问从设备 W25Q64，所以设计了多路复用器电路来进行管理。SPI FLASH 端口电路如图 2-5 所示。

PC12 作为控制开关，当其为 0 时，主设备为 STM32，从设备为 W25Q64，PB13（SPI2_SCK）连接到 SFCL（SPI 同步时钟），PB12（SPI2_NSS）连接到 SFCS（片选），PB15（SPI2_MOSI）连接到 SFDI（主输出从输入）。当 PC12 为 1 时，驱动多路复用器 74HC157 进行开关切换，液晶控制器 RA8875 的 SPI 同步时钟引脚 rSFCL 连接到 STM32 的 SPI 同步时钟 SFCL，片选 rSFCS1 连接到 SFCS（片选），rSFDI 连接到 SFDI（主输出从输入）。而对于 W25Q64 的输出 SO，可以直接连接到 STM32 的 PB14（SPI2_MISO）和通过端口连接到 RA8875 的 SPI 口的主输出从输入。关于 RA8875 部分的电路在本章后面小节可以看到。

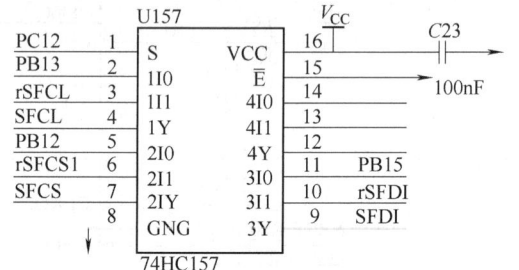
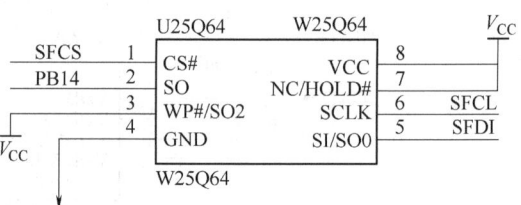

图 2-5　SPI Flash 端口电路

2.1.6　I²C 端口电路

AT24C02 是一种 256B 的电可擦除 PROM（EEPROM），通过 I²C 协议与 STM32 进行通信，连接十分简单。EEPROM 虽然容量只有 256B，但是读写比较方便，与 MCU 连线少，被广泛地使用在智能仪器、汽车电子、工业控制、家用电器等场合。本书的实例中使用 AT24C02 存储屏幕是否校准的信息，以及屏幕各个角的模拟值等。I²C 端口电路如图 2-6 所示。

A2、A1、A0 为作级联时使用，这里只有 1 片 24C02，接地即可。WP 为写保护，不保护的时候接地。SCL 为 I²C 时钟，SDA 为 I²C 数据，因开漏输出，需外部接上拉电阻。

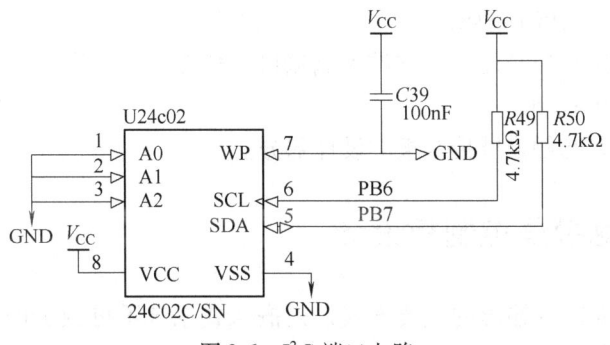

图 2-6 I²C 端口电路

2.1.7 TF 卡端口电路

TF 卡为 Micro SD 卡，手机通过插入 TF 卡即可扩大存储容量，数码相机也通过 TF 卡存储大量的数码照片。亮点 STM32 开发板也扩展有 TF 卡插座，通过 SPI1 与 STM32 进行交互，可以将图片、字库等数据从 TF 卡转移到 SPI FLASH 中去，也可以用于保存采集的数据等到 TF 卡。

TF 卡端口电路如图 2-7 所示。

图 2-7 中，PA4 为 SPI1_NSS，用于选择 TF 卡，PA5 为 SPI1 时钟（SPI1_SCK），STM32 通过 PA6（SPI1_MISO）接收 TF 卡上的数据，通过 PA7（SPI1_MOSI）向 TF 卡写数据。

$R76 \sim R79$ 为上拉电阻。其中 $R76$ 必须接，否则无法驱动 PA6。其他 3 个上拉电阻因 STM32 SPI 本身提供的驱动能力，可以不连接。

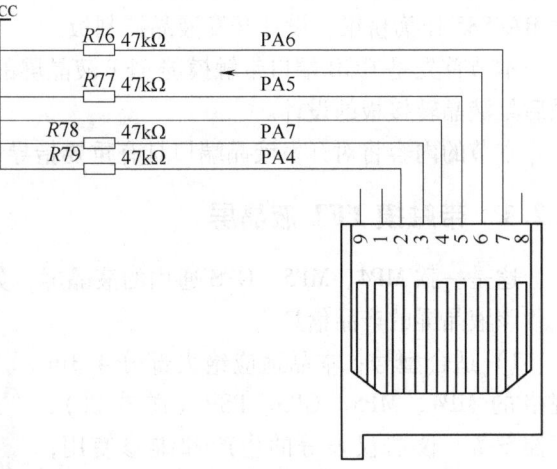

图 2-7 TF 卡端口电路

2.1.8 按键、LED 显示电路和其他端口

按键、LED 和蜂鸣器是常规的设备，除了 RESET 和 WAKEUP 按键外，开发板上还提供了 2 个按键，具有 4 个高有效的指示灯和蜂鸣器，电路如图 2-8 所示。

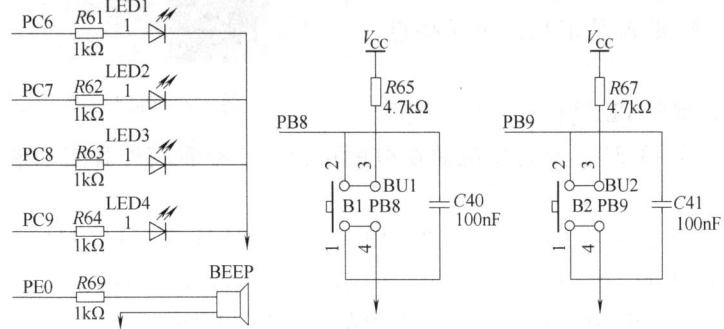

图 2-8 指示灯、按键、蜂鸣器电路

这些电路都是通过 GPIO 口驱动。

另外，还设计了图形液晶端口、字符液晶端口、模拟端口、数字端口、电源端口等，这些可以在本书的附录中找到。

下面一节进入液晶与触摸屏控制板的设计部分。

2.2 液晶屏与触摸屏控制板设计

液晶屏和触摸屏是输入输出的重要方式，是嵌入式系统不可缺少的部分。分析了应用，决定最先设计的系统带 4.3in 的大液晶屏，带触摸屏。在这个基础上，逐渐可以开发出不同的屏幕尺寸的应用。

4.3in 的 TFT 液晶屏通常是 RGB 数字端口的，除了 24 位的数字端口，还有行场同步信号，时钟等信号，必须按指定的时钟逻辑运行。如果采用 GPIO 方式连接和编程，一是编程会很麻烦，二是就算是编写好了也会占用 CPU 的大量时间。因此，采用 TFT 液晶屏驱动芯片 RA8885 作为桥梁，设计开发液晶控制板。

本节首先是 RGB 端口带触摸屏 TFT 液晶屏的研究，然后是对驱动芯片 RA8885 的研究，最后是液晶转接板的设计。

本节的内容将对开发液晶端口具有重要指导意义。

2.2.1 带触摸 TFT 液晶屏

这是一款 MP4、MP5、GPS 通用的液晶屏，如图 2-9 所示。

该液晶屏的产品信息为

1）适合型号：本品适应绝大部分 4.3in 规格的 MP4、MP5、GPS、PSP（游戏机）、工控设备、仪器仪表等的生产和维修使用，以及用于产品研究开发（可提供资料）。

2）规格：4.3in 触摸显示屏、带触摸液晶屏、内屏＋外屏、支持手写。

3）分辨率：480×272。

4）脚位：40PIN。

5）安装：直插式。

6）全新工厂原装 A 品正品，包无亮点坏点显示。

接下来获得该屏的 PDF 资料，这个屏的电压输入要求为 2.8~3.3V，只要单电源供电就可以了。查看其外观图和端口如图 2-10 所示。

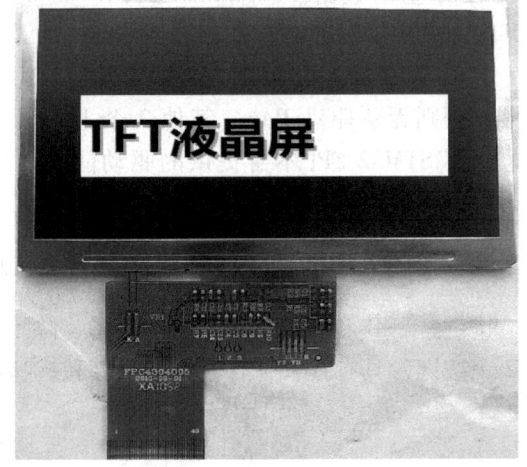

图 2-9 典型的 TFT 液晶屏

图 2-10 表示液晶屏的形状和端口。图 2-10 左侧为整体外观，上面的方框是屏体，下面是排线。排线上部的端口是 4 脚的，可与焊接触摸屏的 4 脚端口焊接。排线下面的 40 脚端口可插在板子上的 FPC40 端口上。图 2-10 右侧的表格是 40 脚端口的说明。

引脚说明如表 2-1 所示。

第 2 章 硬件设计

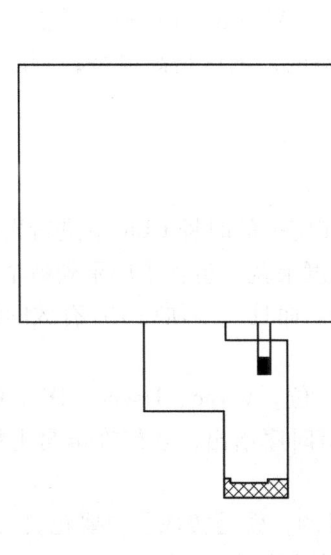

PIN	SIGNAL	PIN	SIGNAL
1	VLED−	21	B0
2	VLED+	22	B1
3	GND	23	B2
4	VDD	24	B3
5	R0	25	B4
6	R1	26	B5
7	R2	27	B6
8	R3	28	B7
9	R4	29	GND
10	R5	30	DCLK
11	R6	31	DISP
12	R7	32	HSYNC
13	G0	33	VSYNC
14	G1	34	DE
15	G2	35	NC
16	G3	36	GND
17	G4	37	XR
18	G5	38	YD
19	G6	39	XL
20	G7	40	YU

图 2-10　形状和端口

表 2-1　引脚说明

管脚号	名称	说　　　　明
1	VLED −	Backlight LED power supply(cathode)
2	VLED +	Backlight LED power supply(Anode)
3	GND	Ground(地)
4	VDD	Power Supply[电源(3.3V)]
5-12	R0-R7	Red data bit line[数据线(红)](对于16bpp显示模式,RGB = 5:6:5时,R0-R2:NC,R7为高位)
13-20	G0-G7	Green data bit line[数据线(绿)](对于16bpp显示模式,RGB = 5:6:5时,G0-G1:NC,G7为高位)
21-28	B0-B7	Blue data bit line[数据线(蓝)](对于16bpp显示模式,RGB = 5:6:5时,B0-B2:NC,B7为高位)
29	GND	Ground
30	DCLK	Clock signal,The input data is latched on the rising edge of CLK(地时钟信号)
31	DISP	NC(未连接)
32	HSYNC	In esternal interface mode,served as a horizontal synchronizing signal input(水平同步信号)
33	VSYNC	In external interface mode,served as a vertical synchronizing signal input(垂直同步信号)
34	DE	Data Enable(数据使能)
35	NC	Not Connected(未连接)
36	GND	Ground(地)
37	XR	Touch panel XR(触控面板 XR)
38	YD	Touch panelYD(触控面板 YD)
39	XL	Touch panel XL(触控面板 XL)
40	YU	Touch panel YU(触控面板 YU)

　　VLED − 是连接屏的 LED 的阴极,VLED + 连接其阳极。5~28 脚都是红绿蓝 3 种颜色的数字值,DCLK 是上升沿有效的时钟,在上升沿锁住数据。HSYNC 是行同步信号,VSYNC 是列同步信号,DE 是数据使能,XR\YD\XL\YU 是触摸信号。

这一款液晶屏不需要连接 DISP 引脚,实际上 DISP 引脚是液晶屏内的控制芯片的重要引脚,高电平有效,当低电平的时候液晶屏将处于 STAND BY(待机)状态,是不能显示图像的。因为这一款屏内的控制芯片是 DISP 引脚上拉的,默认是高电平,所以可以不连接。在设计开发的时候一定要注意!

2.2.2 TFT LCD 屏的时序

图 2-11 是 TFT 液晶屏的基本时序图,必须在统一的时钟 CLK 下进行操作。TFT 液晶屏先扫完一行,再扫下一行,所以列同步信号的宽度最宽,包含了屏幕列数个行同步信号。每一行又有 N 个点,根据上述的资料这个值是 480。而且,必须在 DE 有效的情况下,才能对屏幕点进行刷新。

图 2-11 中 Dn7~Dn0 表示了三组数据,共 24 位。Vsync、Hsync、DE、CLK 信号的时序需要按图 2-12 的时序要求给出,然后数据根据该时序给出,才能在屏幕上描绘出完整的波形。

因此,使用 STM32 直接进行控制是比较困难的,就是实现了也要花费大量 CPU 时间,且显示更新较慢。因此一般使用独立的控制器来控制液晶显示。

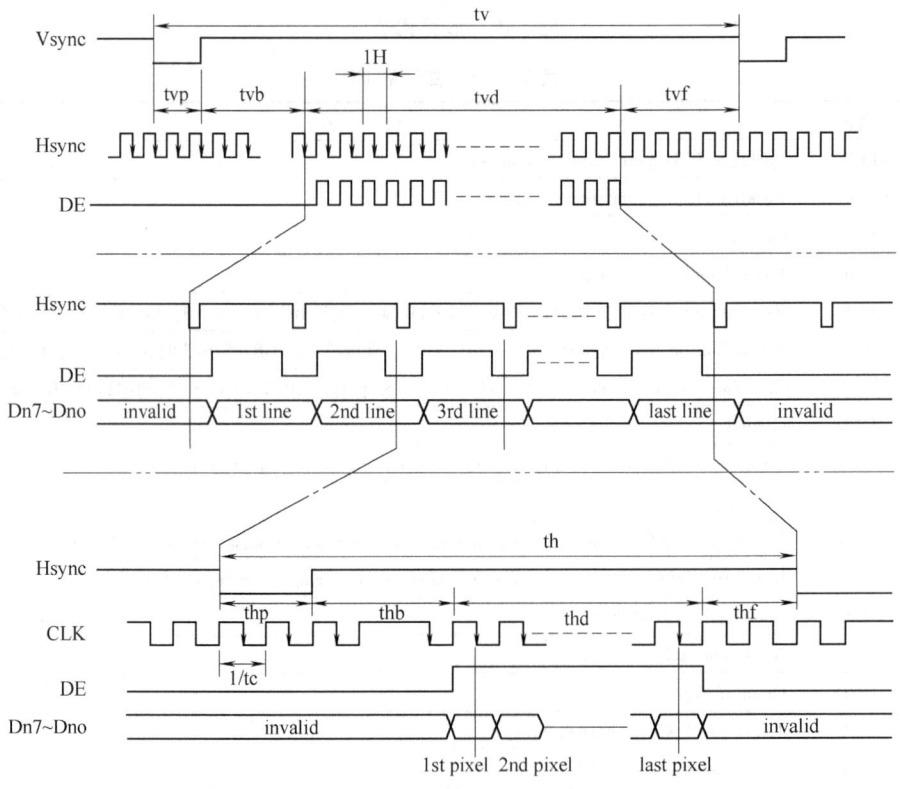

图 2-11 液晶屏驱动时序

2.2.3 触摸屏

如果所使用的液晶屏要具备触摸功能,就必须有触摸屏。触摸屏是叠加到液晶屏上的,完全可以购买触摸屏和液晶屏进行组合。直接使用已经安装好了的带触摸屏的液晶屏则更方便。

触摸屏又称为"触控屏"或"触控面板",是一种可接收触摸等输入信号的感应式装置,被做成透明的一层玻璃。当外物接触了屏后,屏幕上的触觉反馈系统可以获得按点的位置信息,根据位置信息就可以进行相应的操作。触摸屏覆盖在液晶屏之上,是一套透明的绝对定位系统。

带触摸屏的 TFT 液晶屏可以用下面的框图表示。

其中,Touch Panel 就是触摸面板,下面的端口面板对触摸进行识别。

带触摸屏的液晶屏框图如图 2-12 所示。

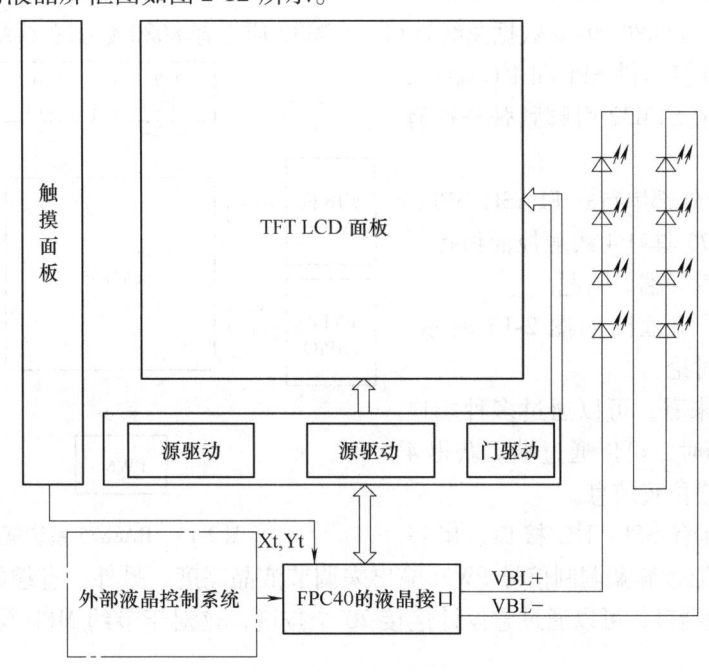

图 2-12　带触摸屏的液晶屏框图

四线电阻式触摸面板如图 2-13 所示,阴影部分为导电条,导电条之间由均匀排列的透明格点分开绝缘。当触摸时由于压力,发生形变和导电,测得的电压可用于计算位置。因此,触摸的位置与一组电压值相对应,通过模-数转换器读取电压值,就可以确定触摸位置信息。

2.2.4　TFT LCD 的背光 LED

笔者使用的通用型 TFT LCD 的背光 LED 是串联连接的,原理图如图 2-14 所示。

图 2-13　触摸面板

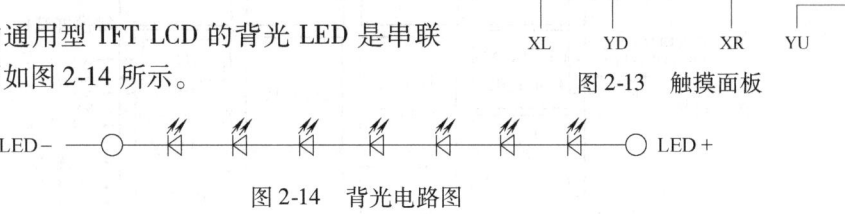

图 2-14　背光电路图

该型号 TFT 的 LED 操作电压是 22.4V,最大电流是 30mA。

查看其他型号 TFT,串联的 LED 个数有不同,操作电压电流有区别。

于是,需要设计升压电路,实现 LED 驱动。

2.2.5 TFT LCD 控制器 RA8875

RA8875 是一款比较流行的支持文字和图形的 TFT LCD 控制器,最大支持 800×480 的液晶面板。RA8875 也支持 480×272 的图形模式,完全满足对 4.3in TFT 的驱动要求。

支持 RGB TFT 端口,对 4.3in 的液晶屏可以完全支持。

内部有 768KB 的显存和 10KB ROM。

提供 8/16 位的 8080/6800 数据总线端口。STM32 应选择 8080 数据总线端口。

RA8875 还能够提供 SPI 和 I^2C 端口,这种端口对于缓解 STM32 引脚紧张是很有效的。

RA8875 支持外部串行式 FLASH\SPI。

另外,RA8875 具有 4 线触控面板控制器,这解决了触摸屏端口问题。

RA8875 的系统框图如图 2-15 所示。其他特性暂时不讨论。

从系统框图来看,可以通过多种端口访问 RA8875。同时,可以通过端口获得 4 线触摸面板的触摸位置信息。

RA8875 还具有 SPI、I^2C 接口、串行 FLASH 端口,能通过脉宽调制信号 PWM 输出来调节液晶亮度。另外,有趣的是 RA8875 提供了 4×5 的键盘端口,可以通过它设计连接 20 个按键,这对于节约 MPU 资源和负担是大有好处的。

首先观察内部结构方框图,如图 2-16 所示。

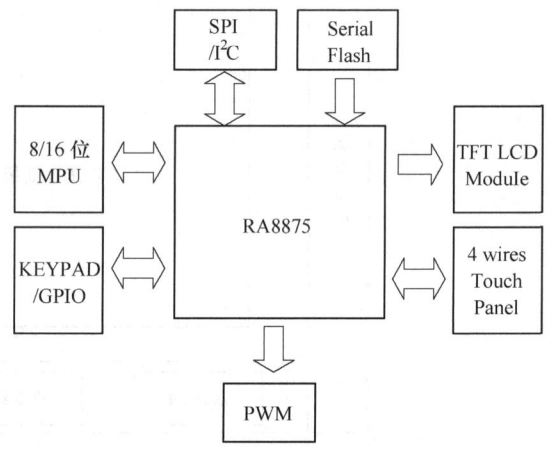

图 2-15 RA8875 系统框图

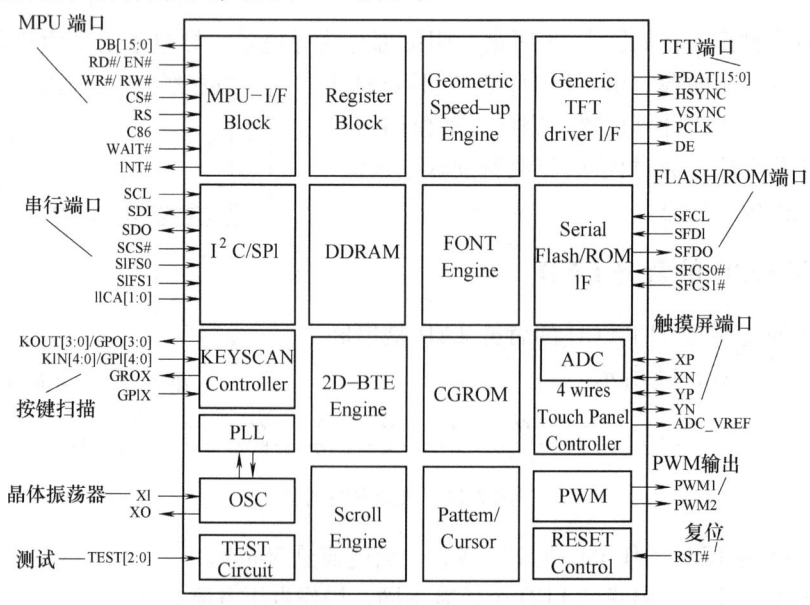

图 2-16 RA8875 内部方框图

RA8875 内部分为若干个功能块。其中：

1) MPU I/F 块提供和微处理器 MPU 连接的端口，即 8080 端口。包括如表 2-2 所示信号（因为 STM32 采用 8080 端口方式，不对 6800 端口方式进行功能描述）。

表 2-2　RA8875 与处理器端口信号共 24 个

名　称	方　向	用　途
DB[15:0]	双向	双向数字端口 16 个，接收 STM32 的数据，可连接到 STM32 的端口 图 2-17 显示的单向是数据手册上给出的，其实应为双向
RD#/EN#	输入	读信号，在 8080 端口模式下为 RD#，数据读取信号，低电平有效
WR#/RW#	输入	写信号，在 8080 端口模式下为 WR#，数据写信号，低电平有效
CS#	输入	芯片选取信号，低电平有效
C86	输入	为 1 表示 8080 端口。为 0 表示 6800 端口。接 STM32 应设置为 1
RS	输入	指令数据选择控制信号。RS = 0，为数据读写周期；RS = 1，为指令读写周期
PS	输入	并行/串行通信选择信号。PS = 0 采用并行通信；PS = 1 选择串行通信
WAIT#	输入	为 0 表示 RA8875 忙
INT#	输出	RA8875 发出给 MCU 的中断信号，低电平有效

8080 端口是绝大部分项目和开发板使用的液晶端口。端口示意图如图 2-17 所示。

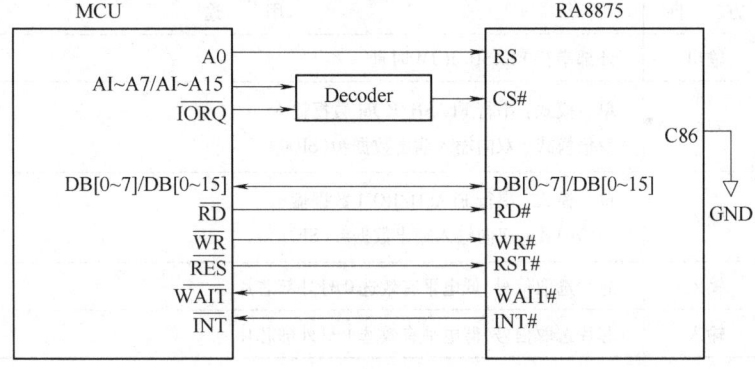

图 2-17　RA8875 与 MCU 的端口示意图

2) RA8875 中 SPI 和 I^2C 控制器的端口，见表 2-3。

表 2-3　RA8875 的 SPI 与 I^2C 端口信号共 8 个

名　称	方　向	用　途
SCL	输入	串行时钟，不用时连接到高电平 VDDP
SDI	双向	I^2C 数据，4 线 SPI 数据输入信号。当为 3 线 SPI 模式时，不使用
SDO	双向	4 线 SPI 数据输出，3 线 SPI 数据输入输出
SCS#	输入	SPI 芯片选取信号，低电平有效。其他情况连 VDDP
I^2C[1:0]	输入	I^2C 位置选择。其他情况连 VDDP
SIFS[1:0]	输入	00：不使用　　01：3 线 SPI 10：4 线 SPI　　11：I^2C

可见采用 SPI 或 I²C 方式与 STM32 通信，可以节省大量的 GPIO 端口。下面给出 MPU 与 RA8875 的三线 SPI 连接方式的示意图，如图 2-18 所示。

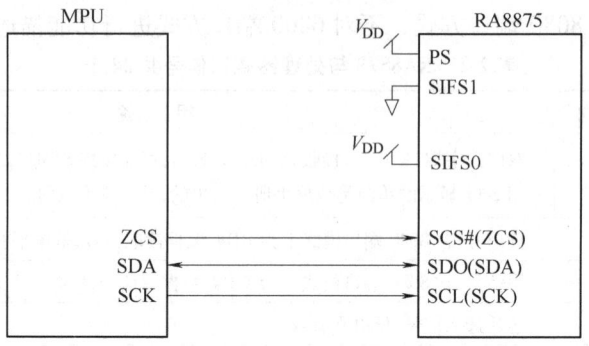

图 2-18 MPU 与 RA8875 的三线 SPI 连接方式示意图

3）串行 FLASH/ROM 端口。

串行 FLASH/ROM 端口可应用于使用汉字库和图形库。通过串行字体内存，可将各种文字写入内部 DRAM 中，可以在 FLASH 中保存字体图形库，或使用 ROM 保存的字体图形库。表 2-4 列出了 RA8875 与串行 FLASH/ROM 接口信号。

表 2-4 RA8875 与串行 FLASH/ROM 接口信号共 5 个

名称	方向	用途
SFCL	输出	外部串行 FLASH/ROM 时钟
SFDI/SIO0	双向	单一模式：串行 FLASH/ROM 数据输入 双倍模式：双向输入输出数据#0（SIO0）
SFDO/SIO1	输入	单一模式：串行 FLASH/ROM 数据输出 双倍模式：双向输入输出数据#1（SIO1）
SFCS0#	输入	芯片选取信号，低电平有效选 0 号外部芯片
SFCS1#	输入	芯片选取信号，低电平有效选 1 号外部芯片

RA8875 与串行 FLASH/ROM 接口示意图如图 2-19 所示。

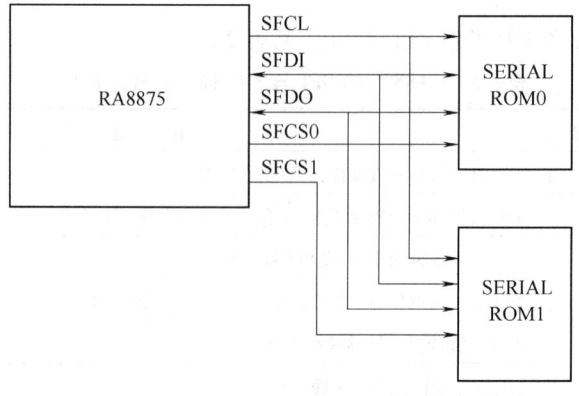

图 2-19 RA8875 与串行 FLASH/ROM 端口示意图

4) RA8875 与 TFT 液晶屏的 RGB 接口。

通过 RGB 端口，RA8875 驱动液晶屏工作。工作过程交给 RA8875 就不需要额外干预。STM32 通过 8080 接口连接 RA8875，RA8875 再通过 RGB 接口驱动 TFT 液晶屏。显示的细节功能由 RA8875 来执行。表 2-5 为 RA8875 与 TFT 液晶接口。

表 2-5　RA8875 与 TFT 液晶接口 20 个

名　　称	方　　向	用　　途
PDATA[15:0]	输出	输出到液晶屏的数据总线
HSYNC	输出	水平同步脉冲
VSYNC	输出	垂直同步脉冲
PCLK	输出	像素时钟，每个周期可设置一个像素
DE	输入	数据使能

根据需要的分辨率，可以设置 PDATA[15:0] 与液晶屏的连接，不连接的引脚可以接地。例如，如果仅采用 256 色显示即可，就不需要连接所有的引脚。

表 2-6 列出两种情况下引脚的分配关系。

表 2-6　PDATA[15:0] 的两种设置

色彩	红	绿	蓝
256	DATA[15:14]	DATA[10:8]	DATA[4:3]
64k	DATA[15:11]	DATA[10:5]	DATA[4:0]

显然，RA8875 给 TFT 液晶屏提供的数据线为 16 根，根据需要的颜色深度进行设置，最高 64k 种颜色，红 5 位，绿 6 位，蓝 5 位，对于一般的显示需要足够了。

5) RA8875 与触摸屏端口。

如果目标板配有触摸屏，RA8875 提供完全的触摸屏端口。RA8875 内建 10 位 ADC 电路，提供了用来连接触摸面板的 4 根接口线，并有 AD 参考电压输入引脚。表 2-7 为 RA8875 与触摸屏接口。

表 2-7　RA8875 与触摸屏接口 5 个

名　　称	方　　向	用　　途
YN	输入	触摸屏 YN 模拟量输入
YP	输入	触摸屏 YD 模拟量输入
XN	输入	触摸屏 XL 模拟量输入
XP	输入	触摸屏 XR 模拟量输入
ADC_REF	输出	触摸屏 AD 参考电压,可选择内部产生或外部输入

触摸屏端口的详细工作原理不作讨论，下面给出连接示意图如图 2-20 所示。

其中，ADC_VREF 应为 V_{DD} 的 1/2，可通过 2 个 10kΩ 电阻分压。图中的电容起到滤波的作用。图 2-21 中 1% 表示电阻的精度。

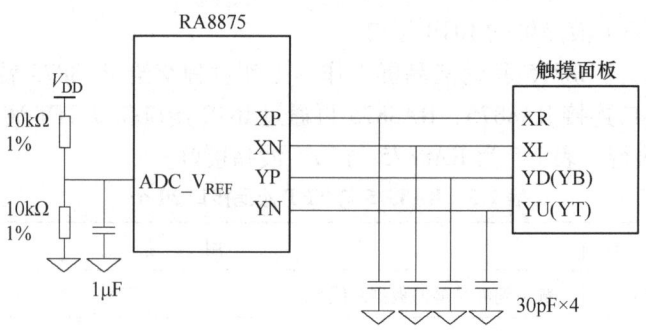

图 2-20　RA8875 与触摸屏的连接示意图

6）电源与晶体振荡器端口。

RA8875 的晶体振荡器端口如表 2-8 所示。

表 2-8　RA8875 电源与晶体振荡器端口 24 个

名　称	类　型	用　途
VDDP	电源	电源 3.3V
CORE_VDD(4 个)	电源	内部核心电路的 1.8V 电源,由内部 LDO 电路产生。连接 0.1μF 电容到地即可
LDO_OUT	电源	LDO 电路产生的 1.8V 电源,接 0.1μF 电容到地即可
LDO_GND	地	LDO 电路接地端,接整个电路的地
OSC_VDDP	电源	晶体振荡器使用的电源,接 3.3V
OSC_VDD	电源	晶体振荡器使用的内部 1.8V 电源,接 0.1μF 电容到地即可
OSC_GNDP	地	晶体振荡器接地端
OSC_GND	地	也是 OSC 的接地信号,接地
ADC_VDD	电源	ADC 使用的电源,也是 3.3V
ADC_GND	地	ADC 接地端,接整个电路的地
GND(5 个)	地	整个电路的地
XI	输入	时钟晶体输入端
XO	输出	时钟晶体输出端
RST#	输入	低电平有效的复位信号,可使用 STM32 复位信号
TEST[2:0]	输入	测试模式输入信号,全部接地即可

其中,晶体振荡频率应为 15～30MHz 之间,对于 480×270 的液晶屏应设置时钟频率为 25MHz。RA8875 的晶体振荡器连接示意图如图 2-21 所示。

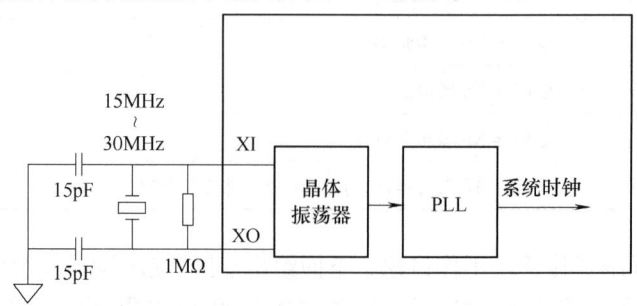

图 2-21　RA8875 的晶体振荡器连接示意图

7) PWM 端口。

RA8875 还提供了 2 路 PWM 的输出,进一步提升了整个系统的应用能力。PWM 即脉冲宽度调节,在液晶屏显示上应用于调节背光。占空比越高,背光就越亮。表 2-9 为 RA8875PWM 端口。

表 2-9 RA8875PWM 端口 2 个

名称	方向	用途
PWM1	输出	第一路脉宽调制信号
PWM2	输出	第二路脉宽调制信号

图 2-22 为典型背光电路,实现升压背光 LED 驱动。图 2-22 中 PWM 控制背光亮度。

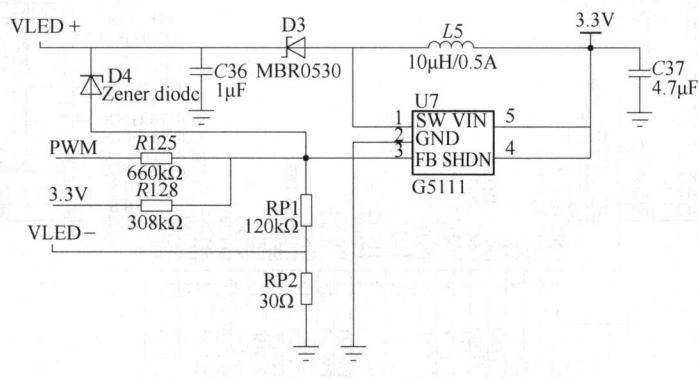

图 2-22 典型背光驱动电路

2.2.6 TFT 液晶控制板具体设计

选择了一款 4.3in 的 TFT 液晶屏及以 RA8875 作为驱动芯片,学习了相关内容后,即可开始转接板的设计。首先是转接板的设计方案。

1. TFT 控制板设计方案

TFT 控制板设计方案如下:

1) 选择一款 4.3in 常规液晶屏,带触摸屏。带背光调节。
2) 采用 RA8875 作为驱动芯片,颜色深度选择 64k。
3) 采用 8080 端口作为与 STM32 通信的端口,并连接 SPI。
4) 带字库 ROM 并可利用主板上的 SPI FLASH 作字库。
5) 转接板设计采用独立的工程,注意与液晶屏的安装方法,注意与液晶背板的绝缘,注意液晶 RGB 端口连接线与转接板的连接。
6) 使用 CP2123 实现背光 LED 驱动。

2. RA8875 部分原理图设计

根据前面的论述,设计 RA8875 部分电路如图 2-23 所示。

图中晶体振荡器、滤波电容等都是典型接法,使用了 25MHz 的晶体振荡器。复位信号直接从 STM32 主板获得,ADC 参考电压采用 2 个 10kΩ 电阻分压获得,为 1.65V。

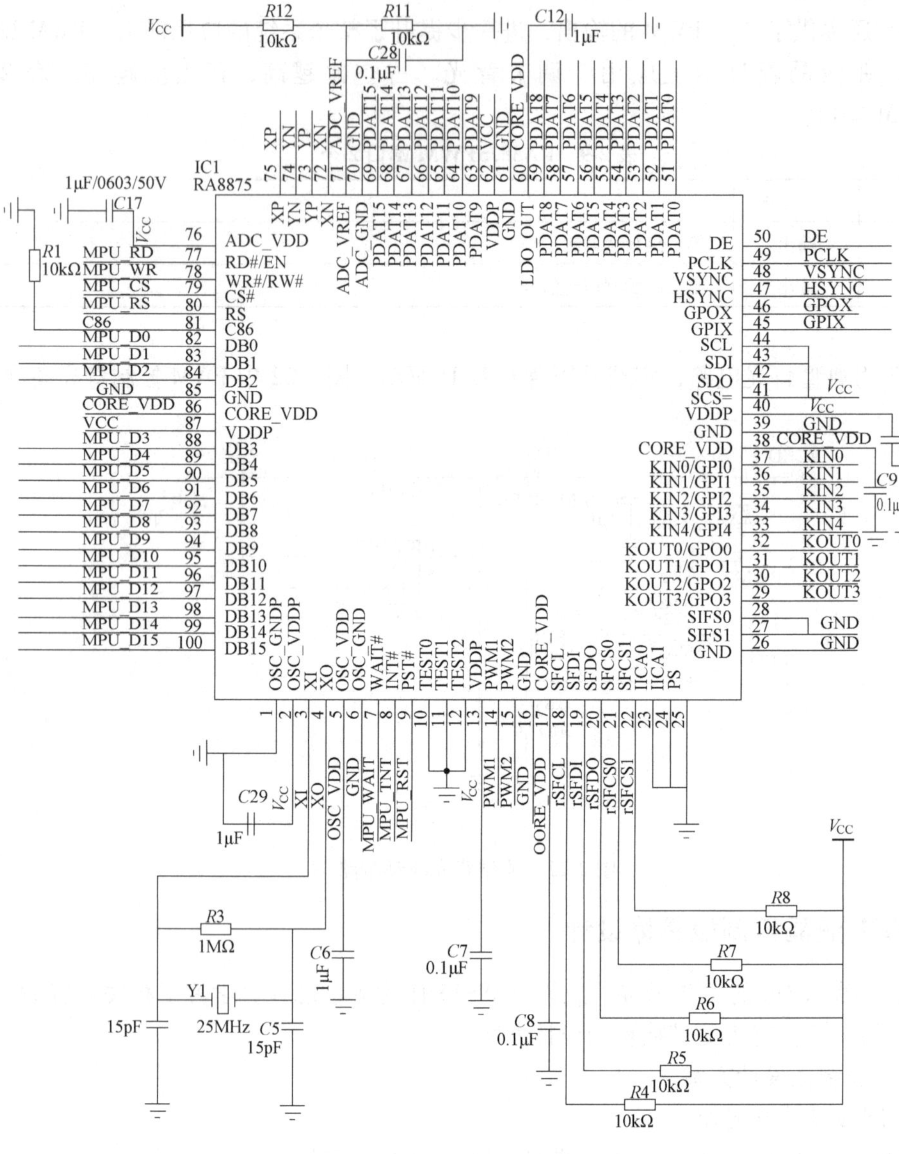

图 2-23　RA8875 及其周边电路

3. TFT 转接板 LED 驱动电路设计

CP2123 特点是专用的白光 LED 驱动芯片，驱动电路比较简单，且具有过电压和过电流保护功能。过电压保护可以通过外置电阻调节到 25～40V。工作频率达到 1.4MHz，PWM 调光频率支持最大 1MHz。CP2123 引脚如图 2-24 所示。

该芯片 6 脚 VIN 接 2.7～5.5V 电压，选择 5V 输入即可。

1 脚 SW 为开关引脚，外部连接电感和肖特基管，

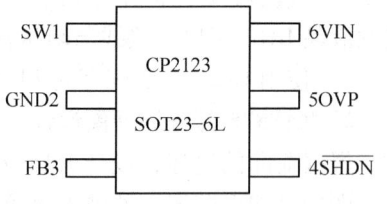

图 2-24　CP2123 引脚

连线尽量短以降低电磁干扰 EMI。VIN 必须接 1μF 电容到地。2 脚接地。

3 脚 FB 为反馈引脚。因为内部基准电压为 300mV，串联的 LED 最低端的阴极和电流采样电阻 R 与该脚相连。LED 电流的计算公式为：$I_{LED}=300\text{mV}/R$。

4 脚 SHDN 为使能引脚，内置了 400kΩ 的下拉电阻。该引脚电压高于 1.4V 的时候器件工作，当低于 0.4V 的时候工作停止。因此可以用作调光控制引脚。

5 脚 OVP 为过电压保护引脚。设设计电路的输出为 V_{OUT}，即输出电容的正端为 V_{OUT}。当悬空时无过电压保护，直接连接 V_{OUT} 的时候过电压阀值为 25V，也可通过与输出 V_{OUT} 之间的电阻调节输出保护值。串联电阻和保护电压的关系是

$$V = 25 + 5R/100\text{k}$$

即每 100k 对应 5V 保护电压。

CP2123 为一款 BOOST 型的 DC/DC 变换器，工作原理参考下面的功能框图。

图 2-25 为 CP2123 功能框图。

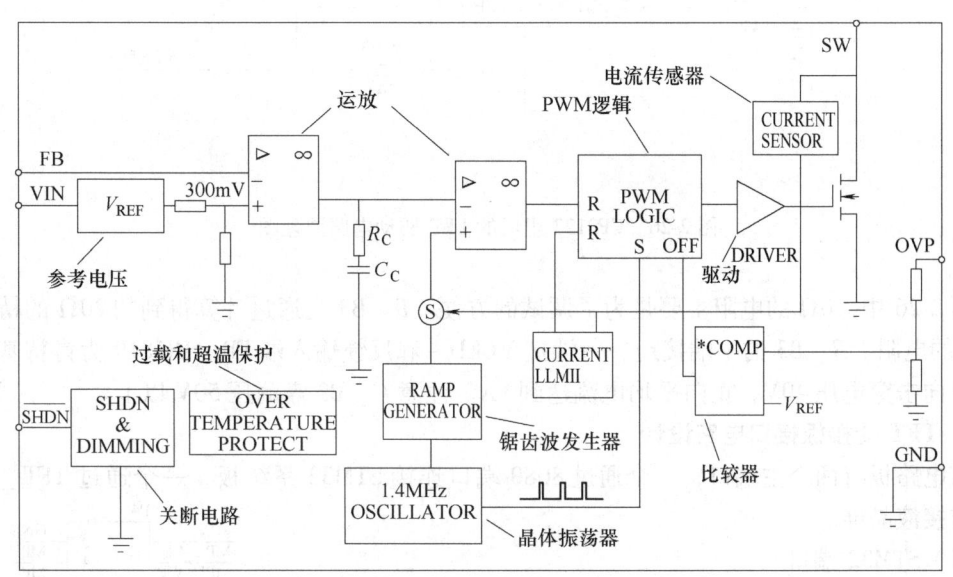

图 2-25　CP2123 功能框图

CP2123 具有一个 1.4MHz 的振荡器，在每个振荡周期的开始，RS 触发器被置位，开关管导通。

图 2-25 中 CURENT SENSOR 为电流采样管，对电流进行采样。RAMP GENERATOR 是斜坡电压发生器，与采样的电流成比例的电压与斜坡电压叠加，作用于比较器 A2 的同向端。A2 的反向端的电压来自于反馈回来的电压与 300mV 参考电压的差的放大。如果反馈电压比较低，那么就延长开关导通的时间，相反，如果反馈电压比较高，就减少开关导通的时间。

输出电压由每个 LED 的电压和 LED 的个数决定。假设每个 LED 在 20mA 的时候导通的电压为 2.2V。$V_{out} = 2.2\text{V} \times 7 = 15.4\text{V}$，这个与液晶手册上刚好一致。

另外就是电流控制。LED 电流由反馈电阻来决定。

$$I_{\text{LED}} = 300\text{mV}/R$$

所以，要求电流为 20mA，反馈电阻应设置为 20Ω。

为了保证精度，反馈电阻选取精度高于 1% 的电阻。

于是，笔者设计的采用 CP2123 的 LED 驱动电路原理图如图 2-26 所示。

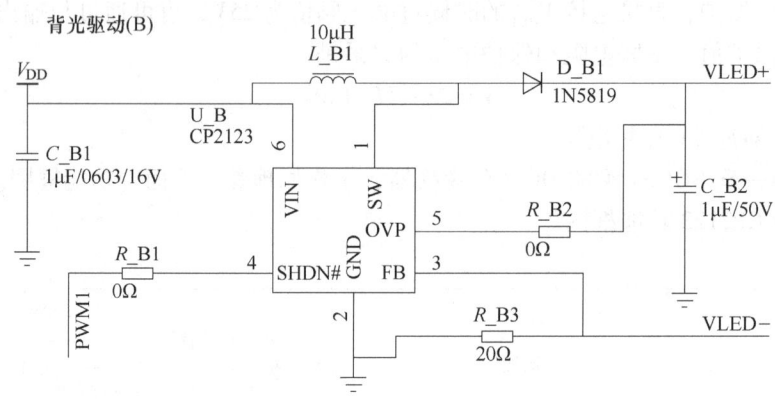

图 2-26 CP2123 组成的 LED 驱动电路原理图

图 2-26 中，0Ω 的电阻主要是为了调试的方便。R_B3 是通过计算得到的 20Ω 的精度超过 1% 的电阻。R_B3 的一端接地，一端接 VLED - 和反馈输入端 FB。IN5819 为肖特基二极管，反向击穿电压 40V，正向平均电流达到 1A。注意 C_B2 需耐压 50V 以上。

4. TFT 转接板接口电路设计

该电路板有两个主端口，一个通过 8080 端口连接 STM32 系统板，一个通过 TFT_RGB 端口连接液晶屏。

（1）STM32 端口

STM32 主板的端口如图 2-27 所示。

该端口包含了 8080 端口的所有信号，另外通过 MCU_CL, MCU_CS, MCU_SW, MCU_DI 可以实现与 RA8875 分时访问串行 FLASH。

8080 端口数据线 MPC_D [15] 采用 565 模式，即 MPU_D15 ~ MPU_D11 表示红，MPU_D10 ~ MPU_D5 表示绿，MPU_D4 ~ MPU_D0 表示蓝。

（2）TFT 液晶屏的端口

TFT 液晶屏的端口如图 2-28 所示。

该端口因为与 TFT 液晶屏端口直接相连，必须与液晶屏 RGB 端口完全一致，不连接的部分因为采用 RGB565 模式，按要求悬空。PDATA0 ~ PDATA15 连接到 RA8875 的对应输出脚，因为要满足如图 2-29 所示的对应关系。

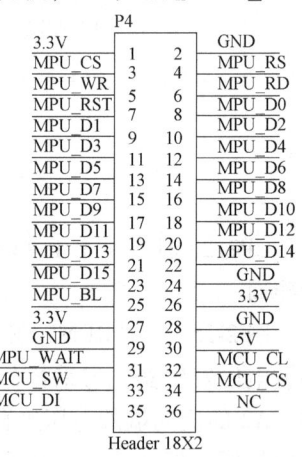

图 2-27 与 STM32 主板端口

即 R4R3R2R1R0 共 5 位表示红色，G5G4G3G2G1G0 共 6 位表示绿色，B4B3B22B1B0 共 5 位表示蓝色，因此一共是 2 的 16 次方，即 65536 种颜色。其实是共 64k 色，厂家称 65k 颜色模式。对于 4.3～7in 的屏，这么高的颜色足够学习和一般的开发用了。

5. 字库 ROM 电路设计

高通 GT23L32S4W 字库芯片是内含 11×12 点阵、15×16 点阵、24×24 点阵、32×32 点阵的汉字字库芯片。支持 GB2313 国标汉字和 ASCII 字符。排列格式为横置横排，用户通过字符内码，利用厂家提供的方法计算出字符的地址，可以获得字符点阵信息。

GT23L32S4W 中存储了汉字及 ASCII 码的不同格式的字库点阵信息，如果要显示 32×32 的汉字，应先查到汉字的 32×32 点阵地址，然后将图形点阵取出来，由 RA8875 控制送 TFT 液晶屏显示。有了字库，可以在屏幕上写汉字了，汉字也是一种图形。GT23L32S4W 既然是 ROM，读者只能读它不能对字库进行修改。

GT23L32S4W 具有 SPI 及 PLII 并行口，本书设计硬件电路采用 SPI 与之连接。SPI 访问速度按厂家资料应设置为 20MHz。即 RA8875 通过 SPI 访问 GT23L32S4W。

图 2-30 为 GT23L32S4W 的引脚图。

在 SPI 连接时，需要连接的信号线见表 2-10。

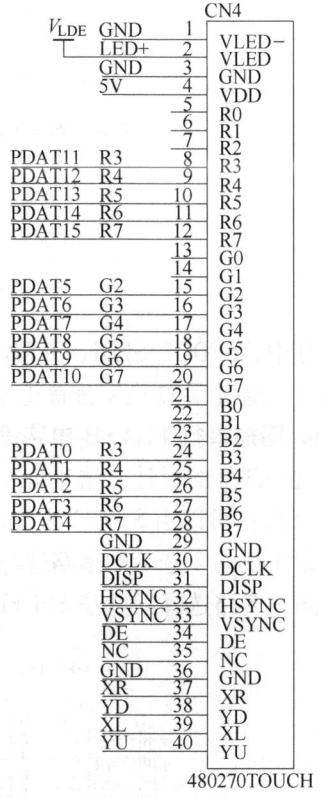

图 2-28 TFT 液晶屏的端口

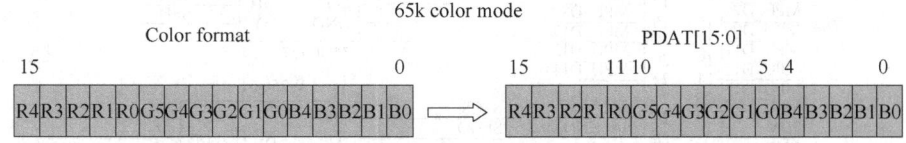

图 2-29 65k 颜色模式下 16 位输入对应的 RGB 端口输出颜色划分

表 2-10 GT23L32S4W 在 SPI 模式下需连接的信号线

名　称	方　向	用　途
SPI_SO	输出	SPI 串行数据输出
VSS	电源	接地
VCC	电源	接 3.3V
SPCLK	输入	串行时钟
SPI_HOLD	输入	保持
SPI/PLII SELECT	输入	悬空为 SPI 模式
SPI_CS	输入	片选
SPI_SI	输入	SPI 串行数据输入

图 2-30 高通字库 GT23L32S4W 引脚图

根据以上信息，画出该部分原理图如图 2-31 所示。

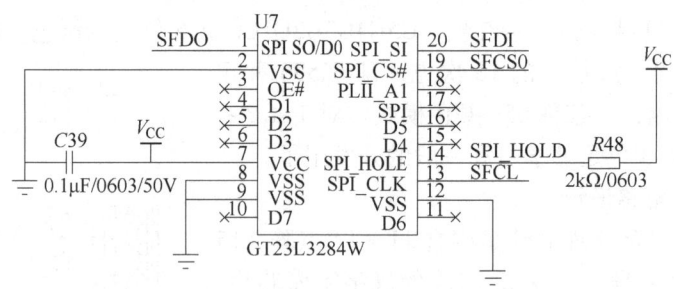

图 2-31 字库 ROM 部分原理图

其中，SFDO、SFDI、SFCL、SFCS0 连接 RA8875 的 SPI。SPI＿HOLD 按厂家手册后续部分说明，通过 2kΩ 电阻连高电平。

6. 图形串行 FLASH 电路设计

这一部分的设计方法是，与 STM32 主板共享串行 FLASH。原理在前面已做描述，当写 FLASH 操作可以由 STM32 来完成，而当使用图形库的时候，可以由 RA8875 执掌大权。通过控制 4 位的 2 选 1 的多路选择器 74HC157 进行开关切换，可以完成数据通路的切换。

通过多路选择器共享 SPI FLASH 如图 2-32 所示。

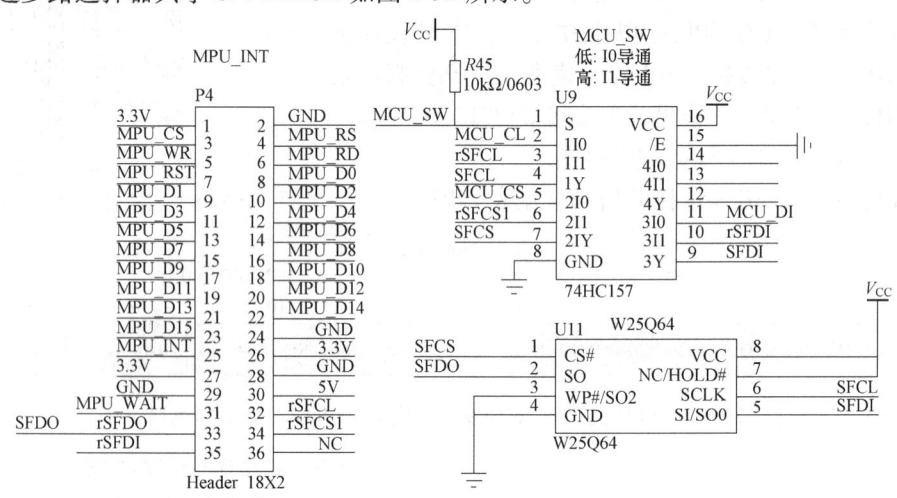

图 2-32 通过多路选择器共享 SPI Flash

其中，rSFCL 连接 RA8875 的 SFCL，rSFDO 连接 RAEE75 的 SFDO，rSFCS1 连接 RA8875 的 SFCS1，rSFDI 连接 RAEE75 的 SFDI。这些连接都是通过图 2-32 中左侧的端口连接到液晶控制板的 RA8875。

MCU 打头的信号线连接到 STM32 的 SPI。

MCU＿CW 连接到 STM32 的 GPIO 端口，当设置该端口为 0 的时候，由 STM32 控制 W25Q64，为 1 时，RA8875 掌管 W25Q64。

这一章学习了主板和液晶控制板全部的硬件设计，对亮点 STM32 开发板的整个硬件构架和硬件逻辑关系有了深入的了解，为以后的硬件设计可以打下基础并可借鉴本章所学的电路。

习　题　2

1. STM32 的周边电路包含哪些，晶体振荡电路采用了什么样的电路设计，有几组，为什么？
2. 查 CP2102 器件手册，解析图 2-2。
3. 查 MAX232 器件手册，解析图 2-3，说明这样设计为什么可以不采用 12V 和 −12V 的电源。
4. 查 ENC28J60 器件手册，分析图 2-4，说明该端口电路是通过什么途径和 MCU 通信的。
5. RA8875 与 STM32 之间可以通过什么端口进行连接，论述采用各种连接方式的差异。
6. RA8875 是怎么实现触摸屏驱动的？
7. 查 CP2123 器件手册，论述液晶背光驱动电路原理。
8. 详细说明图 2-32 的设计方法，画出基于这种硬件设计、编程，实现使 RA8875 以 DMA 方式显示大容量图片的流程图。

第 3 章 STM32 软件开发

嵌入式系统开发包含硬件的设计制造和软件的开发，目前嵌入式系统的软件开发已经如火如荼，且软硬全能已经成为主流。

在前面的章节中，学习了嵌入式系统的基本原理和硬件的设计，为进行嵌入式系统的软件开发打下了基础。本章开始进入软件开发部分。

本章在最开始介绍了 STM32 软件开发的环境，即开发软件 MDK Keil 及相关的下载，调试器。为了快速入门，给出第一个基于库函数设计的工程的全部详细流程，读者按照这个流程就可以快速构建基于库函数的工程，并学会下载和在线调试。笔者将这个过程录制了视频，读者可以在序言中给出的交流论坛或博客中找到这些视频。

之后按功能分类，依次学习 GPIO 端口编程、异步串行通信 USART 编程、定时器编程、SPI 编程、TF 卡编程、I^2C 端口编程、ADC 和 DAC 编程、FSMC 控制液晶控制器编程、网络编程等内容。对应的代码也可在论坛中找到，并有运行结果的视频。所有这些程序都在亮点 STM32 开发板验证通过。通过修改配置文件，完全可以在读者设计的工程用电路板上完美运行。

需要说明一下，这些程序设计主要使用库函数进行开发，但也结合了部分使用寄存器的编程，因为各有所长所以互补。读者在掌握了这些内容之后，一是可以掌握到嵌入式系统开发的方法和精髓，另一方面也可以在具体的工程中使用这些资源，起到事半功倍的作用。

特别指出，本部分前面详细地讲解如何创建工程，又包含一些简单的实验，特别适合初学者快速入门；而一些例子又有一些难度，例如 DMA 双缓冲，另外 TF 卡 FAT32 的编程、网络编程等，也特别适合工程实际应用。

另外，关于 μC/OS 和 μC/GUI 的 STM32 下的移植和应用的部分，由于篇幅的限制，请关注后续的图书。

代码太多不可能全部包含在书中，限于篇幅讲解本书代码只是其中部分。论坛中可下载本书源代码！

现在进入本章的第一个部分，STM32 的软件开发环境。

3.1 STM32 软件开发环境

要进行 STM32 的软件开发，除了具备必须的 C 语言能力，还需要掌握其开发工具 MDK Keil。Keil 软件的英文全称为 Keil ARM Microcontroller Development Kit tools，即 Keil ARM 微控制器开发套件，其核心功能为可以为 ARM 和基于 Cortex-M 处理器的器件（STM32）创建和编写，编译 C 和 C++ 代码，并支持在线调试、仿真等功能。MDK（Microcontroller Development Kit）即微控制器开发套件，Keil 就是这个软件的名字。本书使用的版本是 4.32 版。

简单地说，Keil 软件是一个开发 STM32 应用程序的集成开发环境，与开发 PC 程序使用 Visual C++ 或 DELPHI 等，开发 FPGA 使用 Quartus II 类似。

另外,在使用串口下载代码到 STM32 的 FLASH 时要使用另一个工具 mcuisp。该软件使用比较方便,本书也会结合实例进行介绍。

在下载和调试的过程中,还需要用到 JLINK 驱动程序。

本书这一部分简单地仅讲解这些软件的基本使用,以达到使读者可以顺利进入程序开发和下载调试为标准。读者在开发过程中自然会掌握其每个技术细节。

下面从 MDK Keil 开始。

3.1.1 MDK Keil 开发环境

本书使用的 MDK Keil 版本是 4.32 版,运行界面如图 3-1 所示。

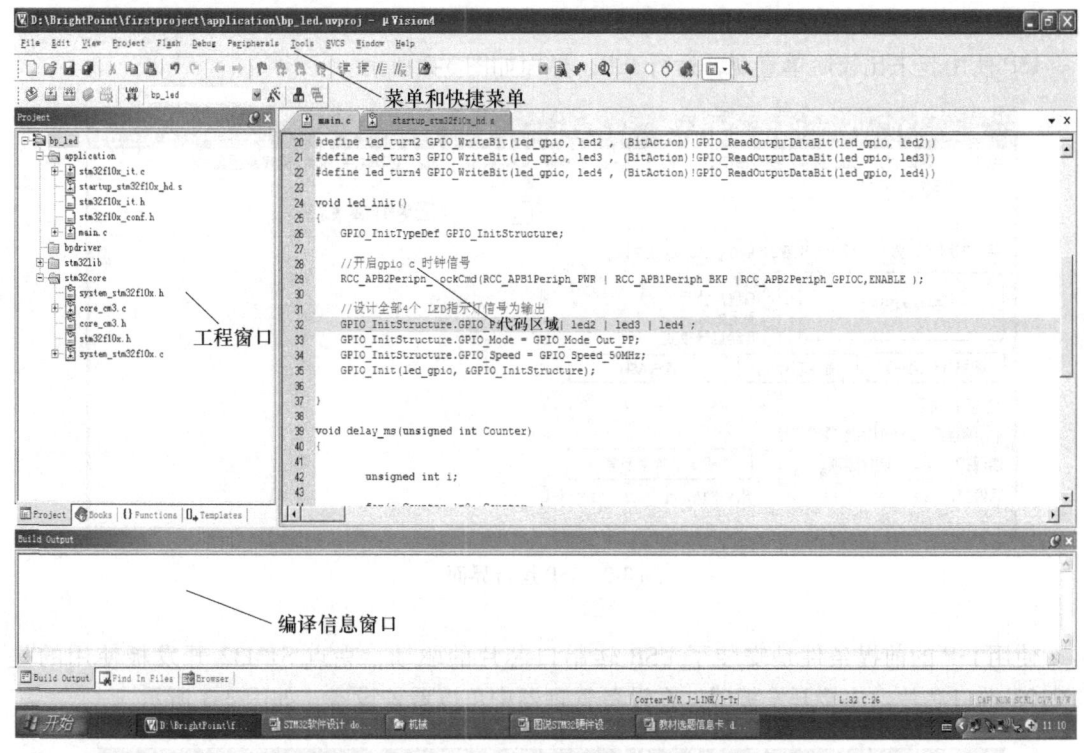

图 3-1 MDK Keil 运行界面

如图 3-1 所示,屏幕分为 4 个区域:上面的区域为菜单和快捷按钮,从这里可以进入不同的功能。将鼠标移动到对应的项目上,就会有提示。快捷按钮有助于快速的操作,例如要配置工程信息,可以在菜单上选择 Project,然后在弹出子菜单中选择 Option for target XXX (工程名称),进入工程配置窗口,也可以直接按快捷按钮 , 迅速进入工程配置窗口。另外一种方式是快捷键,在键盘上按〈Alt + F7〉,也可以直接进入工程配置窗口。

左边是工程窗口,包含了工程、资料、函数、模板 4 个页框。工程窗口以树形结构列出工程的分组和每个分组下的文件。

右边的窗口是以页框的形式,显示已经打开的所有文件的源代码,是编写程序的地方。

下面的编译输出窗口在编译的时候显示编译的信息,例如提示出错的代码在第几行。

对于每个菜单项,每个功能不详细介绍,通过一个一个的例子读者结合着各个小节的学习将逐步掌握。

3.1.2 串口编程软件 ISP

程序设计和编译好之后,可以通过串口下载到目标板。ISP 就能实现这一功能。现在市面上的开发板都提供串口下载的端口,且一般都是 MINIUSB 端口的,在板子上将 USB 转串口,亮点开发板也是这样的。通过串口下载直接、方便、快速。

ISP 是在系统编程(In-System Programming)的英文缩写,在线编程的意思。通过 ISP,可以不用插拔芯片,也不需要编程器,就可以在目标板(例如亮点 STM32 开发板或读者设计的目标板)上直接编程(写 FLASH)。

ISP 使用起来比较简单直观,运行 ISP,界面如图 3-2 所示。

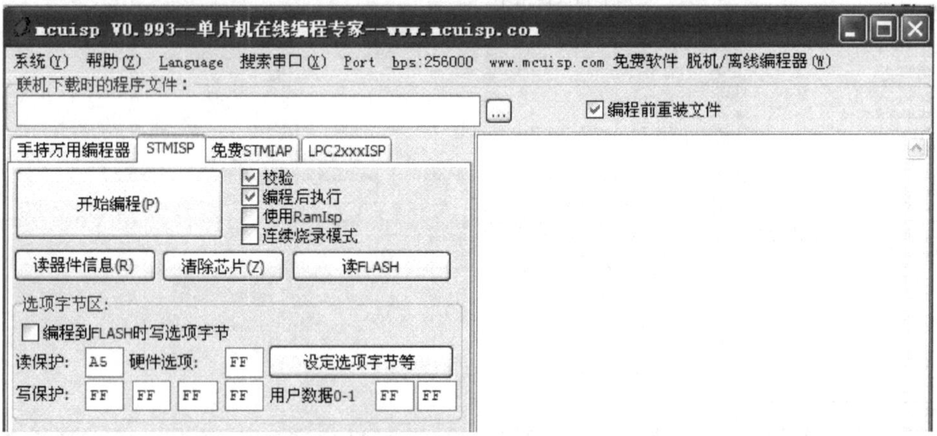

图 3-2 ISP 运行界面

使用 ISP 的前提条件是安装了 USB 转串口芯片的驱动,亮点 STM32 开发板使用的是 CP2103 端口芯片。连接开发板后,在设备管理器中可以看该设备,如图 3-3 所示。

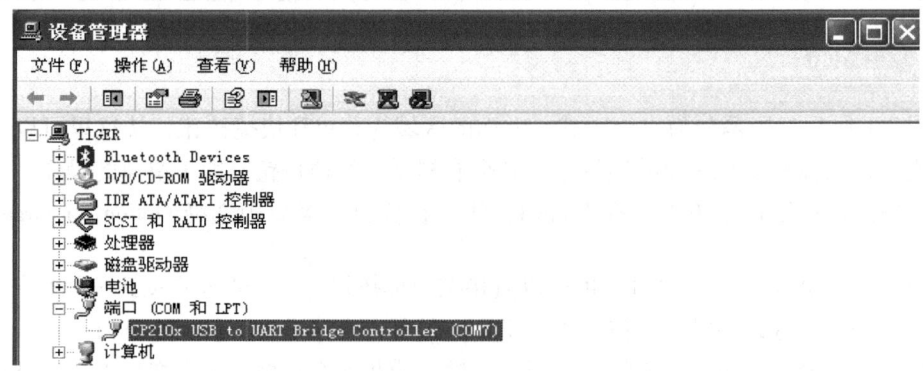

图 3-3 开发板使用的串口

回到 ISP 界面,按"搜索串口"会马上找到 COM7,如图 3-4 所示。

图 3-4 ISP 找到串口

找到串口之后,选择要下载到目标板的文件,如图 3-5 所示。这个文件是 MDK 工程编译后的目标二进制文件。

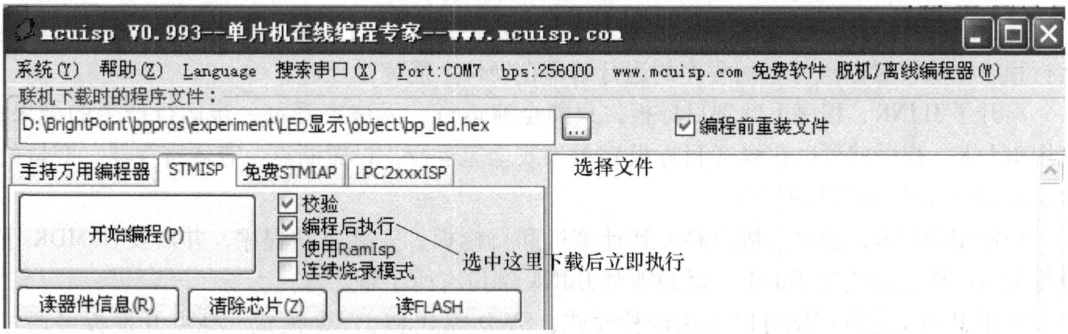

图 3-5 选择文件

在目标板上跳线将 BOOT0 接到高电平。在 ISP 界面上按"开始编程"按钮。将编译好的二进制文件下载到目标板如图 3-6 所示。

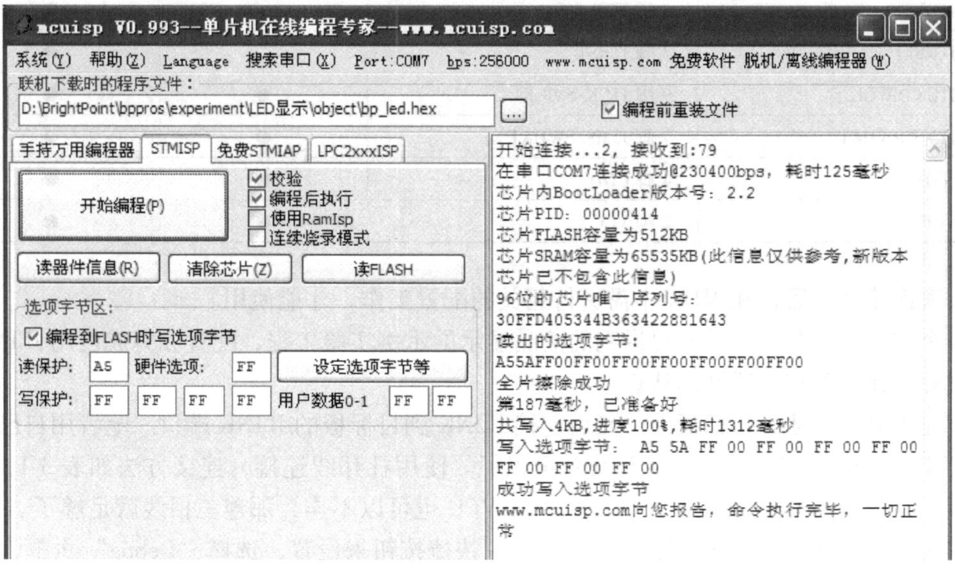

图 3-6 将编译好的二进制文件下载到目标板

等待下载完成之后，会看到目标板上 LED 集体开始闪烁，程序已经下载到目标板并运行了！在目标板上按复位键，什么反应也没有了，因为现在启动模式是 BOOT1:0 BOOT0:1。将跳线重新设置为 BOOT0 和 BOOT1 都是 0，这样启动模式变为从 FLASH 启动，再按复位，又看到 LED 集体闪烁，现在是从 FLASH 启动的！

下一节介绍一下另一个重要的工具 JLINK。

3.1.3 JLINK

在 MDK 环境下编写的软件可以虚拟调试，也就是脱离开硬件，在 PC 的 WINDOWS 环境下运行。但这样只能检查程序的基本流程，不能查看到存储器、寄存器的值，也看不到硬件的反应。脱离开硬件的调试意义不是特别大。怎么办呢？

JLINK 就是为支持在线调试而生的，使用 JLINK 连接到目标板，在 MDK 下就可以单步运行程序以及设置断点等，而程序的运行结果在硬件上能完全反映！

离开了 JLINK，程序下载到目标板，只能全速运行，无法查看每一步运行产生的结果；使用 JLINK，程序就可以在线（目标板）单步或全速运行，设置断点，查看寄存器、变量的值，同时可以看到硬件的反应。

要使用 JLINK，需要连接 JLINK 到计算机和目标板，安装驱动程序，并需要在 MDK 下进行配置。要正确连接 JLINK，就必须对 JLINK 端口有所了解。

使用 JLINK 进行调试可以采用两种模式，SWD 模式和 JTAG 模式。亮点开发板可通过 JLINK 连接 PC。在两种模式下的连接方式如表 3-1 所示。

表 3-1　JLINK 连接方式（●表示需要连接）

JLINK 上的引脚	连接到目标板 JLINK 端口的引脚	SWD 模式	JTAG 模式
1 脚 RESET	15 脚#RESET		●
2 脚 JTDO	13 脚 JTDO		●
3 脚 JTDI	5 脚 JTDI		●
4 脚 JTRST	3 脚 JTRST		●
5 脚 JTCK/SWCK	9 脚 JTCK/SWCK	●	●
6 脚 JTMS/SWDAT	7 脚 JTMS/SWDAT	●	●
7 脚 GND	4 脚 GND	●	●
8 脚 VCC	2 脚 VCC	●	●

按表连接好之后，在 MDK 中需进行相关的配置工作，才能使用。

换个方式，结合一个后面要讲到的液晶显示的示例实验工程，配置和完成使用 JLINK 的调试过程，让大家有点感性的认识。

首先将 JLINK 插到目标板上，然后连接 JLINK 到目标板的 JLINK 端口。笔者用自己设计的 JLINK，用 SWD 模式，只要 4 根线就可以了。使用杜邦线连接，连接方法如表 3-1 所示。如果板子已经通过 USB 线供电，建议电源线 VCC 也可以不连，那连三根线就足够了。

连接好后打开工程，还是按"目标选项"快捷按钮来设置，选择"Debug"页框，设置如图 3-7 所示。

然后按"Settings"进行 JLINK 的设置，如图 3-8 所示。

第 3 章 STM32 软件开发

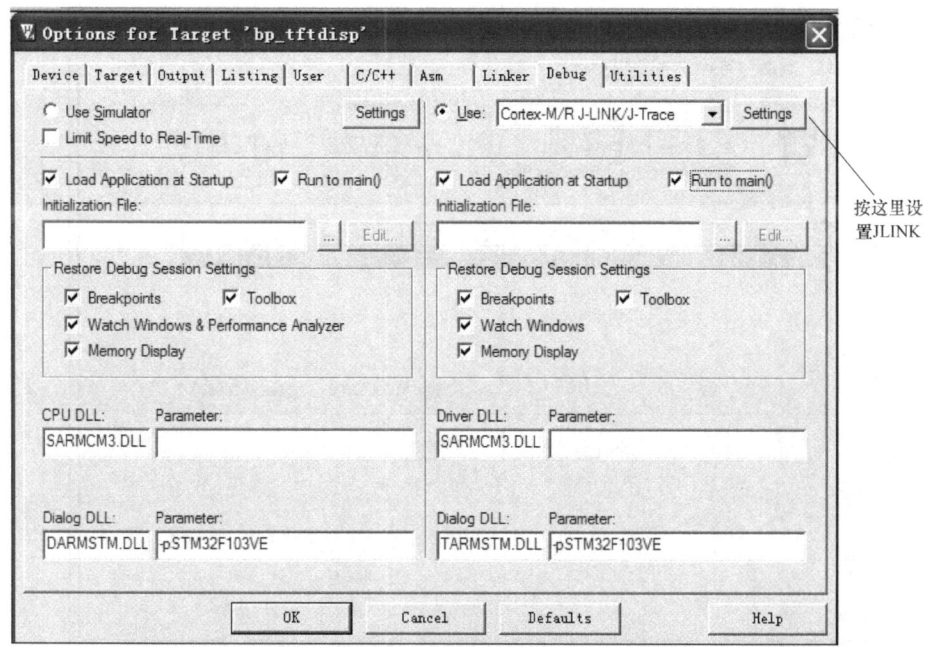

图 3-7 调试设置为在线调试

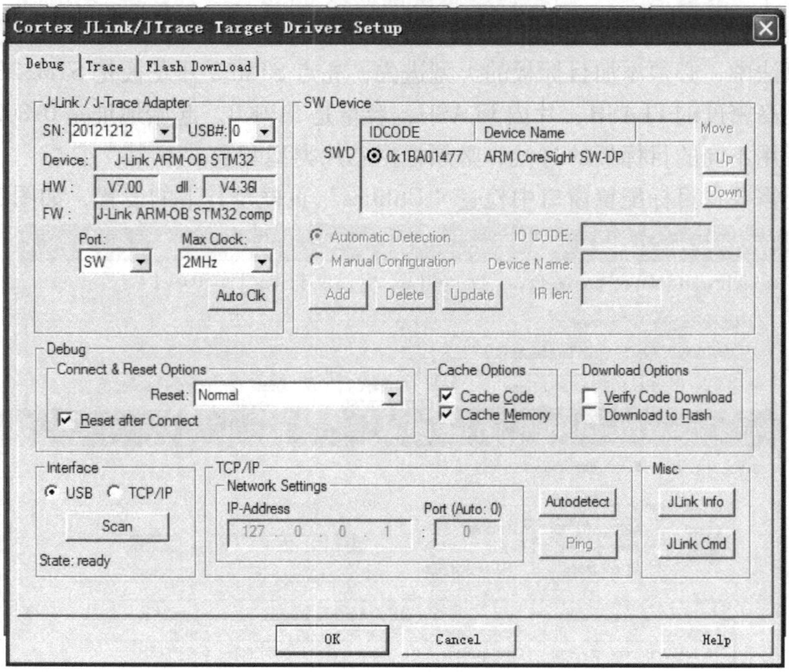

图 3-8 JLINK 设置窗口

如果驱动安装正确，系统会自动找到 JLINK，如果 SW Device 分组中没有设备，那么就有异常，按"Auto Clk"试一下。如果还不可以那就是硬件连接或驱动有问题。Port 处选择 SW，当然也可以选择 JTAG 方式。

然后按页框"Flash Download"，该页框配置如图 3-9 所示。

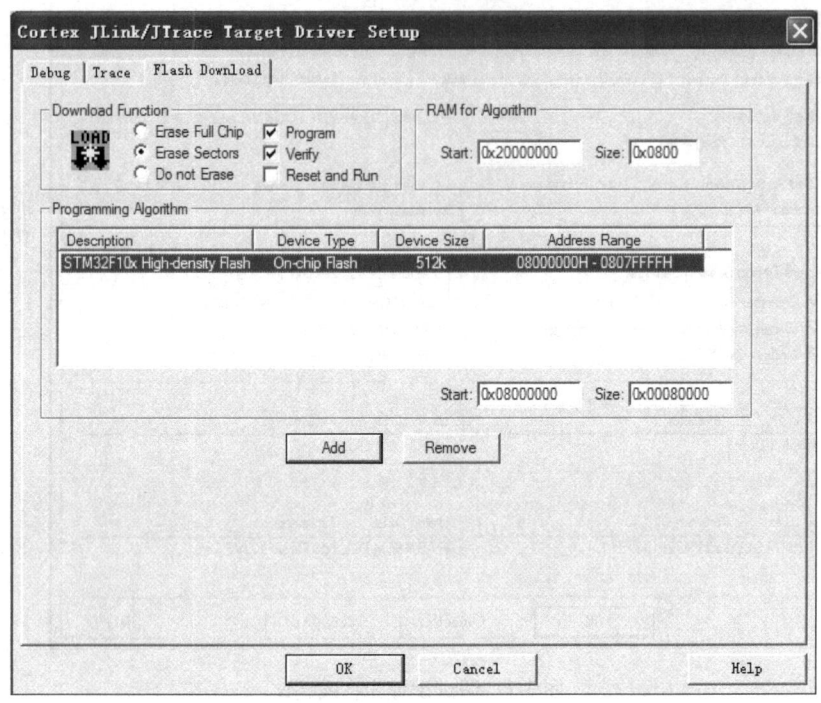

图 3-9 Flash Download 页框的配置

在编程算法中，必须添加目标板的类型进去，亮点 STM32 开发板是 STM32F103VET6 的芯片，因此是高密度的 FLASH，片内 FLASH，容量是 512KB，起始地址是 0x8000000，配置无误。当读者用不同的目标板的时候，必须根据芯片类型配置。

另外，还需要在目标配置窗口中检查"Utilities"页框及其下的设置，如图 3-10 所示。

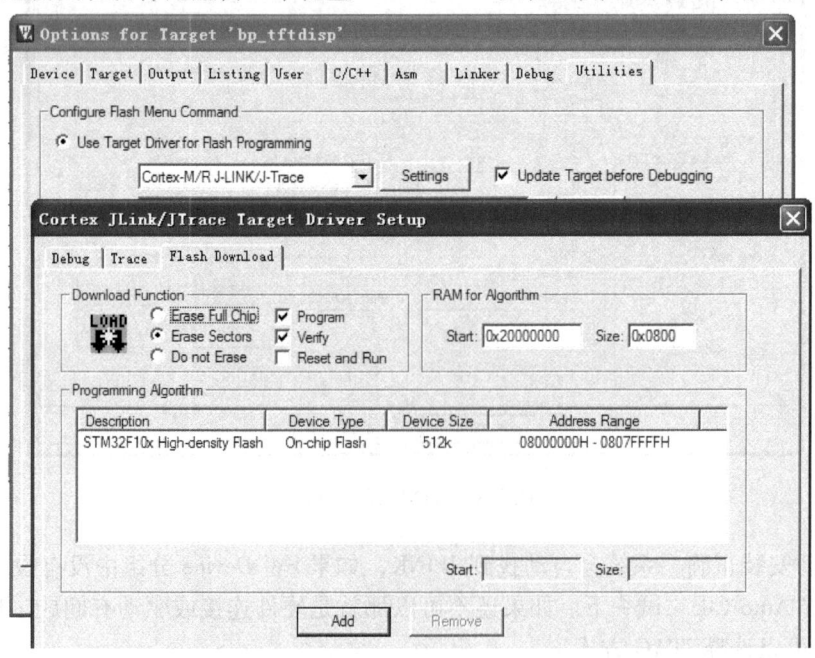

图 3-10 目标配置窗口中检查"Utilities"页框

设置完成后，保存工程的时候这些配置也就被保存了，下次打开工程不需要重新进行配置。接下来就可以进行在线调试。

如图 3-11 所示，在代码中点中第 102 行代码，按〈F9〉键就设置一个断点。再在 115 行设置一个断点。现在单击快捷按钮 ![icon] 进入在线调试！

```
102            LcdPrintStr("Welcome to Bright Point",60,50,BLACK,WHITE,1);
103            LcdPrintStr("http://www.eeboard.com/bp",60,80,RED,WHITE,2);
104
105            GPIO_ResetBits(led_gpio,led1|led2|led3|led4);
106
107            while(1)
108            {
109                //srand((unsigned int)(time(&t)));
110                temp=rand();
111
112                Text_color(temp);
113                Ellipse_Coordinate_setting(rand()%480,rand()%272,rand()%100,rand()%100);
114                delay_ms(250);
115                Draw_Ellipse_fill();
116            }
```

图 3-11　在程序中设置两个断点

当黄色的代码指示箭头指到图 3-12 的第 8 行时，刚刚执行过 tft_init()这个液晶屏初始化的函数，当执行 tft_init()的时候，液晶屏不声不响地变为红色。

图 3-12　按 F10 单步执行中

现在改按 F5 来全速执行，应该看到液晶屏因为语句的执行一阵闪烁，然后停下来了。因为在 102 行和 115 行设置了断点，在 102 行的断点处，如图 3-13 所示，程序运行的脚步被强制停了下来！

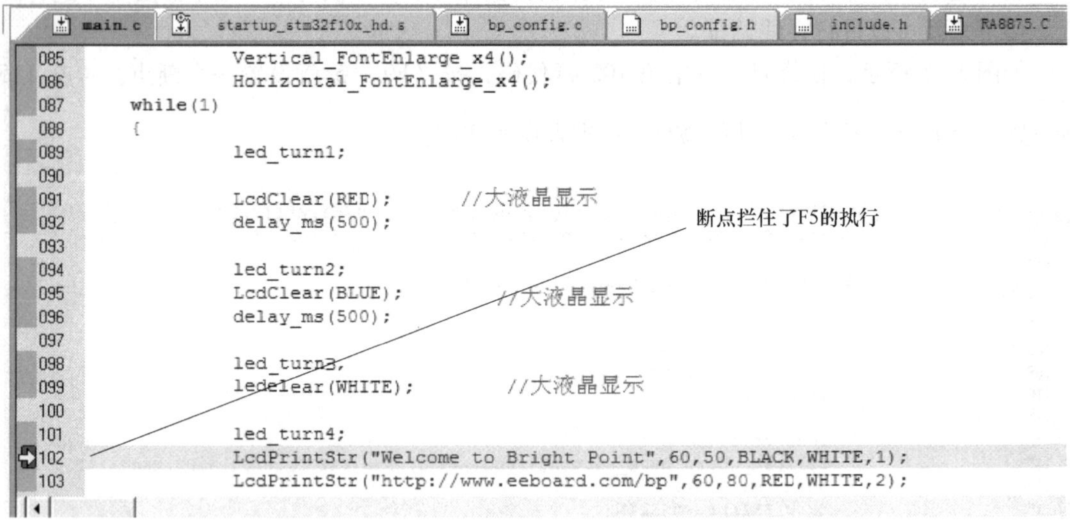

```
     main.c      startup_stm32f10x_hd.s    bp_config.c    bp_config.h    include.h    RA8875.C
085                   Vertical_FontEnlarge_x4();
086                   Horizontal_FontEnlarge_x4();
087           while(1)
088           {
089                   led_turn1;
090
091                   LcdClear(RED);          //大液晶显示
092                   delay_ms(500);
093
094                   led_turn2;
095                   LcdClear(BLUE);         //大液晶显示
096                   delay_ms(500);
097
098                   led_turn3;
099                   ledclear(WHITE);        //大液晶显示
100
101                   led_turn4;
102                   LcdPrintStr("Welcome to Bright Point",60,50,BLACK,WHITE,1);
103                   LcdPrintStr("http://www.eeboard.com/bp",60,80,RED,WHITE,2);
```

断点拦住了F5的执行

图 3-13 程序停在了断点处

也就是说，上面的代码经过了屏幕背景的红、蓝、白的更替，现在的屏幕是白色的背景！事实也是如此。然后按 F10 单步执行，屏幕上输出了代码中要打印的字，再全速执行，应该知道代码会运行到哪里了吧？

程序停在第 2 个断点处如图 3-14 所示。

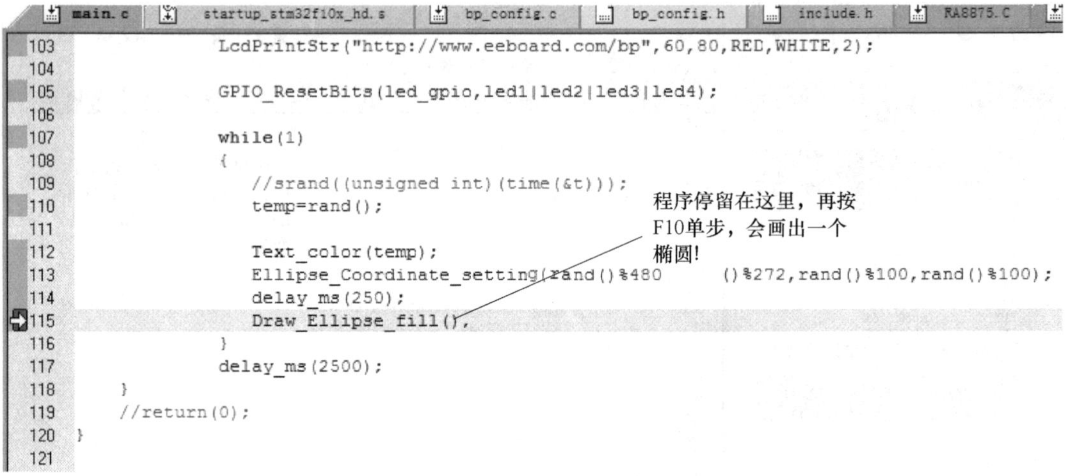

```
     main.c      startup_stm32f10x_hd.s    bp_config.c    bp_config.h    include.h    RA8875.C
103                   LcdPrintStr("http://www.eeboard.com/bp",60,80,RED,WHITE,2);
104
105                   GPIO_ResetBits(led_gpio,led1|led2|led3|led4);
106
107           while(1)
108           {
109                   //srand((unsigned int)(time(&t));
110                   temp=rand();
111
112                   Text_color(temp);
113                   Ellipse_Coordinate_setting(rand()%480     ()%272,rand()%100,rand()%100);
114                   delay_ms(250);
115                   Draw_Ellipse_fill();
116           }
117                   delay_ms(2500);
118           }
119           //return(0);
120   }
121
```

程序停留在这里，再按F10单步，会画出一个椭圆！

图 3-14 程序停在第 2 个断点处

现在，每按一次 F5，屏幕上增加一个椭圆，如图 3-15 所示。在线调试成功！

连续按 7 次 F5，可以看到屏幕上增加了 7 个随机位置和颜色的椭圆。

掌握了这些工具，就有资本进行代码的设计开发了。3.2 节将使用固件库开发属于读者的第一个工程。

图 3-15　每按一次 F5 增加 1 个椭圆

3.2　使用固件库开发我的第一个工程

STM 的官网提供了库函数，称为固件库（Firmware Library）。使用固件库可以达到事半功倍的效果，而且很多开发是基于固件库的，因此在学习别人的代码时，不熟悉固件库是不行的。例如，在网上下载了一个网络通信的代码，代码是使用库函数的，要学习它，就必须掌握库函数。当然还有一种方法，就是直接操作寄存器，什么都自己从头开始写，个人感觉全部这样写没有太大必要。固件库基本包含了所有的内容，也是开源的，代码是由一个一个操作寄存器的函数组成的。

当用固件库实现有些功能比较麻烦或比较耗费 CPU 时间的时候，还是可以采用寄存器操作方式辅助实现一些功能，在随后的例程中大家可以看到和理解。

3.2.1　获得和理解固件库

固件库函数可以在本书配套资料获得，或者在 ST 官网获得。以后可以在 ST 官网获得最新的库函数版本。

将获得的最新版本固件库（目前为 3.5 版本）解压，得到如图 3-16 所示的文件。

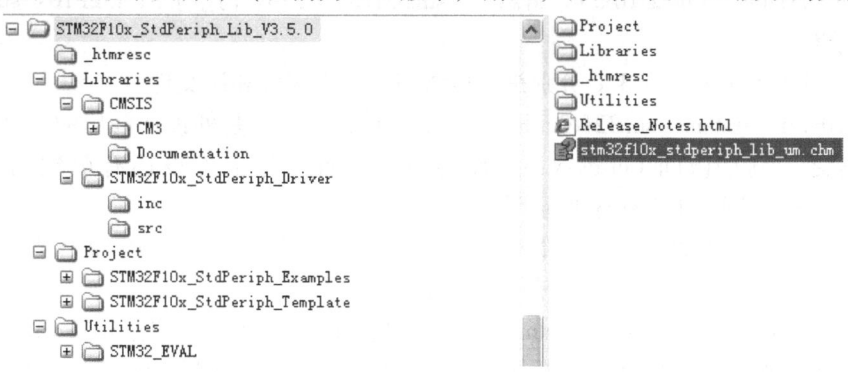

图 3-16　固件库整体文件结构

从图中可以看到，解压后的 STM32F10x_StdPeriph_Lib_V3.5.0 目录下包含了固件库的全部文件，该目录下的 stm32f10x_stdperiph_lib_um.chm 文件是固件库的英文说明书。STM32F10x_StdPeriph_Lib_V3.5.0 目录下包含 4 个子目录。下面分别讲述：

1) _htmresc 目录下是 ST 的图标，跟开发完全无关。

2) Libraries 目录是库文件的家，包含系统文件和大量的头文件、源文件，是必须使用的。因此这里是非了解不可的重点！该目录的结构如图 3-17 所示。

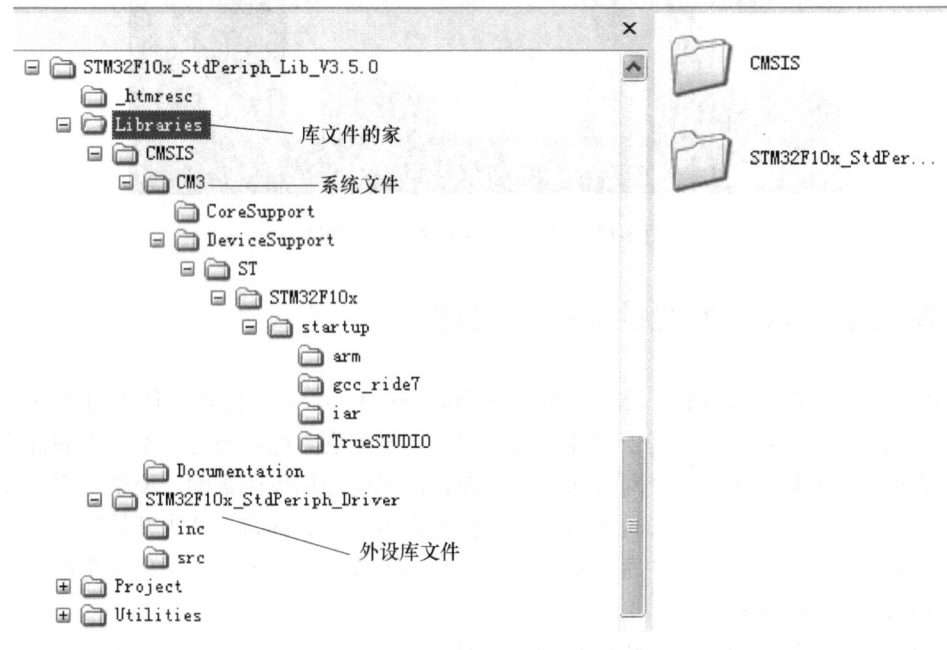

图 3-17 Library 目录结构

图 3-17 中，CMSIS 为 Cortex Microcontroller Software Interface Standard 的缩写，含义是基于 Cortex 内核的微控制器软件端口标准，实质上 CMSIS 子目录下的 CM3 子目录的 CoreSupport 子目录包含内核的头文件 core_cm3.h 和源文件 core_cm3.c，以及设备驱动支持文件 stm32f10x.h、system_stm32f10x.h、system_stm32f10x.c，另外还有 STM32F10x\startup 目录下的启动代码。

core_cm3.h 和 core_cm3.c 分别是内核访问层的头文件和源文件。

stm32f10x.h、system_stm32f10x.h、system_stm32f10x.c 是外设访问层的头文件和源文件。简而言之，就是访问 Cortex-M3 外设的核心文件，每个外设还有单独的库文件在 STM32F10x_StdPeriph_Driver 子目录下。

stm32f10x.h 这个文件包含了 STM32F10x 全系列所有外设寄存器的定义（寄存器的基地址和布局）、位定义、中断向量表、存储空间的地址映射等。

system_stm32f10x.h、system_stm32f10x.c 包含用于初始化微控制器的函数 SystemInit()，用来配置外部存储器控制器函数 Sysem_ExtMemCtl()。在跳转到用户入口 main 之前，SystemInit() 就会被调用，这也是很多读者奇怪什么时钟都没有去配置，程序就能理想地运行的原因。

STM32F10x_StdPeriph_Driver 子目录下就是各种外设的.h 文件和.c 文件，该子目录下的 inc 子目录下都是.h 头文件，SRC 子目录下都是.c 源文件。例如，要使用 IO 端口，就需要 stm32f10x_gpio.h 和 stm32f10x_gpio.c，那么就要在工程中包含这两个文件，而这两个文件是 GPIO 操作固件库。

3）Project 下是例子程序，可以通过学习这些例程来入门提高，再者可以根据这些例程进行修改来快速构建自己的工程。总之，这些是丰富的资源，有将近 100 种例程，是一笔不小的财富。

在 Project\STM32F10x_StdPeriph_Template 下还可以找到几个关键文件：

stm32f10x_conf.h 是固件库配置文件，通过更改包含的外设头文件来选择固件库所使用的外设，在新建程序和进行功能变更之前应当首先修改对应的配置。

stm32f10x_it.c 和 stm32f10x_it.h 是外设中断函数文件，用户可以相应地加入自己的中断程序的代码，对于指向同一个中断向量的多个不同中断请求，用户可以通过判断外设的中断标志位来确定准确的中断源，执行相应的中断服务函数。

4）Utilities 下是官方评估板的文件，读者对它采取的态度应该和_htmresc 目录一样，无视即可。

现在固件库准备完毕，将建立第一个使用固件库的工程。

3.2.2 我的第一个工程

现在，准备好你的固件库，打开开发工具 MDK KEIL 4，建立第一个基于固件库的工程！本小节将创建工程，使用固件库和编译调试的过程完全记录，大家在实验中，请自己动手创建你的第一个工程！

第一个工程的开发工程过程可以分为以下几个步骤。

1. 建立工作目录和子目录，复制库文件

在 D 盘建立一个目录 BrightPoint，在其下建立一个子目录 firstpeoject 作为工作目录。然后，又在其下建立了一些子目录。当然，使用的工具就是 WINDOWS 资源管理器。该目录结构如图 3-18 所示。

这个目录可以放在任何一个盘或目录里，没有限制。笔者将其放在 D 盘的 BrightPoint 目录中。

现在开始复制文件。

1）复制内核文件和驱动支持文件、启动文件。

将固件库 Libraries\CMSIS\CM3\CoreSupport 目录下的两个文件 core_cm3.c 和 core_cm3.h 文件复制到刚刚创建的 stm32lib\m3 子目录中。

图 3-18 第一个工程的目录结构

将固件库 Libraries\CMSIS\CM3\DeviceSupport\ST\STM32F10x 目录下的 stm32f10x.h、system_stm32f10x.c、system_stm32f10x.h 也复制到 stm32lib\m3 子目录中。

将 Libraries\CMSIS\CM3\DeviceSupport\ST\STM32F10x\startup\arm 下的启动代码也复制到 application 子目录中。启动文件有好几个,笔者的 STM32 硬件芯片是 STM32F103VET6，是

属于高密度的芯片,因此应该复制 startup_stm32f10x_hd.s。启动开发,启动文件 startup_stm32f10x_hd.s 是程序开始的地方。

2)接下来复制设备驱动程序。

将 Libraries\STM32F10x_StdPeriph_Driver\inc 目录下的所有文件复制到图 3-18 工程目录的 stm32lib\inc 目录下。

将 Libraries\STM32F10x_StdPeriph_Driver\src 目录下的所有文件复制到图 3-18 工程目录的 stm32lib\src 目录下。

3)复制外设中断函数文件和固件库配置文件。

复制固件库的 Project\STM32F10x_StdPeriph_Template 目录下的 stm32f10x_it.h、stm32f10x_it.c 和 stm32f10x_conf.h 文件到 application 子目录中。

目前为止,固件库的搬家工作就算做完了。接下来要在 MDK 中去工作了。

2. 建立和配置工程文件

打开 Keil,按菜单项 Project –> New μVision Projct。得到如图 3-19 所示的界面。

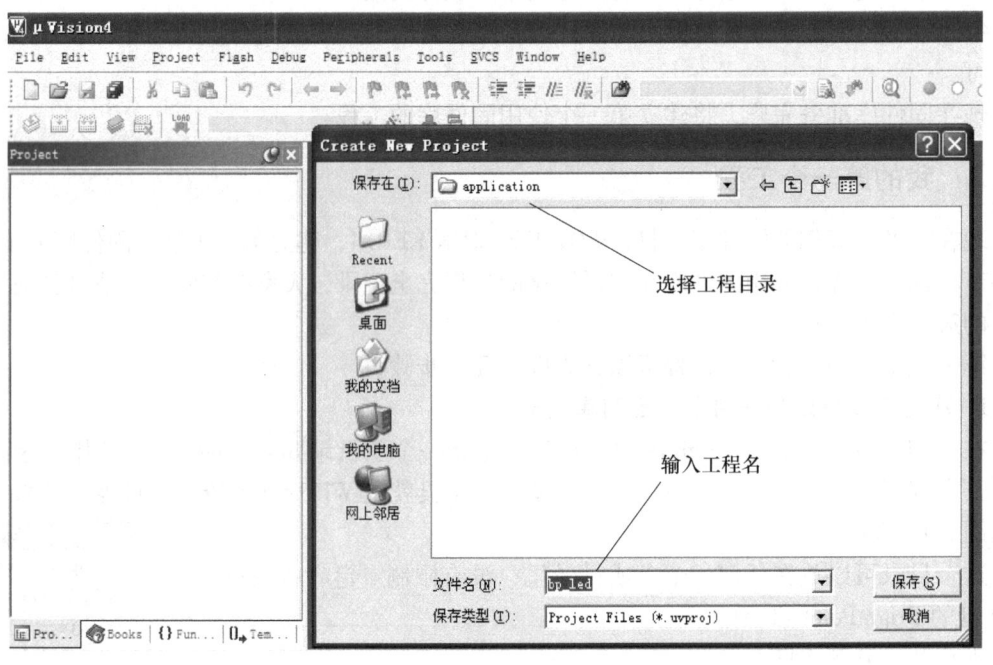

图 3-19　新建工程

按图 3-19 输入工程名,选择在 application 子目录下存放工程文件。

按保存弹出如图 3-20 所示的选择器件的窗口。

亮点开发板使用 STM32F103VET6,因此找到 ST 公司,在其下的器件中选择 STM32F103VE,按 OK。弹出如图 3-21 所示窗口。

因为已经在前面从库文件中复制了该文件,这里选择"否"。

现在看到的界面如图 3-22 所示。

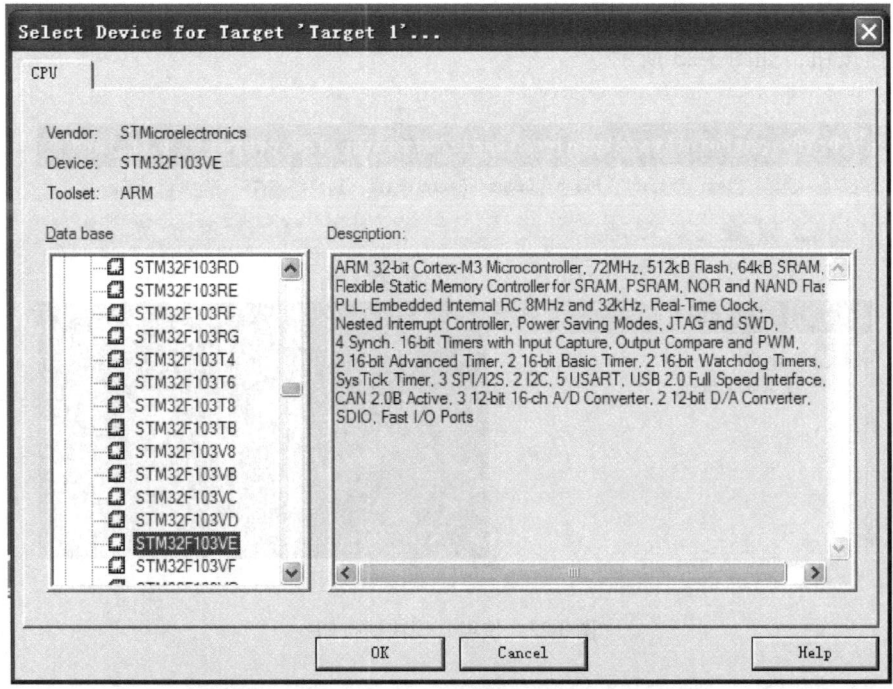

图 3-20　器件选择

图 3-21　询问是否复制启动文件

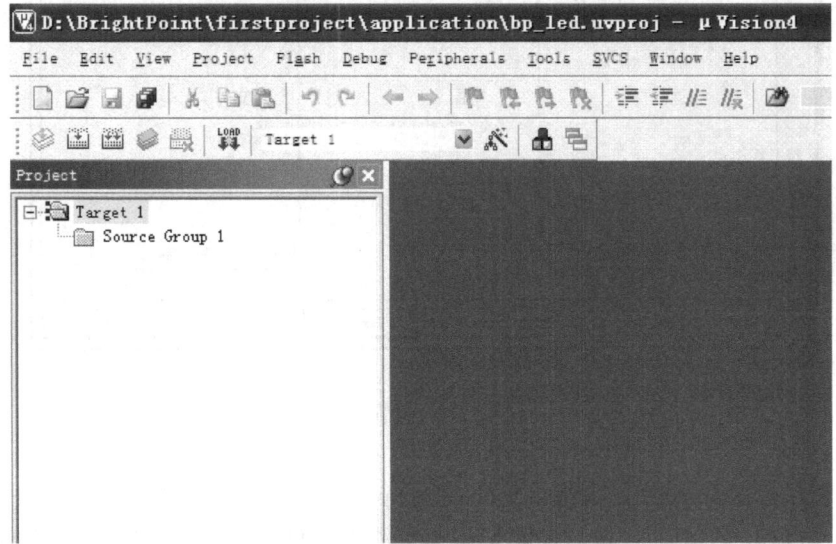

图 3-22　新建工程后的界面

接下来对工程组进行管理，可以在 Project 窗口按鼠标右键，选择管理工程组。也可以直接按快捷按钮，如图 3-23 所示。

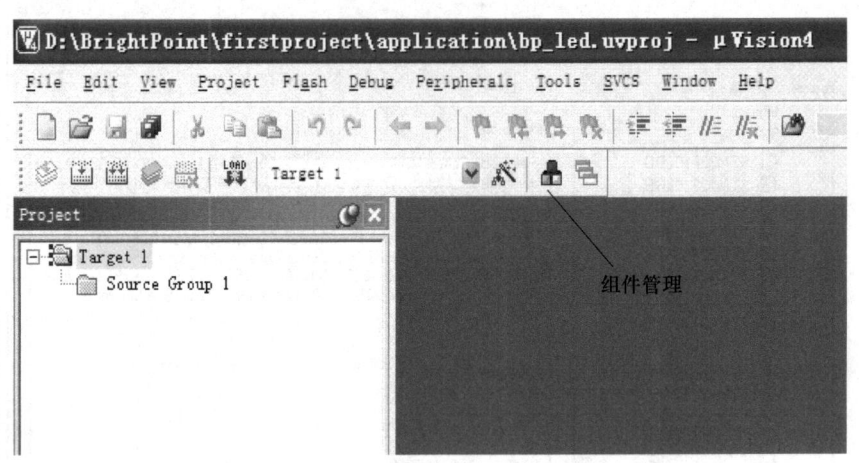

图 3-23　按组管理快捷按钮

单击"组件管理"快捷按钮后进入组管理，如图 3-24 所示。

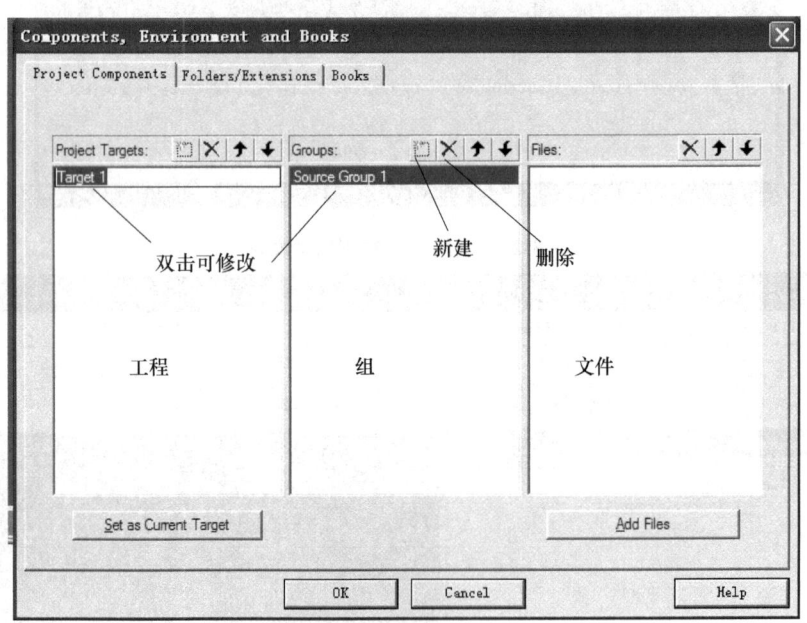

图 3-24　组管理

双击工程目标（Target 1）和组（Source Group 1）就可以对其进行修改，按"新建"图标可添加组，选择一个组后，按"Add Files"可添加文件。经过操作后，得到如图 3-25 所示结果。

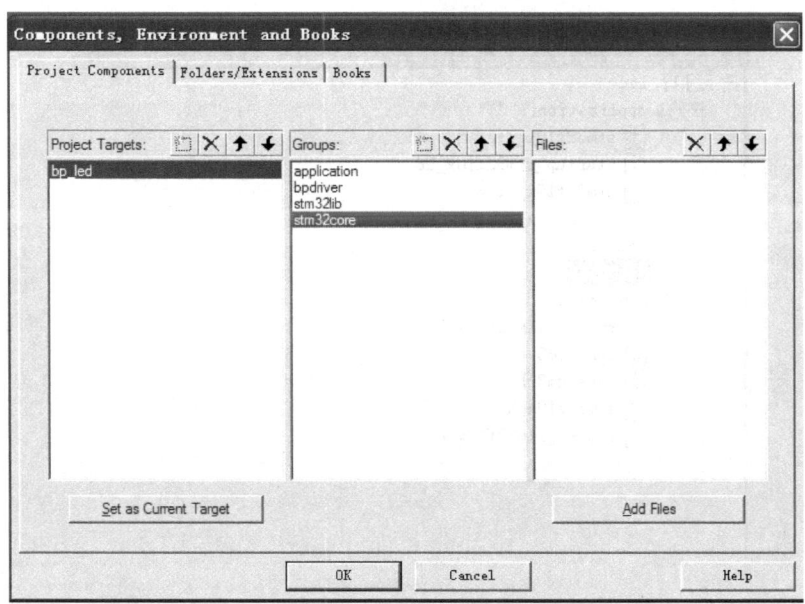

图 3-25 创建的分组

按 "OK",工程窗口中出现 4 个分组,下面需要添加文件到分组,见图 3-26。

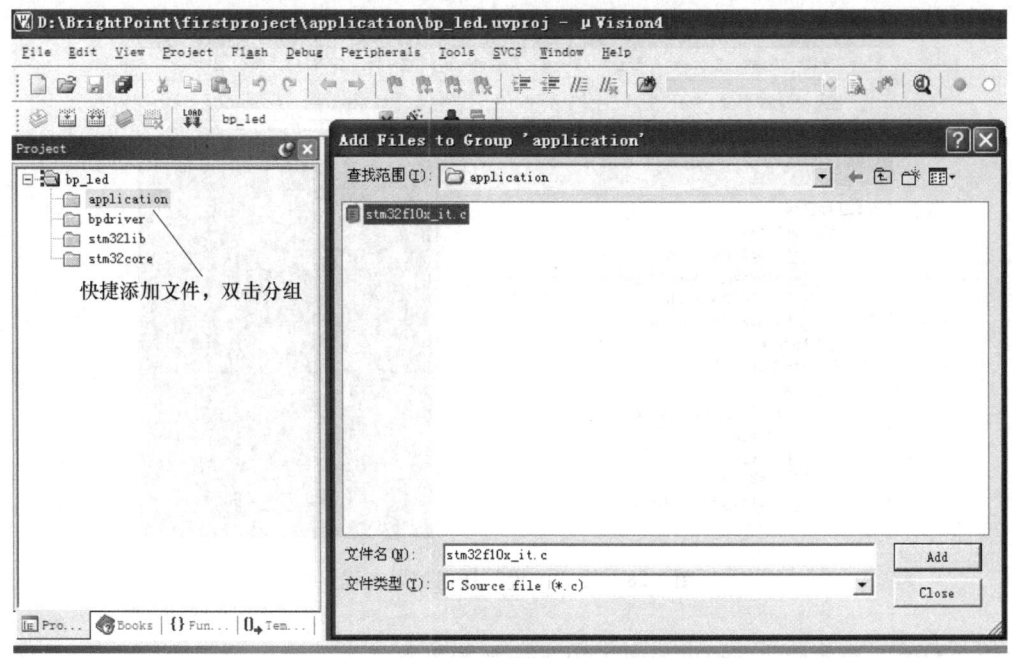

图 3-26 向分组中添加文件

双击一个分组,就可以选择文件添加到该分组中。添加文件后的结果如图 3-27 所示。

其中,stm32lib 组没有展开,其下包含了已经复制到 stm32lib\inc 和 stm32lib\src 目录下的所有头文件和源文件。

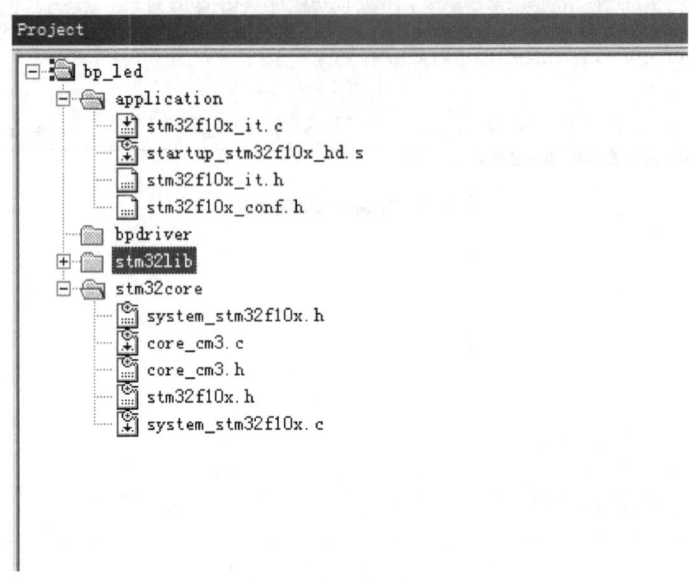

图 3-27 添加文件后的工程

接下来进行配置,按如图 3-28 所示的"配置"快捷按钮。

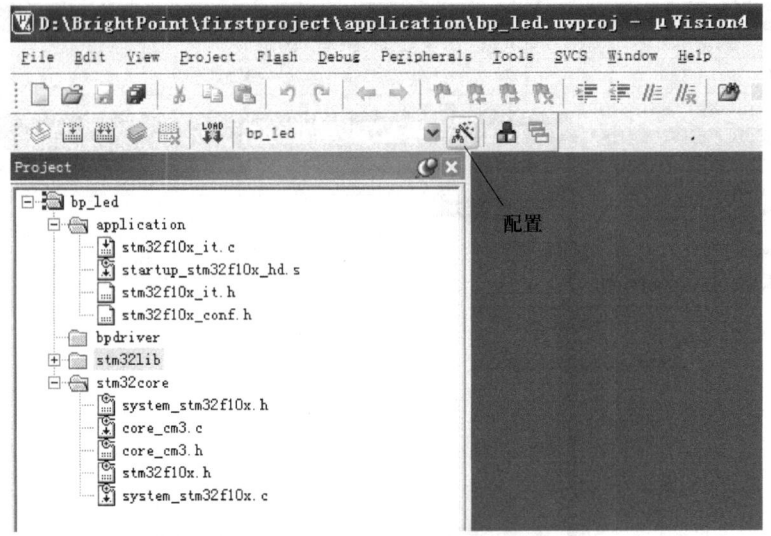

图 3-28 按"配置"按钮配置工程

按"配置"快捷按钮后弹出如图 3-29 所示的配置窗口。

选择"Output"选项卡,选中"Create HEX File",表示要生成目标文件。HEX 文件是下载到目标板中的编译后的二进制文件。然后按按钮"Select Folder for Objects",默认是在 application 目录下。这样很不好,因为生成的目标文件不只有一个 HEX 文件,还有很多目标文件,会和源代码混在一起,这里选择 Object 目录存放编译生成的文件。之后单击"OK"按钮。

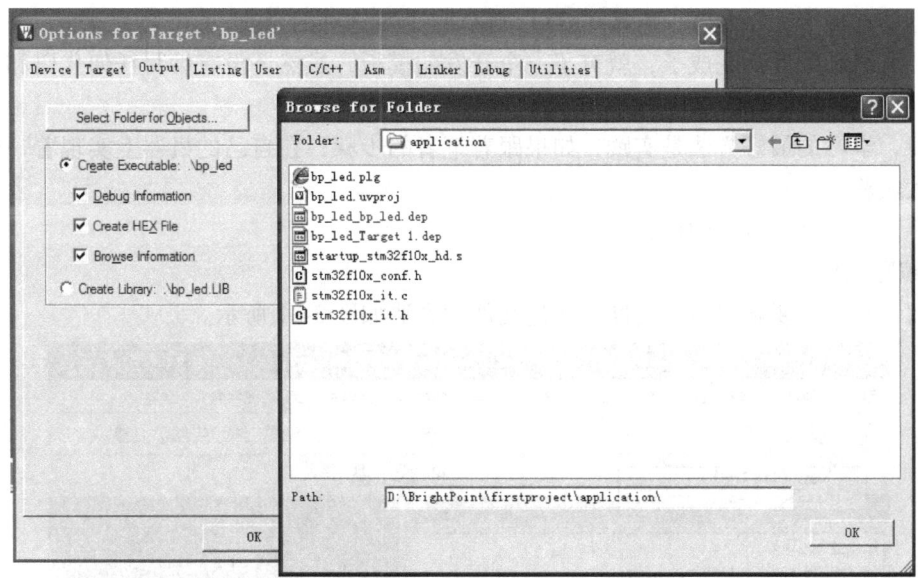

图 3-29 在配置窗口的"Output"选项卡中操作

这么多文件怎么能互相找到呢？回到配置窗口，选择"C/C++"选项卡，按 Include Path 右边的按钮，设置查找路径，如图 3-30 所示。

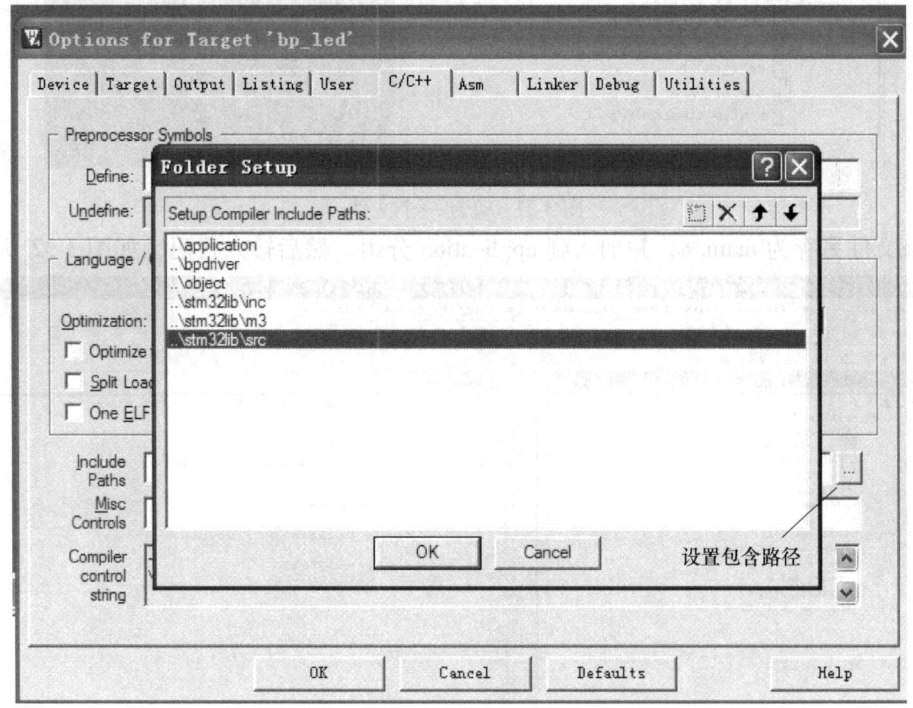

图 3-30 在配置窗口的"C/C++"选项卡中设置查找路径

配置之后按"OK"保存对路径的配置。然后，还需要在 Define 后面的输入框中输入两个宏定义："USE_STDPERIPH_DRIVER, STM32F10X_HD"，"USE_STDPERIPH_DRIVER"表示使用库函数外设驱动，STM32F10X_HD 表示使用的是高密度的 STM32。

其他的选项卡无需配置,再按"OK"确认整个对选项的修改。

现在分组和配置都完成了,就有了一个开发的模板,虽然还没有编写任何代码和自己的文件。

注意,学习的最好方法是实践,如果跟着笔者的步骤,在自己的机器上实现着一个过程会有很大收获。

下一步开始编写自己的代码。

3. 编写代码

编写代码首先要新建一个文件。新建文件的方法如图 3-31 所示。

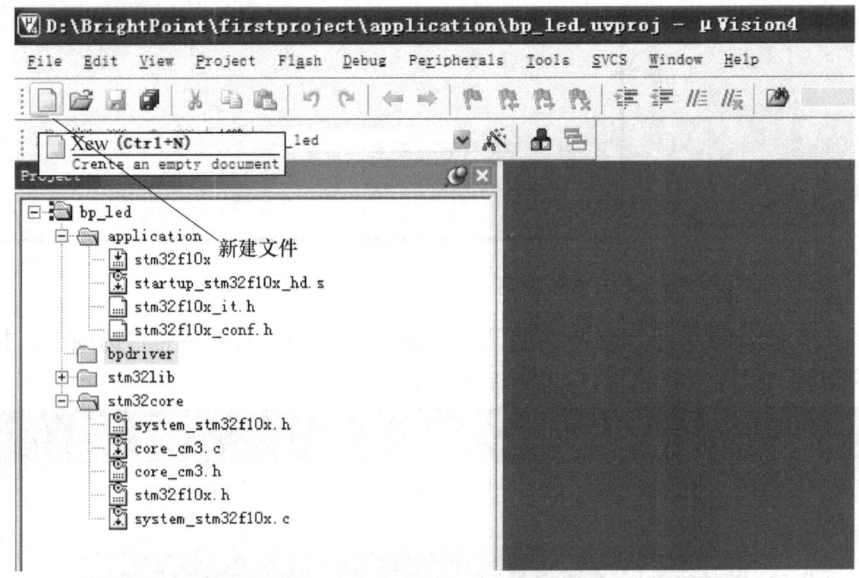

图3-31 新建一个文件

将该文件另存为 main.c,并加入到 application 分组,然后输入代码,如图 3-32 所示。

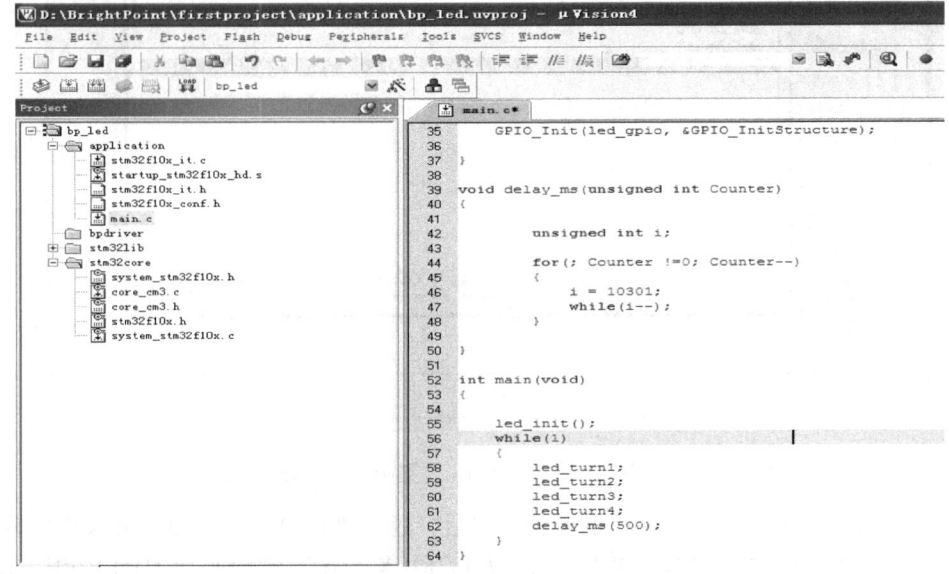

图3-32 编辑和保存文件并添加到分组

编辑的 main.c 文件源码如下：

代码 3-1 第一个基于库函数的程序源码

```c
#include <stdio.h>
#include <string.h>
#include <ctype.h>
#include <stdlib.h>
#include <stdarg.h>
#include <stm32f10x.h>
#include <stm32f10x_it.h>
#include <stm32f10x_conf.h>   //所有 STM32 外设驱动
#define led_gpio GPIOC//((GPIO_TypeDef *) GPIOC_BASE)
#define led1 GPIO_Pin_6         //led1 连接在 GIIOC_6
#define led2 GPIO_Pin_7         //led2 连接在 GIIOC_7
#define led3 GPIO_Pin_8         //led3 连接在 GIIOC_8
#define led4 GPIO_Pin_9         //led4 连接在 GIIOC_9
#define led_turn1    GPIO_WriteBit(led_gpio,    led1    ,(BitAction)!GPIO_ReadOutputDataBit(led_gpio,led1))
#define led_turn2    GPIO_WriteBit(led_gpio,    led2    ,(BitAction)!GPIO_ReadOutputDataBit(led_gpio,led2))
#define led_turn3    GPIO_WriteBit(led_gpio,    led3    ,(BitAction)!GPIO_ReadOutputDataBit(led_gpio,led3))
#define led_turn4    GPIO_WriteBit(led_gpio,    led4    ,(BitAction)!GPIO_ReadOutputDataBit(led_gpio,led4))

void led_init()
{
    GPIO_InitTypeDef GPIO_InitStructure;
    RCC_APB2PeriphClockCmd(RCC_APB1Periph_PWR | RCC_APB1Periph_BKP | RCC_APB2Periph_GPIOC,ENABLE);   //时钟使能

    GPIO_InitStructure.GPIO_Pin = led1|led2|led3|led4;.//设置的端口
    GPIO_InitStructure.GPIO_Mode = GPIO_Mode_Out_PP;//设置为输出
    GPIO_InitStructure.GPIO_Speed = GPIO_Speed_50MHz;//最高频率 50MHz
    GPIO_Init(led_gpio,&GPIO_InitStructure);
}

void delay_ms(unsigned int Counter)
{
        unsigned int i;
        for(;Counter!=0;Counter--)
        {
            i=10301;
            while(i--);
```

```
        }
    }
    int main( void)
    {
        led _ init( ) ;
        while(1)
        {
            led _ turn1;
            led _ turn2;
            led _ turn3;
            led _ turn4;
            delay _ ms(500);
        }
    }
```

输入之后保存,源码编写完毕。

检查无误后,将进入编译阶段。

4. 编译代码

进行编译,可以在菜单上选择,也可以按〈F7〉快速开始编译。代码编译成功后如图 3-33 所示。

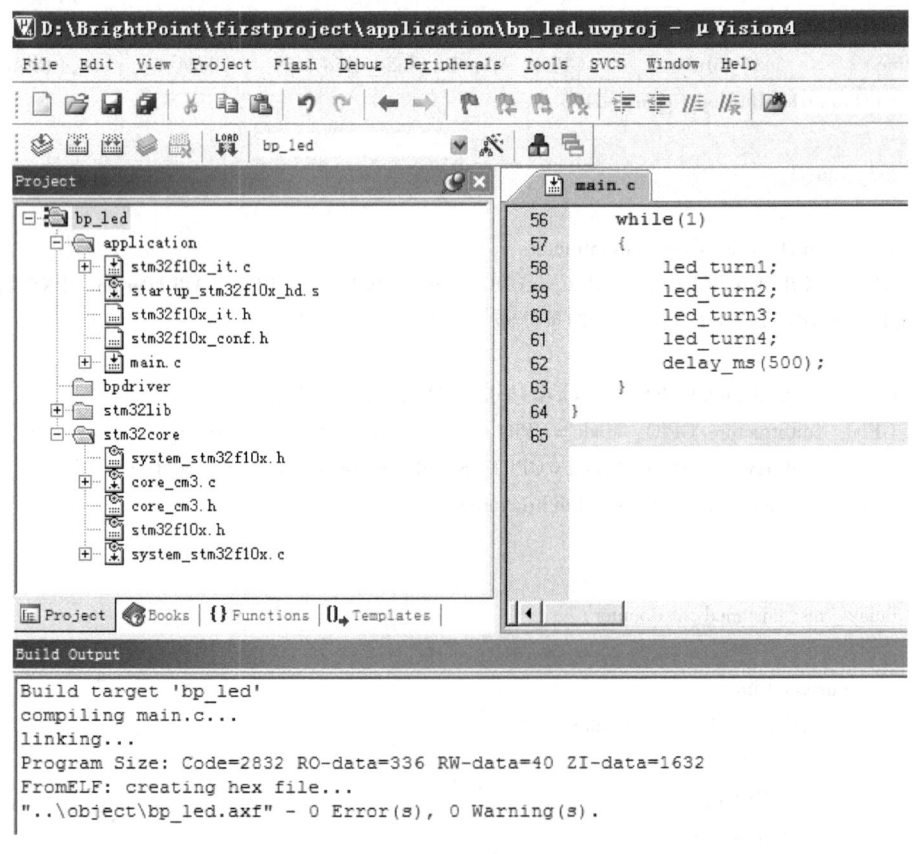

图 3-33 代码编译成功

现在用资源管理器来看一下这个工程，在 application 目录下包含了已经创建的工程文件和 main.c，还有原来复制进去的 4 个文件，以及生成的一些工程信息文件，如图 3-34 所示。

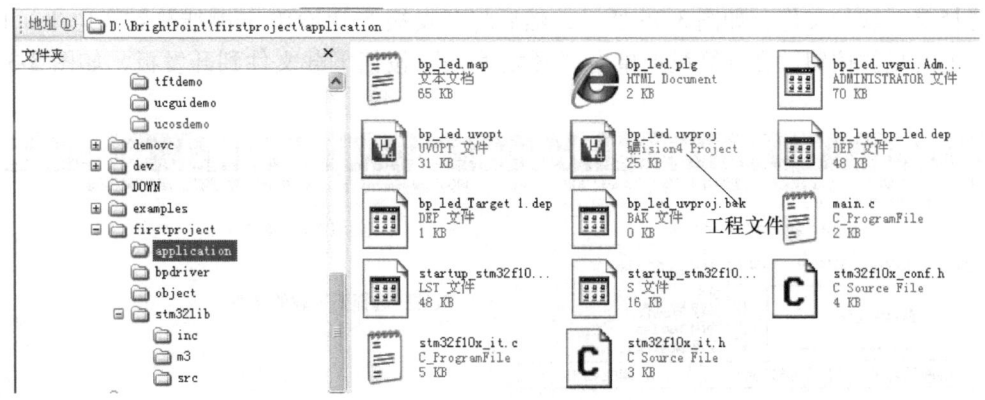

图 3-34　application 目录下的文件

在 Object 目录下生成了很多文件，包括扩展名为 HEX 的目标文件，如图 3-35 所示。

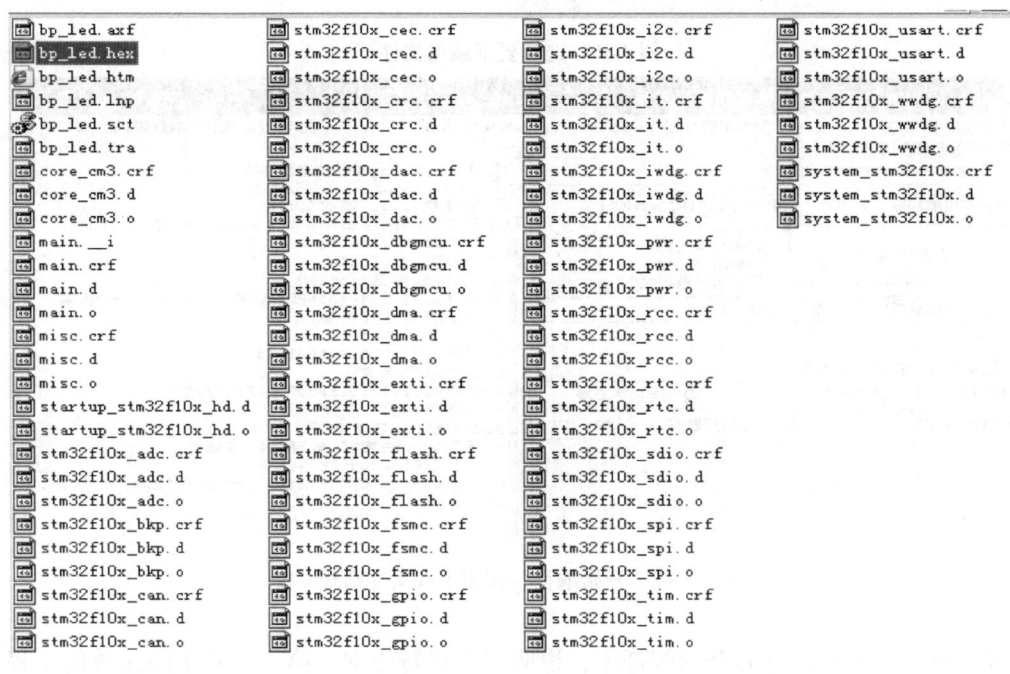

图 3-35　Object 目录下的文件

现在，可以将生成的 bp_led.hex 下载到开发板了。

5. 下载到开发板

将 USB 转 MINIUSB 线一端连接计算机，一端连接开发板，打开开发板电源开关，亮点 STM32 开发板上 LED5 会亮，表示电源接通。如果完成了 CP210x 驱动的安装，计算机会自动识别。打开"我的电脑"的"设备管理器"，在端口下面有个 CP210x USB to UART Bridge Controller（COM7），说明硬件是通畅的。开发板上的 LED6 如果点亮，说明串口 1 也通过

USB线正确连接到计算机了。打开mcuisp应用程序，按菜单上的"搜索串口"，自动找到COM7。

选择要下载的文件，如图3-36所示，然后将开发板上BOOT0的跳线跳到高电平，按下开发板上的复位按钮，在计算机上单击"开始编程"按钮下载文件到开发板，如图3-37所示。

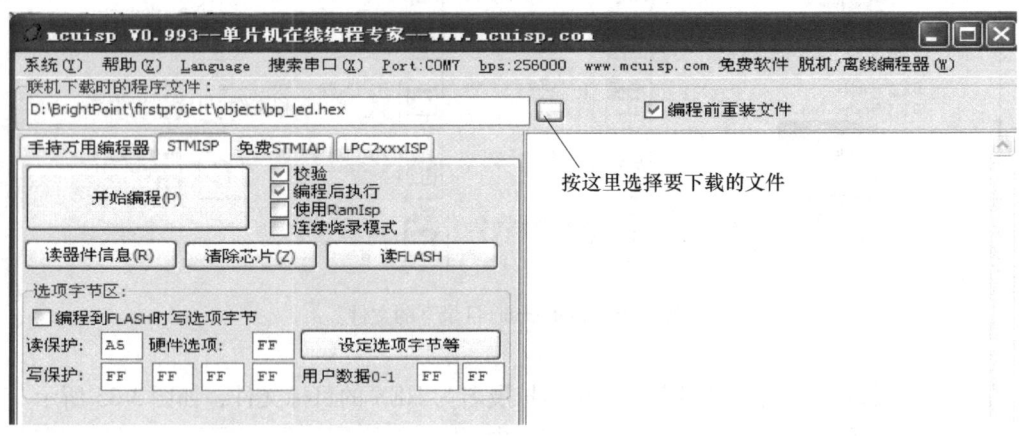

图3-36　选择要下载的文件

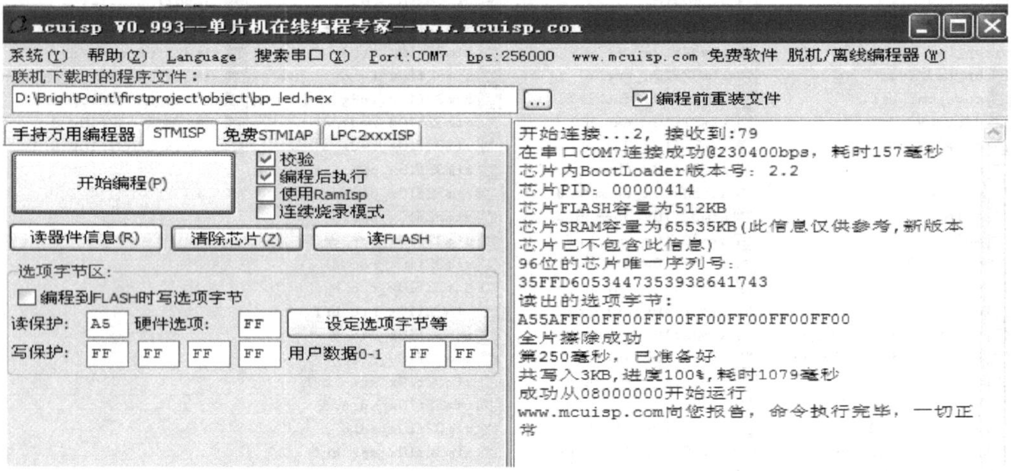

图3-37　按"开始编程"按钮下载文件到开发板

开发板上的4个LED灯开始闪烁了，说明程序运行正常，第一个基于库函数的工程成功完成。

这时如果按开发板上的复位按钮，就没有反应了。这时需要把BOOT0跳线跳回到低电平端，再按复位按钮，4个LED灯开始闪烁了，说明程序在FLASH中启动，并正常工作。

下面还要尝试一下使用JLINK进行单步调试！

6. 使用JLINK调试

1）下载和在线调试配置。

将JLINK连接到USB端口，按照JLINK的说明将JLINK线连接到开发板的JLINK端口，当驱动安装正常的情况下，计算机提示找到硬件，并且JLINK上的LED点亮。

回到 KEIL4，打开配置窗口，选择 Debug 页框，选择使用 Cortex-M/R J-LINK/J-Trace。如图 3-38 所示。

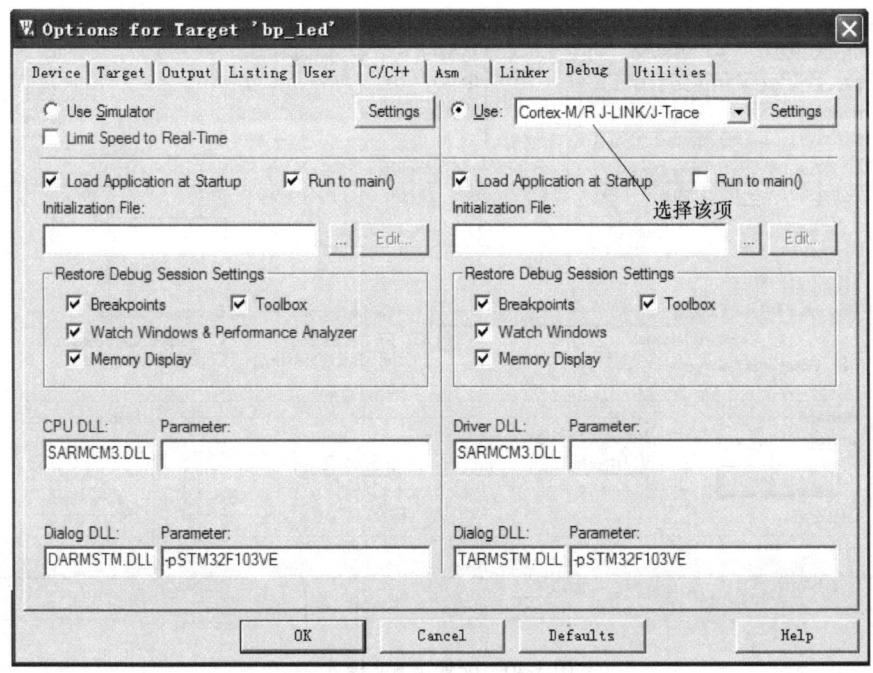

图 3-38 选择使用 Cortex-M/R J-LINK/J-Trace

然后，按"Settings"进行更深入的配置。可以配置为 JTAG 模式和 SW 模式这两种模式之一。图 3-39 为配置选 JTAG 模式。图 3-40 为配置选 SW 模式。

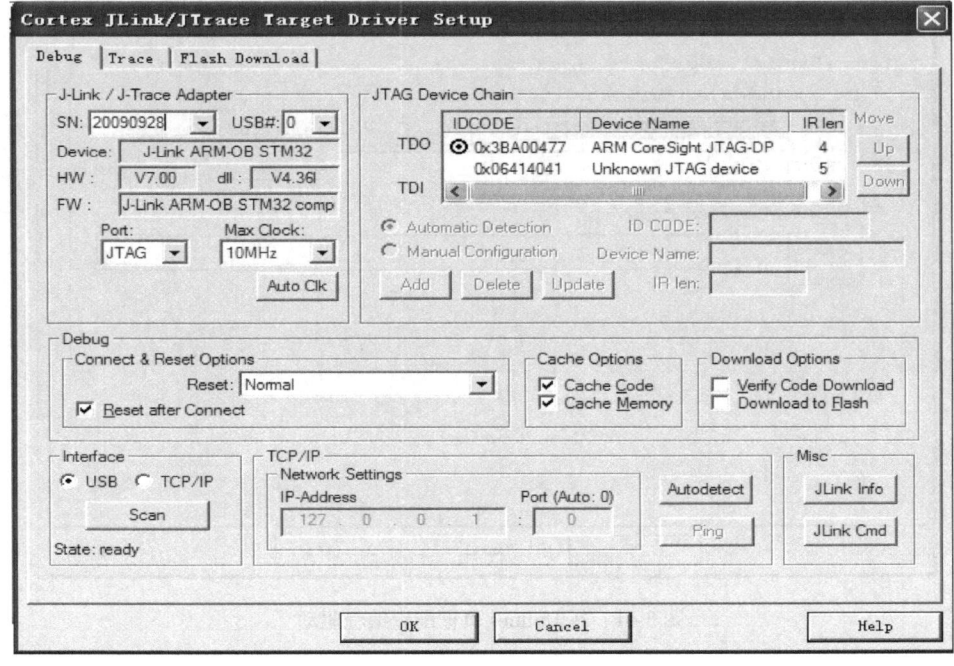

图 3-39 配置选 JTAG 模式

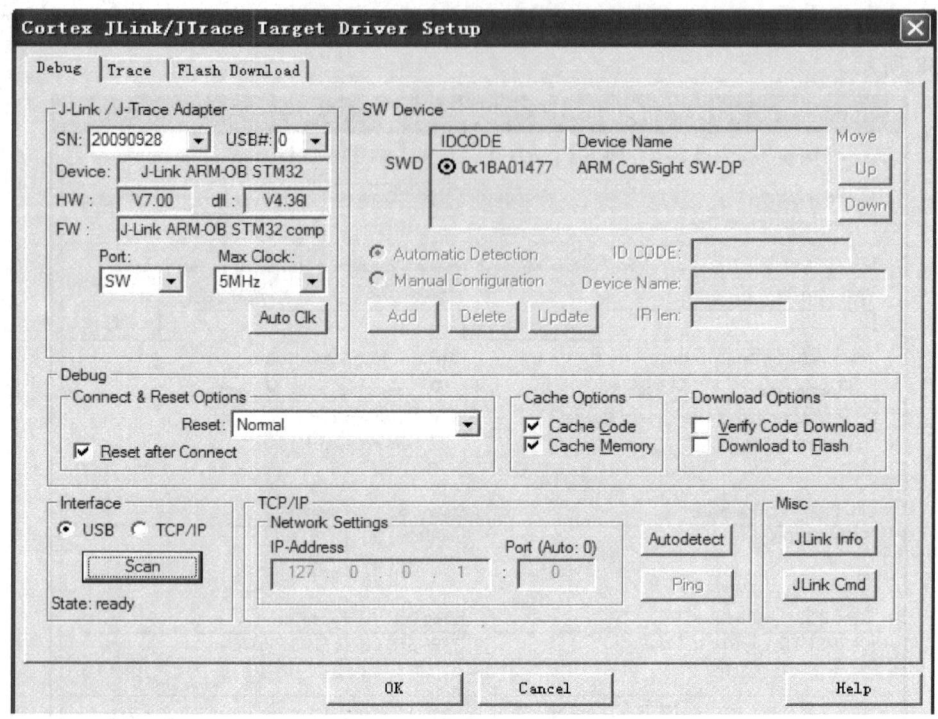

图 3-40　配置选 SW 模式

确定后,在配置窗口的 Utilities 页框,选择使用 Cotex-M/R J-LINK/J-Trace,如图 3-41 所示。

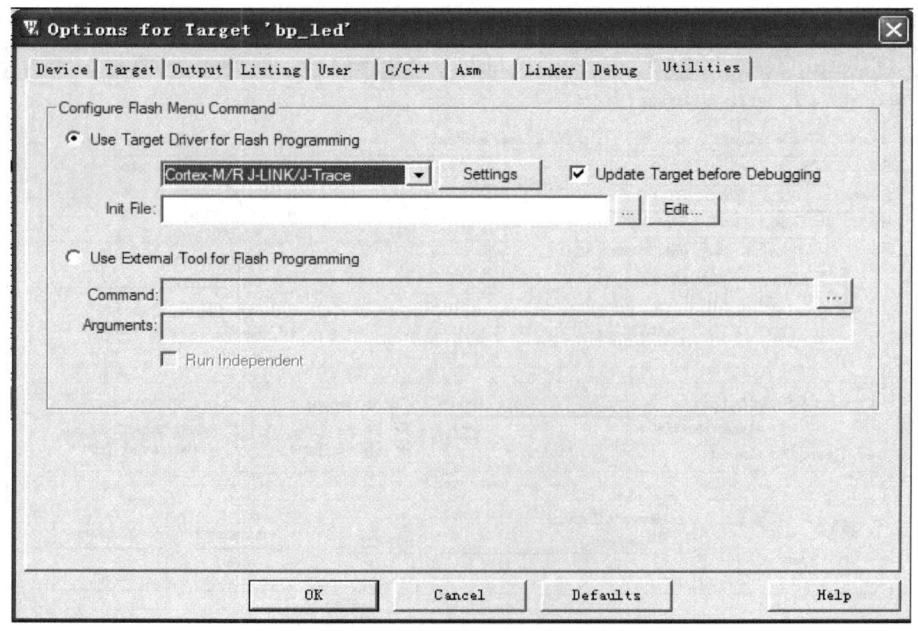

图 3-41　在 Utilities 页框配置编程驱动

之后按"Settings"配置 Flash Download 页框,如图 3-42 所示。

第 3 章 STM32 软件开发

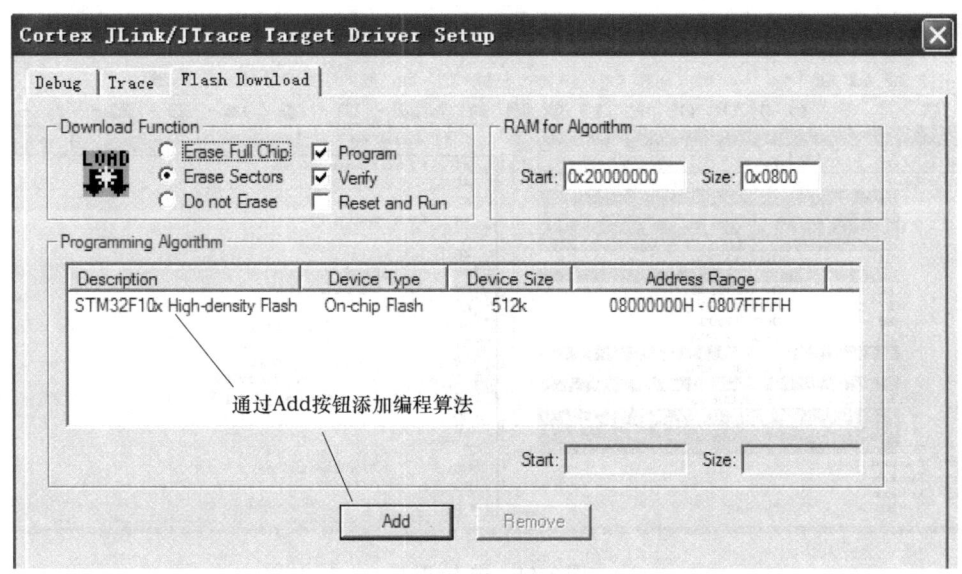

图 3-42 添加编程算法

添加和硬件对应的编程算法，之后一直按确定"OK"返回。如此，完成了通过 JLINK 下载和硬件在线调试的配置工作。

2）硬件在线调试。

准备工作做好之后，就可以进行在线调试了。注意，这里不是仿真，是真正的连接硬件后的在线调试。在程序中设置一个断点（按〈F9〉），如图 3-43 所示。

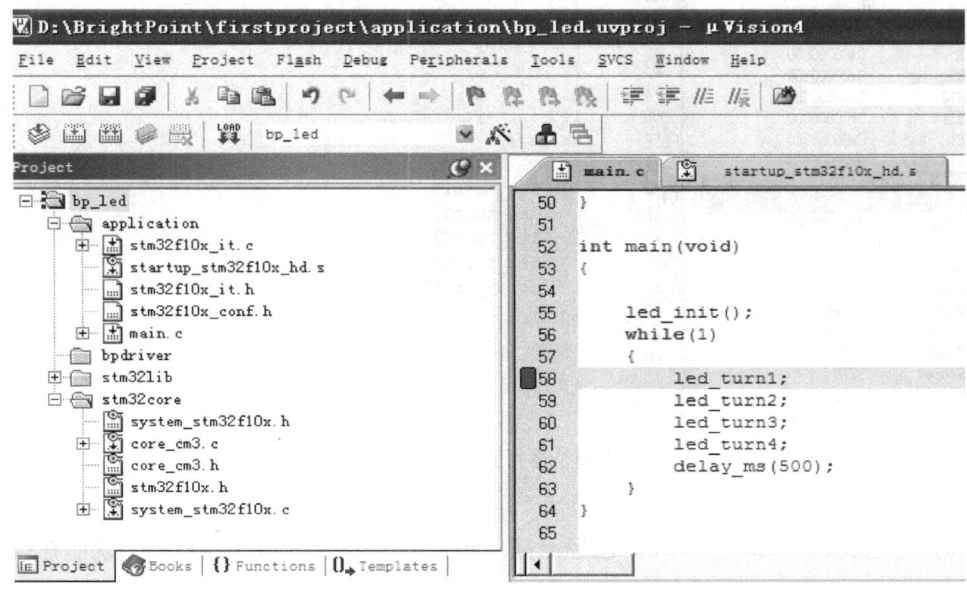

图 3-43 设置断点

按"调试"快捷按钮或〈CTRL + F5〉，进入调试状态，如图 3-44 所示。

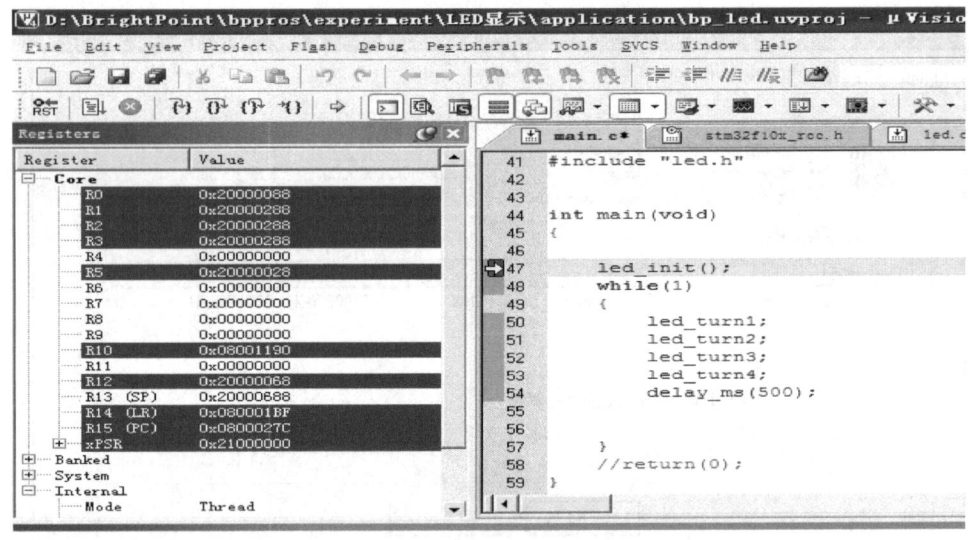

图 3-44 进入调试

之后，按〈F10〉运行，如图 3-45 所示运行到第 60 行语句。

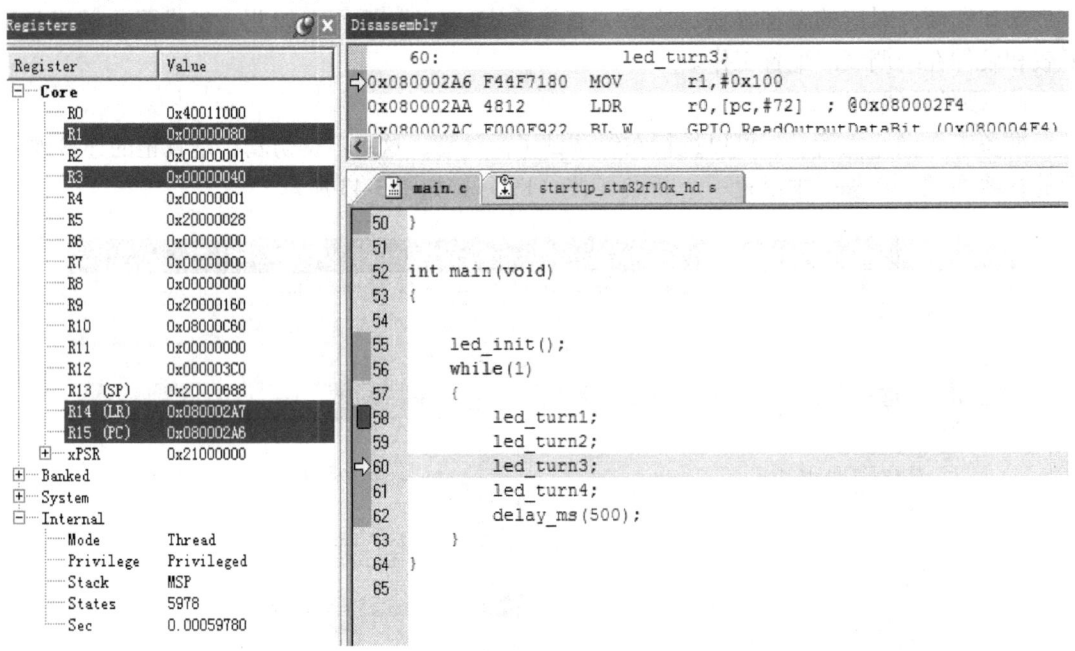

图 3-45 运行到第 60 行语句

此时，开发板上 LED1 和 LED2 已经点亮，再按一次 F10，LED3 也点亮。说明在线调试成功。

通过这一部分的学习，读者应该掌握了基于库函数建立工程的基本步骤，掌握整个代码开发、编译到下载调试的过程。

建议完全按照本节的步骤自己完成工程的创建和编程、编译、下载、调试工作。

3.3 操作 GPIO 和管理中断

使用库函数进行编程,但不能完全地脱离寄存器。一是因为有些寄存器操作更为迅速,二是因为有些功能使用库函数并不方便。讲解 GPIO 的寄存器,目的是当需要的时候,仍然可以采用这种编程方式。在其他模块编程的时候一般就不采用寄存器了。

接着讲解如何使用 GPIO 库函数。

另外,GPIO 和中断总是形影不离,在看这部分之前,读者可以回顾一下本书第 1 章的中断部分。

最后给出一个用按键控制流水灯的综合实验,并下载到目标板运行起来。

3.3.1 GPIO 寄存器

GPIO 寄存器包括:两个 32 位的配置寄存器(GPIOx_CRL,GPIOx_CRH)、两个 32 位的数据寄存器(GPIOx_IDR,GPIOx_ODR)、一个 32 位的置位/复位寄存器(GPIOx_BSRR)、一个 16 位的复位寄存器(GPIOx_BRR)、一个 32 位的锁定寄存器(GPIOx_LCKR)。以上所有寄存器不允许按位或字节访问,必须按 32 位字访问。

1. 配置寄存器(GPIOx_CRL,GPIOx_CRH)(x = A…E)

STM32 每个 GPIO 端口有两个 32 位配置寄存器,如 GPIOC_CRL,GPIOC_CRH 为端口 C 的配置寄存器。STM32 一个端口有 16 位,也就对应芯片的 16 个引脚。CRL 控制端口的低八位,CRH 控制端口的高 8 位。

如图 3-46 所示,CRL 寄存器共 32 位,4 位 1 组,每组控制 1 个引脚的配置(输入输出模式)。例如,假设这个计算器是 GPIOC –> CRL,位 31～28 共 4 位,那么这 4 位控制了 GPIOC 的 7 脚的输入输出模式。

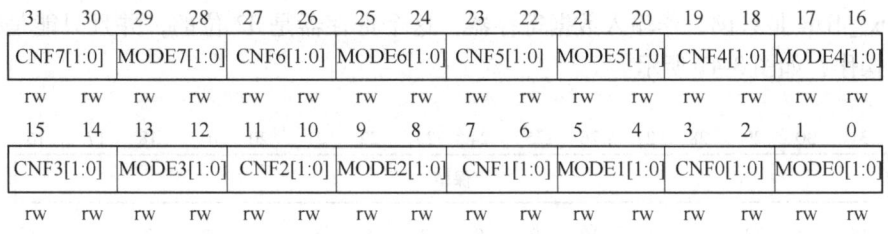

图 3-46 GPIO 配置寄存器 CRL

假设要配置 GPIO 的 IO 口 y,那么需要写 CNFy[1:0] 和 MODEy[1:0]。

MODE[1:0] 配置输入输出模式,输出的频率:

00 为输入模式(复位后的状态);

01 为输出模式,最大频率 10MHz;

10 为输出模式,最大频率 2MHz;

11 为输出模式,最大频率 50MHz。

CNF[1:0] 取值及含义根据配置为输入和输出而有不同。

输入模式下:

00 为模拟输入模式；
01 为浮空输入模式（复位后的状态）；
10 为上拉/下拉输入模式；
11 为保留。
输出模式下：
00 为通用推挽输出模式；
01 为通用开漏输出模式；
10 为复用功能推挽输出模式；
11 为复用功能开漏输出模式。

CRH 寄存器除了控制的是高 8 位端口外，其结构和含义都与 CRL 完全相同。如果 IO 口是 0~7 号的话，则写 CRL 寄存器，如果 IO 口是 8~15 号的话，则写 CRH 寄存器。

例如，要设置 GPIOD 的 4 位端口为最高 50MHz 频率的推挽输出，15 位端口位上拉下拉输入模式，应该设置如下：

GPIOD –> CRL 的 CNF4[1:0] 为 00，GPIOD –> CRL 的 MODE4[1:0] 为 11。
GPIOD –> CRH 的 CNF7[1:0] 为 10，GPIOD –> CRH 的 MODE7[1:0] 为 00。

因此，编程如下：
GPIOD –> CRL& = 0XFFF0FFFF；//清掉对位 4 的配置
GPIOD –> CRL| = 0X00030000；//写位 4 的位置为 0011
GPIOD –> CRH& = 0X0FFFFFFF；//清掉对位 15 的配置
GPIOD –> CRH| = 0X8000000；//写位 15 的配置为 1000

为什么要写的这么麻烦呢，就是因为只能 32 位操作，不能进行位操作。如果是对整个 PD 口进行配置，才可以直接赋值。

2. 端口输入数据寄存器（GPIOx_IDR）和端口输出数据寄存器（GPIOx_ODR）

GPIOx_IDR 是只读，作输入数据寄存器，这个寄存器是 32 位的，并且只能是按 16 位进行编程操作，如图 3-47 所示。

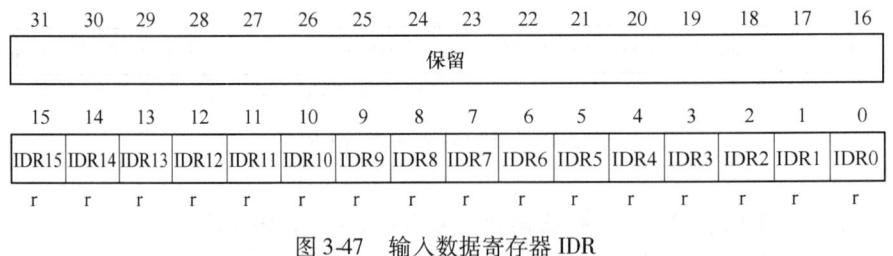

图 3-47　输入数据寄存器 IDR

DRy[31:16]：保留，读出始终是 0；
DRy[15:0]：端口输入数据（y = 0…15）。

这些位为只读并只能以字（16 位）的形式读出。读出的值为对应 I/O 口的状态（0 或 1）。

GPIOx_ODR 是可读可写的，作输出数据寄存器，这个寄存器是 32 位的，并且只能是按 16 位进行编程操作，如图 3-48 所示。

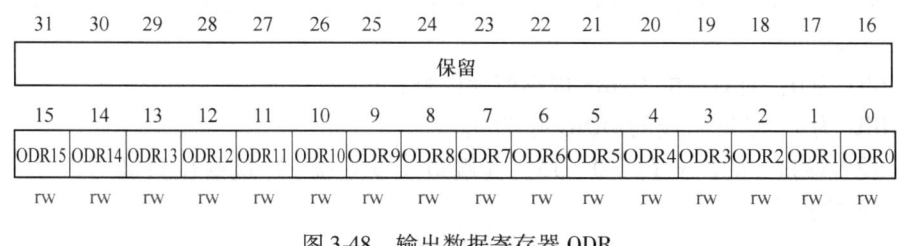

图 3-48 输出数据寄存器 ODR

ODRy[31:16]：保留；

ODRy[15:0]：端口输出数据（y=0…15）。

实验证实，要读取某端口输入的数据，需要设置端口为输入模式，然后通过 IDR 寄存器读取才是正确的。ODR 反映了作为输出时，上一次写出的数据。

例如，刚刚设置 GPIOD 的 4 位端口为最高 50MHz 频率的推挽输出，现在将其置 1，可以编程如下：

GPIOD -> ODR| = 1 << 4; //等同于 GPIOD -> ODR| = 0x10；

如果写成 GPIOD -> ODR = 0x10 有问题吗？

有的，而且问题相当严重，因为不小心将 GPIOD 的其他端口都清 0 了！这可不是想要的结果。

如果使 GPIOD 的位 4 端口再输出低电平，编程应该如下：

GPIOD -> ODR& = (~ (1<<4)); //等同于 GPIOD -> ODR& = 0xEF(11101111)

如果使 GPIOD 的位 4 端口输出低电平，位 5 端口输出高电平，编程如下：

GPIOD -> ODR& = (~ (1<<4));

GPIOD -> ODR| = 1 << 5;

有点尴尬了，需要两条语句！而且条条语句都有回读操作！这样的操作在需要高实时性的场合，就不太合适了，而且大家可以看到，同步性差，需要先将位 4 设置为低电平，然后将位 5 设置为高电平，这中间是有时间间隔的！

因此，为了更加方便而且有效率的编程，必须介绍下端口位设置/清除寄存器（GPIOx_BSRR）和端口位清除寄存器（GPIOx_BRR）的设置。

3. 端口位设置/清除寄存器（GPIOx_BSRR）（x=A…E）

通过设置 BSRR 或 BRR 寄存器来设置某一特定引脚的输出电平，而保持其他引脚输出不变。端口位设置/清除寄存器（GPIOx_BSRR）是专为方便编程设计的，该寄存器采用 32 位编程。BSRR 寄存器结构如图 3-49 所示。

31	30	29	28	27	26	25	24	23	22	21	20	19	18	17	16
BR15	BR14	BR13	BR12	BR11	BR10	BR9	BR8	BR7	BR6	BR5	BR4	BR3	BR2	BR1	BR0
w	w	w	w	w	w	w	w	w	w	w	w	w	w	w	w
15	14	13	12	11	10	9	8	7	6	5	4	3	2	1	0
BS15	BS14	BS13	BS12	BS11	BS10	BS9	BS8	BS7	BS6	BS5	BS4	BS3	BS2	BS1	BS0
w	w	w	w	w	w	w	w	w	w	w	w	w	w	w	w

图 3-49 端口位设置/清除寄存器（GPIOx_BSRR）

BRy：清除端口 x 的位 y（y = 0…15）（端口 x 复位位 y）。这些位只能写入并只能以字（16 位）的形式操作。

如果 BRy 为 0：对对应的 ODRy 位不产生影响；

如果 BRy 为 1：清除对应的 ODRy 位为 0。

BSy：设置端口 x 的位 y（y = 0…15）（端口 x 设置位 y）这些位只能写入并只能以字（16 位）的形式操作。

如果 BSy 为 0：对对应的 ODRy 位不产生影响；

如果 BSy 为 1：设置对应的 ODRy 位为 1。

需要注意的是：如果同时设置了 BSy 和 BRy 的对应位，BSy 位起作用。

例如，将 GIPOD 的 4 位端口输出低电平，5 位端口输出高电平，编程如下：

GPIOD –> BSRR = 0x00100020；

于是，一条语句就解决了，用示波器观察就会看到两位同时被设置。

另外，如果想清除某位，而 BSRR 中的位清除在高 16 位，使用起来不是很方便，可以使用端口位清除寄存器（GPIOx _ BRR）。

4. 端口位清除寄存器（GPIOx _ BRR）（x = A…E）

端口位清除寄存器（GPIOx _ BRR）也是专为方便编程设计的，该寄存器采用 16 位编程。它的结构如图 3-50 所示。

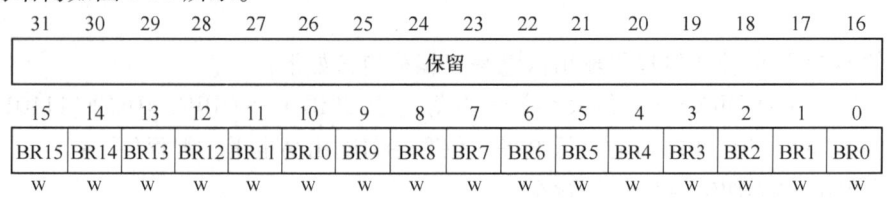

图 3-50　端口位清除寄存器（GPIOx _ BRR）

高 16 位保留，设置 BRR 低 16 位的值为 1，就可以清除（置 0）该位。

例如，将 GIPOD 的 4 位端口输出低电平，编程如下：

GPIOD –> BRR = 1 << 4；

这种操作避免了回读（& = 或 | =）效率高，速度快！

常用的 GPIO 寄存器讲解完毕。除了使用库函数外，还能结合使用这些寄存器进行高效的编程就非常完美了！另外一个寄存器是端口配置锁定寄存器（GPIOx _ LCKR）（x = A…E），是用来锁定端口位的配置的，一般用不到，需要使用的时候可以参考 STM32 中文参考手册。下面开始进入 GPIO 库函数的讲解。

3.3.2　GPIO 库函数

要使用 GPIO 库函数，必须让使用这些库函数的 C 文件包含" stm32f10x _ gpio. h"，和" stm32f10x _ rcc. h"，" stm32f10x _ gpio. h" 又包含了" stm32f10x _ map. h" 这个外设存储器映像和寄存器数据结构声明文件。

要包含这些文件，只需要在 stm32f10x _ conf. h 中进行配置就可以。

GPIO 库函数如表 3-2 所示。

第 3 章 STM32 软件开发

表 3-2 GPIO 库函数一览

函 数 名	描 述
GPIO _ DeInit	将外设 GPIOx 寄存器重设为默认值
GPIO _ Init	根据 GPIO _ InitStruct 中指定的参数初始化外设 GPIOx 寄存器
GPIO _ StructInit	把 GPIO _ InitStruct 中的每一个参数按默认值填入
GPIO _ ReadInputDataBit	读取指定端口引脚的输入
GPIO _ ReadInputData	读取指定的 GPIO 端口输入
GPIO _ ReadOutputDataBit	读取指定端口引脚的输出
GPIO _ ReadOutputData	读取指定的 GPIO 端口输出
GPIO _ SetBits	设置指定的数据端口位
GPIO _ ResetBits	清除指定的数据端口位
GPIO _ WriteBit	设置或者清除指定的数据端口位
GPIO _ Write	向指定 GPIO 数据端口写入数据
GPIO _ PinLockConfig	锁定 GPIO 引脚设置寄存器
GPIO _ EventOutputConfig	选择 GPIO 引脚用作事件输出
GPIO _ EventOutputCmd	使能或者失能事件输出
GPIO _ PinRemapConfig	改变指定引脚的映射
GPIO _ EXTILineConfig	选择 GPIO 引脚用作外部中断线路
GPIO _ ReadOutputDataBit	读取指定端口引脚的输出

本书不是库函数使用大全,因此,重点讲解几个库函数,着重于应用。读者遇到有些功能需要查找库函数,可参考 STM32 固件库使用手册。这里进行介绍的目的,是引导初学者学会使用 STM32 固件库使用手册,起到授人以渔的目的。下面将其中常用的几个库函数进行讲解。

1) GPIO 的初始化函数 GPIO _ Init( )。

从 STM32 固件库使用手册可以找到对 GPIO _ Init 的描述如图 3-51 所示。

Table 182. 函数 GPIO_Init( )

函数名	GPIO_Init
函数原形	void GPIO_Init(GPIO_TypeDef * GPIOx,GPIO_Init TypeDef * GPIO_InitStruct)
功能描述	根据 GPIO_InitStruct 中指定的参数初始化外设 GPIOx 寄存器
输入参数1	GPIOx:x 可以是 A,B,C,D 或者E,来选择GPIO外设
输入参数2	GPIO_InitStruct:指向结构GPIO_InitTypeDef 的指针,包含了外设GPIO的配置信息 参阅Section:GPIO_InitTypeDef 查阅更多的该参数允许取值范围
输出参数	无
返回值	无
先决条件	无
被调用函数	无

GPIO_InitTypeDef structure
GPIO_InitTypeDef 定义于文件"*stm32f10x_ gpio.h*":
typedef struct
{
u16 GPIO_Pin;
GPIOSpeed_TypeDef GPIO_Speed;
GPIOMode_TypeDef GPIO_Mode;
}GPIO_InitTypeDef;

图 3-51 STM32 固件库使用手册中对 GPIO _ Init( ) 的描述

第一个参数 GPIOx 是指向 GPIO_TypeDef 类型的指针，第 2 个参数是指向 GPIO_InitTypeDef 类型的指针。图 3-51 表格中第 4 行是 GPIOx 这个参数的说明，如果要初始化端口 GPIOE，传递参数 GPIOE 就可以了。第 2 个参数的说明在第 5 行，然后在表格结束后对 GPIO_InitTypeDef 的定义进行了描述。

如果继续看手册，下面对结构体 GPIO_InitTypeDef 的每个变量的数据类型进行了说明。然后是一小段例程。

声明 GPIO_InitStructure 类型的变量，语句如下：

GPIO_InitTypeDef GPIO_InitStructure;

下面配置要影响到的引脚为宏定义 GPIO_Pin_All，表示是对某端口的全部引脚进行配置。

在 stm32f10x_gpio.h 中有这个宏的定义，就是((u16)0xFFFF)，建议读者在学习的时候，打开第一个工程，把代码复制进去，选中代码按右键，然后按"go to definition of xxx"可以快速地找到宏定义。

GPIO_InitStructure.GPIO_Pin = GPIO_Pin_All;

接着设置频率，最高频率 10MHz：

GPIO_InitStructure.GPIO_Speed = GPIO_Speed_10MHz;

然后设置输入浮空方式：

GPIO_InitStructure.GPIO_Mode = GPIO_Mode_IN_FLOATING;

最后一句根据以上配置是初始化 GPIOA：

GPIO_Init(GPIOA, &GPIO_InitStructure);

这样，GPIOA 口的全部引脚都被初始化为输入浮空方式，输入频率最高 10MHz。

2）GPIO_ReadInputDataBit（）用于读取指定端口引脚的输入。

示例代码：

u8 ReadValue;

ReadValue = GPIO_ReadInputDataBit(GPIOB, GPIO_Pin_7);

GPIO_ReadInputDataBit()返回读取到的某个输入引脚的数据。

3）GPIO_ReadInputData()用于读取指定端口的输入。

示例代码：

u16 ReadValue;

ReadValue = GPIO_ReadInputData(GPIOC);

GPIO_ReadInputData()返回读取到的某个输入端口的 16 位数据。

4）GPIO_SetBits()用于设置指定端口的端口位。

示例代码：

GPIO_SetBits(GPIOA, GPIO_Pin_10 | GPIO_Pin_15);

该代码设置了 PA10 和 PA15 为高电平，对其他端口没有影响。

这里不妨看一下 GPIO_SetBits()的源码：

在 MDK 中打开 stm32f10x_gpio.c

void GPIO_SetBits(GPIO_TypeDef* GPIOx, uint16_t GPIO_Pin)

{

```
    /* Check the parameters */
    assert_param(IS_GPIO_ALL_PERIPH(GPIOx));
    assert_param(IS_GPIO_PIN(GPIO_Pin));
    GPIOx->BSRR = GPIO_Pin;
}
```

/* Check the parameters */部分为判断传递进来的参数是否正确，读者在将程序最后发布的时候，总是希望代码量尽量得小，不想要这些判断语句浪费太多的时间，编写库函数的工程师也考虑了这个问题，只需要在 stm32f10x_conf.h 这个配置文件中，将

#define USE_FULL_ASSERT   1

这条宏定义语句注释掉就可以了。

有用的语句只有一条：GPIOx->BSRR = GPIO_Pin;

因为前面讲解了 BSRR 寄存器，所以应该明白了，库函数就是这样编出来的，没有什么好值得神秘的。

笔者在 GPIO 库函数中搜索，查看了所有的源代码，也没有发现能一次设置一个 GPIO 端口某位为 0 同时某位为 1 的代码，但是笔者在前面用寄存器操作的时候确实有一条语句实现了这样的功能。因此，GPIO 端口最常用，寄存器操作还是有必要的，这也是在本节开始讲解 GPIO 寄存器的原因。

那么遇到这种情况怎么办呢？

① 直接写寄存器。

② 编写一个函数，扩充库函数。

③ 如果你的项目能够容忍两条语句有时间差，同步没有问题，写两条库函数实现这一功能。

5）GPIO_ResetBits()用于清零指定端口的端口位。

示例代码：

GPIO_ResetBits(GPIOA, GPIO_Pin_10 | GPIO_Pin_15);

该代码设置了 PA10 和 PA15 为低电平，对其他端口没有影响。

6）GPIO_Write()用于向指定 GPIO 数据端口写入数据。

示例代码：

GPIO_Write(GPIOA, 0xAAAA);

GPIO_ResetBits(GPIOA, GPIO_Pin_10 | GPIO_Pin_15);

该代码设置了 PA 口为 0XAAAA。

7）GPIO_EventOutputConfig()用于选择 GPIO 引脚用作事件输出。

示例代码：

GPIO_EventOutputConfig(GPIO_PortSourceGPIOE, GPIO_PinSource5);

PE5 作事件输出引脚。

回顾一下第 1 章中断部分，例如当定时器产生中断的时候，就是发生了一个事件（Event），可以配置一个引脚作为输出，例如输出到外部端口或 LED 指示灯。必须先将端口配置为事件输出引脚才能使用该功能。

8）GPIO_EventOutputCmd()用于使能或者失能事件输出。

示例代码：
GPIO_EventOutputConfig(GPIO_PortSourceGPIOC, GPIO_PinSource6);
GPIO_EventOutputCmd(ENABLE);
配置 PC6 为事件输出引脚并使能之。

9) GPIO_ PinRemapConfig() 用于改变指定引脚的映射。
该函数完整声明为：
void GPIO_PinRemapConfig(u32 GPIO_Remap, FunctionalState NewState);
GPIO_Remap 的取值范围如表 3-3 所示。

表 3-3 GPIO_Remap 取值范围

取 值	含 义
GPIO_Remap_SPI1	SPI1 复用功能映射
GPIO_Remap_I²C1	I²C1 复用功能映射
GPIO_Remap_USART1	USART1 复用功能映射
GPIO_PartialRemap_USART2	USART2 复用功能映射
GPIO_FullRemap_USART3	USART3 复用功能完全映射
GPIO_PartialRemap_TIM1	TIM1 复用功能部分映射
GPIO_FullRemap_TIM1	TIM1 复用功能完全映射
GPIO_PartialRemap1_TIM2	TIM2 复用功能部分映射 1
GPIO_PartialRemap2_TIM2	TIM2 复用功能部分映射 2
GPIO_FullRemap_TIM2	TIM2 复用功能完全映射
GPIO_PartialRemap_TIM3	TIM3 复用功能部分映射
GPIO_FullRemap_TIM3	TIM3 复用功能完全映射
GPIO_Remap_TIM4	TIM4 复用功能映射
GPIO_Remap1_CAN	CAN 复用功能映射 1
GPIO_Remap2_CAN	CAN 复用功能映射 2
GPIO_Remap_PD01	PD01 复用功能映射
GPIO_Remap_SWJ_NoJTRST	除 JTRST 外 SWJ 完全使能(JTAG + SW − DP)
GPIO_Remap_SWJ_JTAGDisable	(JTAG − DP)失能 + (SW − DP)使能
GPIO_Remap_SWJ_Disable	SWJ 完全失能(JTAG + SW − DP)

示例代码：
GPIO_PinRemapConfig(GPIO_Remap_SWJ_JTAGDisable, ENABLE);
当用 JLINK 上的引脚作他用的时候，可使用该语句使 JLINK 失效。例如使用 SPI3 的时候。

10) GPIO_ EXTILineConfig() 用于选择 GPIO 引脚用作外部中断线路。
该函数的声明为：
void GPIO_EXTILineConfig(uint8_t GPIO_PortSource, uint8_t GPIO_PinSource);
即配置某个引脚为外中断输入。回顾一下第 1 章中断部分，该函数实现了对中断线路的多路选择,选择到某端口的某引脚作外中断线路,因此在使用 GPIO 引脚作中断线路的时候必须先执行该函数!

其他 GPIO 的函数请参考手册。下面进入中断部分。

3.3.3 嵌套向量中断控制器 NVIC 库函数

要使用库函数进行中断管理,首先需要了解嵌套向量中断控制器 NVIC 库函数,NVIC 库函数一览见表 3-4。3.5 版的 NVIC 相关函数在" misc. h" 中定义,在" misc. c" 中实现。

表 3-4 NVIC 库函数一览

函 数 名	描 述
NVIC_PriorityGroupConfig	设置优先级分组:先占优先级和从优先级
NVIC_Init	根据 NVIC_InitStruct 中指定的参数初始化外设 NVIC 寄存器
NVIC_SetVectorTable	设置向量表的位置和偏移
NVIC_SystemLPConfig	选择系统进入低功耗模式的条件

其中最常用的是以下两个:

1. NVIC_PriorityGroupConfig( )用于设置优先级分组

该函数的声明为:

void NVIC_PriorityGroupConfig(uint32_t NVIC_PriorityGroup) ;

参考本书第 1 章中断部分,STM32 优先级可以分为 5 组,该函数就是一种先占优先级和从优先级的分组方式。

如果不执行该函数,那么默认的分组方式是分组 0,可以设置从优先级为 0~15,先占优先级都是 0。

当参数 NVIC_PriorityGroup 为 0 的时候,0 位先占优先级,4 位从优先级。
当参数 NVIC_PriorityGroup 为 1 的时候,1 位先占优先级,3 位从优先级。
当参数 NVIC_PriorityGroup 为 2 的时候,2 位先占优先级,2 位从优先级。
当参数 NVIC_PriorityGroup 为 3 的时候,3 位先占优先级,1 位从优先级。
当参数 NVIC_PriorityGroup 为 4 的时候,4 位先占优先级,0 位从优先级。
如果要设置优先级分组,在代码一开始初始化的时候就需调用这个函数。

2. NVIC 初始化函数 NVIC_Init( )

该函数的声明为:

void NVIC_Init(NVIC_InitTypeDef * NVIC_InitStruct)

所有初始化信息都是通过结构体指针 NVIC_InitStruct 传递,该指针指向 NVIC_InitTypeDef 类型的结构体。

该结构体定义如下:

typedef struct
{
　uint8_t NVIC_IRQChannel;
　uint8_t NVIC_IRQChannelPreemptionPriority;

uint8_t NVIC_IRQChannelSubPriority;

FunctionalState NVIC_IRQChannelCmd;

} NVIC_InitTypeDef;

NVIC_IRQChannel 是使能或除能的通道号。

NVIC_IRQChannelPreemptionPriority 是先占优先级。

NVIC_IRQChannelSubPriority 是从优先级。

NVIC_IRQChannelCmd 是 ENABLE 或 DISABLE,即使能或除能。

3.3.4 外部中断/事件管理库函数

EXTI 库函数在"stm32f10x_exit.h"中声明,在"stm32f10x_exit.c"中实现。外设库函数文件 EXTI 库函数如表 3-5 所示。

表 3-5　EXTI 库函数一览

函 数 名	描 述
EXTI_DeInit	将外设 EXTI 寄存器重设为默认值
EXTI_Init	根据 EXTI_InitStruct 中指定的参数初始化外设 EXTI 寄存器
EXTI_StructInit	把 EXTI_InitStruct 中的每一个参数按默认值填入
EXTI_GenerateSWInterrupt	产生一个软件中断
EXTI_GetFlagStatus	检查指定的 EXTI 线路标志位设置与否
EXTI_ClearFlag	清除 EXTI 线路挂起标志位
EXTI_GetITStatus	检查指定的 EXTI 线路触发请求发生与否
EXTI_ClearITPendingBit	清除 EXTI 线路挂起位

其中最常用的 EXTI 库函如下:

1. EXTI_Init( )用于初始化外设 EXTI 寄存器

该函数的声明为

void EXTI_Init(EXTI_InitTypeDef * EXTI_InitStruct);

EXTI_InitTypeDef 定义和解释如下:

typedef struct

{

uint32_t EXTI_Line;　　　　　　　　/*要初始化的线路*/

EXTIMode_TypeDef EXTI_Mode;　　　/*模式

　　　　　　　　　　　　　　　　　　　EXTI_Mode_Interrupt 中断

　　　　　　　　　　　　　　　　　　　EXTI_Mode_Event　　事件

　　　　　　　　　　　　　　　　　*/

EXTITrigger_TypeDef EXTI_Trigger;　/*触发类型

　　　　　　　　　　　　　　　　　　　EXTI_Trigger_Rising 上升沿

　　　　　　　　　　　　　　　　　　　EXTI_Trigger_Falling 下降沿

　　　　　　　　　　　　　　　　　　　EXTI_Trigger_Rising_Falling 双沿

　　　　　　　　　　　　　　　　　*/

FunctionalState EXTI_LineCmd;   /* ENABLE 或 DISABLE */
｝EXTI_InitTypeDef;

该函数根据参数 EXTI_InitStruct 中配置的信息，初始化外部中断线路。在3.3.5节的示例中，可以看到具体的用法。

2. EXTI_GetITStatus( )用于检查指定的 EXTI 线路触发请求发生与否

该函数的声明为

ITStatus EXTI_GetITStatus(uint32_t EXTI_Line);

例如：

TStatus EXTIStatus;

EXTIStatus = EXTI_GetITStatus(EXTI_Line8);

之后可以根据 EXTIStatus 的值判定下一步代码的走向。同样，在3.3.5节的示例中，有具体的用法。

3. EXTI_ClearITPendingBit( )用于清除 EXTI 线路挂起位

在中断发生后进入中断服务程序，首先需要清除中断挂起位，这样可以继续响应中断。该函数声明为

void EXTI_ClearITPendingBit(uint32_t EXTI_Line);

参数为外部中断线路。

对以上库函数有所了解后，就可以进入下面的带按键控制的流水灯实验。

3.3.5 带按键控制的流水灯实验

这是一个关于 GPIO 的一个相当综合的实验，包括了时钟启动、端口配置、中断管理，尤其中断部分是重点和难点！

1. 实现的目标

1) 系统复位后，流水灯流动起来。

2) 按按键2，蜂鸣器发声，流水灯流水速度降低，但降到最低后再按，会变为最快。

3) 按按键1，蜂鸣器发声，流水灯流水速度提高，但提到最高后再按，会变为最慢。

2. 分析

1) 流水灯流动，需要驱动 LED 轮流显示，4根 GPIO 推挽输出。蜂鸣器发声，需要驱动蜂鸣器，1根推挽输出。

2) 按键1和按键2，需要两个数据输入端口。当按键按动的时候蜂鸣器响，且流水灯流动速度改变，因此设置按键中断，写中断服务程序为最佳方案！

3. 设计

1) 文件结构设计。

①如本书"我的第一个工程"搭建好基于固件库的工程后。在组 bpdriver 中增加 led.c 与 led.h（LED 和蜂鸣器相关驱动程序），key.c 和 key.h（按键驱动程序）。

②在与硬件无关的 UTILITY.C 中写好软件延时程序。

③在 include.h 中包含 stm32f10x.h、stm32f10x_it.h、stm32f10x_conf.h、utility.h 以及要用到 stdio.h、stdlib.h、string.h 等 MDK 提供的头文件。

④在 bp_config.c 中编写时钟配置和中断配置程序，bp_config.h 中作所有硬件的宏定义，

包含所有的硬件驱动头文件（led.h、key.h），包含 include.h。这样，在 main.c 中或其他文件中，只要包含了 bp_config.h 就可以使用一切开发的函数。

⑤在中断服务程序所在的 stm32f10x_it.c 中，包含 bp_config.h，可以在中断服务程序中操作 LED 和蜂鸣器。

2）程序流程设计。

①系统启动进入 main 之前，在启动代码中已经调用执行了 system_stm32f10x.c 中的函数 SystemInit( )，只要系统配置正确，无需再去重复设置时钟。startup_stm32f10x_hd.s 是系统最开始启动的地方，首先执行 SystemInit 然后再执行 main 函数。

②在 main 函数中，启动用到的外设时钟。使用 GPIOB，就必须打开 GPIOB 时钟。

③配置 LED 引脚、扬声器引脚、按键引脚的输入输出方式。

④对按键中断进行配置。

⑤在主程序中写循环语句，实现流水灯，其延时时间由一全局变量决定。

⑥在 stm32f10x_it.c 中实现按键中断服务程序，中断服务程序可以改变延时时间全局变量，并实现发声。

3）中断设计。

做好嵌入式，必须过中断这一关。回顾第 1 章的中断部分，流程为

①将按键 1 和按键 2 使用的线路配置为中断线路。

②对中断分配优先级，配置中断边沿。

③按键 1 和按键 2 所使用中断线路的中断使能。

④编写中断服务程序，在中断服务程序中启动扬声器，根据按键的种类设置延时时间全局变量的值。

4. 实现

1）主程序。

按键控制流水灯实验主程序代码见代码 3-2。

代码 3-2　按键控制流水灯主程序

```
#include "bp_config.h"
INT8U delaytime;                //每个灯亮的持续时间,全局变量
int main( void )
{
    INT16U led_flow;            //流水位置
    delaytime = 128;            //延时时间初始化为 128ms
    led_flow = 0x1;             //流水位置在最低
    clock_config( );            //使能本程序需要使用的时钟
    led_init( );                //配置 led 和蜂鸣器引脚,初始化 led GPIO
    key_init( );                //初始化按键 GPIO
    exti_config( );             //设置中断
    while(1)                    //无限循环
    {
        GPIO_ResetBits( led_gpio,0x03C0 );
```

```
/*熄灭所有的led,因为led所用线路为PC口6,7,8,9
    0x03C0 = 0000 0011 1100 0000
    该函数对 GPIOC 6,7,8,9 位清 0        */

GPIO_SetBits(led_gpio,led_flow<<6);
/*设置led亮,当led_flow为1,那么对应led1亮;
           当led_flow为1<<n,对应ledn亮;*/
led_flow <<=1;   //相当于 led_flow = led_flow << 1
if (led_flow == 0x10) led_flow = 0x1;
//当左移了第4次,应回到0x1,即led4点亮后,下次该led1点亮
delay_ms(delaytime);
//delaytime 是每个灯亮的持续时间,这个时间长,流水时间就慢。
    }
}
```

2) 时钟使能函数 clock_config( )的实现,见代码 3-3。

代码 3-3　时钟使能函数 clock_config( )

```
RCC_APB2PeriphClockCmd(
RCC_APB2Periph_GPIOA | RCC_APB2Periph_GPIOB | RCC_APB2Periph_GPIOC |
RCC_APB2Periph_GPIOD | RCC_APB2Periph_GPIOE | RCC_APB2Periph_AFIO
|RCC_APB1Periph_PWR | RCC_APB1Periph_BKP,
ENABLE);
```

clock_config 调用 RCC 库函数 RCC_APB2PeriphClockCmd 来使能时钟,所有的 GPIO 口的时钟都被打开了,对于本程序来说不是必要的,如果从节省能源的角度来讲,可以不打开不用的设备的时钟。读者可以对其进行修改,但如果省略了 RCC_APB2Periph_GPIOC,确定 LED 将不会有任何反应,因为它们使用了 GPIOC 的 4 根线。

细心的读者可能会问,为什么不用 RCC_APB1PeriphClockCmd 来使能时钟? 这是因为 RCC_APB1PeriphClockCmd 可以打开或关闭 APB1 外设的时钟,但对于 APB2 的外设,必须用 RCC_APB2PeriphClockCmd 来打开或关闭时钟。

该函数在 bp_config.c 文件中实现。

3) LED 和蜂鸣器端口配置函数 led_init( ) 的实现,见代码 3-4。

代码 3-4　LED 和蜂鸣器端口配置函数 led_init( )

```
void led_init()
{
    GPIO_InitTypeDef GPIO_InitStructure;

    //初始化全部4个led指示灯信号为输出
    GPIO_InitStructure.GPIO_Pin = led1 | led2 | led3 | led4;  //led1、led3、led3、led4 为宏
    GPIO_InitStructure.GPIO_Mode = GPIO_Mode_Out_PP;
    GPIO_InitStructure.GPIO_Speed = GPIO_Speed_50MHz;
```

```
        GPIO_Init(led_gpio, &GPIO_InitStructure);
        //初始化蜂鸣器 GPIO 为输出
        GPIO_InitStructure.GPIO_Pin = beep;
        GPIO_InitStructure.GPIO_Mode = GPIO_Mode_Out_PP;
        GPIO_InitStructure.GPIO_Speed = GPIO_Speed_50MHz;
        GPIO_Init(beep_gpio, &GPIO_InitStructure);
    }
```

代码很简单,首先对 GPIO_InitStructure 配置,然后调用库函数 GPIO_Init()进行配置。led1、led3 、led3、led4 为宏名,在 bp_config.h 中定义,见代码 3-5。

代码 3-5 bp_config.h 部分宏的定义

```
//led&BEEP
#define led_gpio  GPIOC                      //led 在端口 C
#define beep_gpio GPIOE                      //蜂鸣器在端口 E
#define led1 GPIO_Pin_6                      //led1 连接在 GPIOC_6
#define led2 GPIO_Pin_7                      //led2 连接在 GPIOC_7
#define led3 GPIO_Pin_8                      //led3 连接在 GPIOC_8
#define led4 GPIO_Pin_9                      //led4 连接在 GPIOC_9
#define beep GPIO_Pin_0                      //蜂鸣器连接在 GPIO_E

//NORMAL KEY
#define button_gpio GPIOB
#define button_port_source    GPIO_PortSourceGPIOB
#define button_irqn           EXTI9_5_IRQn
#define button1    GPIO_Pin_8       //BUTTON1 连接在 GIIOB_8
#define button1_source     GPIO_PinSource8
#define button1_exti_line    EXTI_Line8
#define button2   GPIO_Pin_9
#define button2_source     GPIO_PinSource9     //BUTTON2 连接在 GIIOB_9
#define button2_exti_line    EXTI_Line9
```

使用宏有一个好处,就是用户修改了连接的位置,在程序代码中只需要修改定义宏的地方就可以了,另外也加强了代码的可读性。

如果读者自己开发项目使用不同的引脚,或在学习中使用其他的开发板,要运行本书的代码,只需要修改对应的宏就可以。

4)按键初始化函数 key_init()的实现,见代码 3-6。

代码 3-6 按键初始化函数 key_init()的实现

```
void key_init()
{
    GPIO_InitTypeDef GPIO_InitStructure;
```

```c
    //设置按键信号为输入,其中 WAKEUP 用的按键为下拉,因高电平有效;其他两个按键上拉,因低电平有效
    GPIO_InitStructure.GPIO_Pin = button1 | button2 ;
    GPIO_InitStructure.GPIO_Mode = GPIO_Mode_IPU;
    GPIO_InitStructure.GPIO_Speed = GPIO_Speed_50MHz;
    GPIO_Init(button_gpio, &GPIO_InitStructure);

    GPIO_InitStructure.GPIO_Pin = button_wakeup;
    GPIO_InitStructure.GPIO_Mode = GPIO_Mode_IPD;
    GPIO_InitStructure.GPIO_Speed = GPIO_Speed_50MHz;
    GPIO_Init(button_wakeup_gpio, &GPIO_InitStructure);
}
```

按键初始化函数也比较简单,使用 GPIO_Init() 进行配置,设置为输入。

5) 中断配置函数 exti_config() 的实现,见代码 3-7。

代码 3-7　中断配置函数 exti_config() 的实现

```c
void exti_config(void)
{
    EXTI_InitTypeDef EXTI_InitStructure;
    NVIC_InitTypeDef NVIC_InitStructure;
    GPIO_EXTILineConfig(button_port_source, button1_source);
    //宏名请参考程序代码 bp_congfig.h 或代码 3-5
    //配置线路 1 中断源端口为 GPIO_PortSourceGPIOB
    //中断引脚为 GPIO_PinSource8
    //即选择 GPIOB8(按键 1 所在引脚)为中断源

    GPIO_EXTILineConfig(button_port_source, button2_source);
    //配置线路 2 中断源为按键 2 所用引脚

    EXTI_InitStructure.EXTI_Line = button1_exti_line | button2_exti_line;
    //要设置按键所在的外部线路

    EXTI_InitStructure.EXTI_Mode = EXTI_Mode_Interrupt;
    //设置外部线路模式为中断模式
    EXTI_InitStructure.EXTI_Trigger = EXTI_Trigger_Falling;//设置下降沿触发

    EXTI_InitStructure.EXTI_LineCmd = ENABLE;      //使能外部中断
    EXTI_Init(&EXTI_InitStructure);    //根据填写的 EXTI_InitStructure 进行外部中断初始化

    NVIC_InitStructure.NVIC_IRQChannel = button_irqn;    //使能按键所在的外部中断通道
    NVIC_InitStructure.NVIC_IRQChannelPreemptionPriority = 0x0;
```

```
    NVIC_InitStructure. NVIC_IRQChannelSubPriority = 0x0F;        //先占优先级 0 位,从优先级
                                                                    4 位,优先级 0F,为最低优
                                                                    先级
    NVIC_InitStructure. NVIC_IRQChannelCmd = ENABLE;         //使能外部中断
    NVIC_Init(&NVIC_InitStructure);
    //根据 NVIC_InitStruct 中指定的参数初始化外设 NVIC 寄存器
}
```

中断配置函数首先调用 GPIO_EXTILineConfig( )选择中断源,配置按键所在的端口为中断源后,才有可能能使相应按键中断。然后,EXTI_Init( )对按键所在线路的中断方式进行设置,并启动中断。最后,调用 NVIC_Init,根据中断号(在 stm32f10x. h 中定义)和中断优先级初始化和使能外部中断!

完成以上代码之后,中断已经可以响应了,中断服务的代码在另一个重要文件:stm32f10x_it. c。

6) 中断服务程序的实现。

在 stm32f10x_it. c 中,写 EXTI9_5_IRQHandler( )函数。为什么是 EXTI9_5_IRQHandler( )函数呢,读者可以打开启动代码,在启动代码 startup_stm32f10x_hd. s 中,配置了中断向量表,代码为

DCD EXTI9_5_IRQHandler;

在外中断 9 ~ 5 应该在的位置填写了中断向量!这个中断向量就是 32 位的地址 EXTI9_5_IRQHandler!而在 startup_stm32f10x_hd. s 中,有

EXPORT   EXTI9_5_IRQHandler   [WEAK]

定义为 WEAK 的目的就是在 stm32f10x_it. c 中重写 EXTI9_5_IRQHandler 可以覆盖它!

所以,读者需要自己实现 EXTI9_5_IRQHandler 代码,一般来说,这个代码应该写在 stm32f10x_it. c 中,见代码 3-8。

代码 3-8   按键中断服务程序的实现

```
void EXTI9_5_IRQHandler(void)    //按键 1 和 2 的中断服务程序
{
  if ((EXTI_GetITStatus(button1_exti_line) ! = RESET)\
    |(EXTI_GetITStatus(button2_exti_line) ! = RESET))
  {
    delay_ms(20);    //延时消抖
    if (GPIO_ReadInputDataBit(button_gpio, button2) = = 0x00)
    {
      delaytime + = 20;
    }
    if (GPIO_ReadInputDataBit(button_gpio, button1) = = 0x00)
    {
      delaytime - = 20;
    }
```

```
                beep_run(100);
                EXTI_ClearITPendingBit(button1_exti_line);   //清除 EXTI8 线路挂起位
                EXTI_ClearITPendingBit(button2_exti_line);   //清除 EXTI9 线路挂起位
        }
}
```

在该中断服务程序中,首先判断按键 1 和 2 所在线路是否有中断发生(可能是其他线路有中断请求。5~9 有 5 根线,按键 1 和 2 只占了 2 根)。如果没有,就什么也不做,返回。

如果有,就延时消抖,然后判断是哪个按键按下。如果是按键 2 按下,将延时时间增大;如果是按键 1 按下,将延时时间减小。这里,并没有处理增大到 255 以上和减少到 0 以下的问题,所以读者可以看到灯闪的最快了,再按加快会急剧变慢!可以讨论一下为什么会这样!

最后,清掉对应线路的挂起位,以响应下一次按键!

到这里,按键响应流水灯的代码就讲解完毕!这些代码虽然很简单,却是继续学下去的基础,尤其是中断处理一定要掌握好!代码是学习性质的,有一些地方处理还不十分完美,比如驱动蜂鸣器的代码是采用软件延时的方式,如果采用嵌入式操作系统或其他方式来解决这一问题会更好。

3.4 串口通信和 DMA 编程

本节讲解如何使用库函数实现串口通信,首先对串口通信的库函数进行简单的讲解,然后给出一个简单的串口通信代码,实现最基本的串口通信功能。但是,单纯使用串口编程,编写简单的程序是没有问题的,然而当数据量大,处理复杂的时候就需要采用 DMA 方式以及多缓冲区。因此,在这一节,也对 DMA 传输库函数进行讲解,给出一个使用 DMA 方式,并进行双缓存操作的、功能比较完善的串口通信程序。

从本节开始,对相应库函数仅列出而不再一一详细说明,一是通过前面对库函数的解释和一些函数的说明,读者应该掌握了学习库函数的方法!二是库函数的使用可以参考本书提供的例程。三是读者已经学会了通过固件库使用手册学习库函数。

3.4.1 串行异步通信 USART 库函数

串行通信库函数在"stm32f10x_usart.h"中声明,在"stm32f10x_usart.c"中实现。外设库函数文件 USART 库函数如表 3-6 所示。

表 3-6 串行异步通信 USART 库函数一览

函 数 名	描 述
USART_DeInit	将外设 USARTx 寄存器重设为默认值
USART_Init	初始化外设 USARTx 寄存器
USART_StructInit	把 USART_InitStruct 中的每一个参数按默认值填入
USART_Cmd	使能或者失能 USART 外设

(续)

函 数 名	描 述
USART_ITConfig	使能或者失能指定的 USART 中断
USART_DMACmd	使能或者失能指定 USART 的 DMA 请求
USART_SetAddress	设置 USART 节点的地址
USART_WakeUpConfig	选择 USART 的唤醒方式
USART_ReceiverWakeUpCmd	检查 USART 是否处于静默模式
USART_LINBreakDetectLengthConfig	设置 USART LIN 中断检测长度
USART_LINCmd	使能或者失能 USARTx 的 LIN 模式
USART_SendData	通过外设 USARTx 发送单个数据
USART_ReceiveData	返回 USARTx 最近接收到的数据
USART_SendBreak	发送中断字
USART_SetGuardTime	设置指定的 USART 保护时间
USART_SetPrescaler	设置 USART 时钟预分频
USART_SmartCardCmd	使能或者失能指定 USART 的智能卡模式
USART_SmartCardNackCmd	使能或者失能 NACK 传输
USART_HalfDuplexCmd	使能或者失能 USART 半双工模式
USART_IrDAConfig	设置 USART IrDA 模式
USART_IrDACmd	使能或者失能 USART IrDA 模式
USART_GetFlagStatus	检查指定的 USART 标志位设置与否
USART_ClearFlag	清除 USARTx 的待处理标志位
USART_GetITStatus	检查指定的 USART 中断发生与否
USART_ClearITPendingBit	清除 USARTx 的中断待处理位

3.4.2 一个串口发送和中断接收例程的实现

在上一节代码的基础之上，在主程序中加入一句 usart_init()，然后主程序可以进入死循环；在工程中加入 usart.c 和 usart.h，在 usart.c 中编写实现串口初始化函数。串口初始化例程以串口 2 初始化函数 uart2_init() 为例。

1. 写串口初始化函数

代码 3-9　串口 2 初始化函数 **uart2_init( )** 的实现

```
void uart2_init( INT32U Baud)
{
    USART_InitTypeDef    USART_InitStructure;
    GPIO_InitTypeDef     GPIO_InitStructure;
    EXTI_InitTypeDef EXTI_InitStructure;
    NVIC_InitTypeDef NVIC_InitStructure;
    RCC_APB2PeriphClockCmd( RCC_APB2Periph_GPIOA | RCC_APB2Periph_AFIO, ENABLE);
    //使能用到的 GPIOA 时钟和 APB2 复用时钟
```

```
RCC_APB1PeriphClockCmd(RCC_APB1Periph_USART2, ENABLE);
//使能串口 2 时钟

GPIO_InitStructure.GPIO_Pin = GPIO_Pin_2;
GPIO_InitStructure.GPIO_Mode = GPIO_Mode_AF_PP;
GPIO_InitStructure.GPIO_Speed = GPIO_Speed_50MHz;
GPIO_Init(GPIOA, &GPIO_InitStructure);
//配置 PA2(串口 2 TXD)为输出复用推挽

GPIO_InitStructure.GPIO_Pin = GPIO_Pin_3;
GPIO_InitStructure.GPIO_Mode = GPIO_Mode_IN_FLOATING;
GPIO_Init(GPIOA, &GPIO_InitStructure);
//配置 PA3(串口 2 RXT)为输入复用浮空

USART_InitStructure.USART_BaudRate = Baud;  //波特率
USART_InitStructure.USART_WordLength = USART_WordLength_8b; //8 位
USART_InitStructure.USART_StopBits = USART_StopBits_1; //1 个停止位
USART_InitStructure.USART_Parity = USART_Parity_No; //不校验
USART_InitStructure.USART_HardwareFlowControl = USART_HardwareFlowControl_None; //不进行流
                                                                                 控制
USART_InitStructure.USART_Mode = USART_Mode_Rx | USART_Mode_Tx; //模式为发送和接收双
                                                                 向

USART_Init(USART2, &USART_InitStructure);
//根据 USART_InitStructure 已填写的参数初始化串口 2
USART_Cmd(USART2, ENABLE);
//使能串口 2

USART_GetFlagStatus(USART2, USART_FLAG_TC);
//清除接收中断,解决第一个字节发不出去的问题

NVIC_InitStructure.NVIC_IRQChannel = USART2_IRQn;         //USART2 中断号
NVIC_InitStructure.NVIC_IRQChannelSubPriority = 0;        //子优先级设置为 0
NVIC_InitStructure.NVIC_IRQChannelCmd = ENABLE;           //IRQ 通道使能
NVIC_Init(&NVIC_InitStructure);  //根据 NVIC_InitStruct 中指定的参数初始化外设 NVIC 寄存器

    USART_ITConfig(USART2, USART_IT_RXNE, ENABLE);//接收中断使能
}
```

串口初始化程序的步骤归纳为以下几步:

1) 使能用到 GPIOA 时钟和 APB2 复用时钟,以及串口 2 时钟。因为串口 2 对应引脚为 GPIOA 的 2 脚和 3 脚,它们默认为 GPIO。要使用串口功能,而不做 GPIO,就需要重新进行

配置。配置之前必须打开复用时钟,另外要使用串口2必须打开串口2时钟。

2)配置 PA2(串口2 TXD)为输出复用推挽,配置 PA3(串口2 RXT)为输入复用浮空。也就是配置为复用功能,串口!

3)初始化和使能串口。

4)设置串口中断优先级,使能串口终端,启动接收中断!

2. 修改主程序

在上一节代码的基础上,在代码 exti_config();之后增加 uart2_init(9600);即可。另外,在代码 bp_config.h 中需包含 usart.h 这个头文件。

3. 写中断服务程序

代码 3-10   串口2中断服务程序 USART2_IRQHandler()的实现

```
void USART2_IRQHandler(void)    //串口2中断服务程序
{
    u8 Rece;    //局部变量,存放接收的8位数据
    if(USART_GetITStatus(USART2, USART_IT_RXNE) ! = RESET)    //是否接收中断发生
    {
        Res = USART_ReceiveData(USART2);//读取接收到的数据
        USART_SendData(USART2 ,Rece);    //把接到的数据发回去
    }
}
```

这样,这个工程代码就完成了。

将代码编译后,下载到目标板。计算机通过串口线连接到目标板的串口2(计算机 TXD 连目标板串口2的 RXD,计算机 RXD 连目标板串口2的 TXD,计算机地接目标板数字地)。当在计算机上用串口调试助手或超级终端等工具,向目标板发送字符的时候,会收到目标板发回的字符!

提示:如果读者连接串口2不方便,可以将口2改为串口1,亮点 STM32 开发板提供有串口1(串口转 USB)、串口2和串口4。

这个程序很简单,稍微进行修改就可以完成很多的功能,但要想做更复杂的事情,需要 DMA 来配合!接下来是 DMA 库函数部分。

3.4.3　DMA 库函数

DMA 库函数在"stm32f10x_dma.h"中声明,在"stm32f10x_dma.c"中实现。DMA 可以有7个通道。使用 DMA 传输,可以将 CPU 从繁重的数据传输工作中解放出来。DMA 库函数如表 3-7 所示。

表 3-7   串行异步通信 USART 库函数一览

函 数 名	描 述
DMA_DeInit	将 DMA 的通道 x 寄存器重设为默认值
DMA_Init	根据 DMA_InitStruct 中指定的参数初始化 DMA 的通道 x 寄存器
DMA_StructInit	DMA_InitStruct 中的每一个参数按默认值填入

函 数 名	描 述
DMA_Cmd	使能或者失能指定的通道 x
DMA_ITConfig	使能或者失能指定的通道 x 中断
DMA_GetCurrDataCounte	返回当前 DMA 通道 x 剩余的待传输数据数目
DMA_GetFlagStatus	检查指定的 DMA 通道 x 标志位设置与否
DMA_ClearFlag	清除 DMA 通道 x 待处理标志位
DMA_GetITStatus	检查指定的 DMA 通道 x 中断发生与否
DMA_ClearITPendingBit	清除 DMA 通道 x 中断待处理标志位

3.4.4 使用 DMA 和双缓冲乒乓操作实现串口接收、发送

假设，有一个设备用 RS232 串行口以 256000 的波特率发送数据，并且大概每 80ms 发送 8B 的数据。要求将该设备发送的数据送回该设备，不作任何的处理，如何完成呢？

如果采用串口中断，无疑要频繁进行中断处理，影响 CPU 执行其他事务。因此，设计采用 DMA 方式接收和发送数据。将接收的缓冲直接发送出去明显是错误的行为，因为一个缓冲区是互斥资源。因此，设计采用双缓冲乒乓操作，如图 3-52 所示。

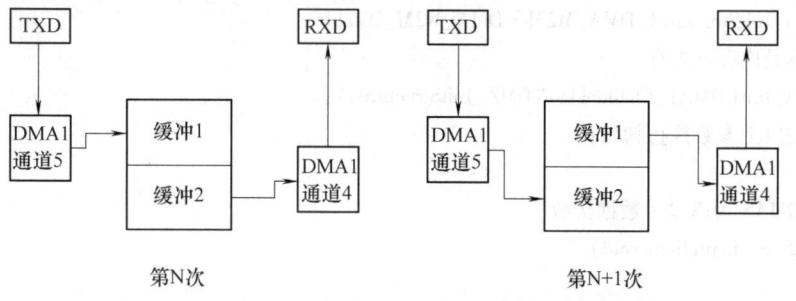

图 3-52 DMA 方式串行通信双缓冲乒乓操作图示

从图 3-52 中可以看到，DMA1 通道 5 在接收数据的时候，通道 4 同时可以发送数据。当通道 5 接收完成后，将通道 5 的接收缓冲和通道 4 的发送缓冲进行交换，通道 4 就可以继续发送刚刚由通道 5 采集到的数据。这种处理过程将重复繁琐事务交给 DMA 来完成，大大减轻了 CPU 的工作负担，用户程序可以处理更多的事务，大大增加系统的吞吐量。

在 3.4.2 小节的程序代码的基础上，进行如下修改工作。

1. 添加 DMA 配置代码

代码 3-11 DMA 配置代码

```
//配置 DMA4 为串口 1 数据发送
void dma4_configuration(void)
{
    DMA_DeInit(DMA1_Channel4); //复位 DMA 通道 4 配置
    DMA_InitStructure4.DMA_PeripheralBaseAddr = (u32)SRC_USART1_DR;
    //设置 DMA4 外设基地址为串口 1 发送地址
```

```
    DMA_InitStructure4.DMA_MemoryBaseAddr=(u32)(&(USART1_BUF[SENDBUF][0]));
    //设置内存地址为发送缓冲区首地址
    DMA_InitStructure4.DMA_DIR=DMA_DIR_PeripheralDST;
    //方向,从内存到外设,外设是目的地
    DMA_InitStructure4.DMA_BufferSize=RECEBUFSIZE;
    //DMA缓冲大小为发送缓冲大小
    DMA_InitStructure4.DMA_PeripheralInc=DMA_PeripheralInc_Disable;
    //外设地址寄存器不增长,为固定模式
    DMA_InitStructure4.DMA_MemoryInc=DMA_MemoryInc_Enable;
    //内存地址每次发送都增加
    DMA_InitStructure4.DMA_PeripheralDataSize=DMA_PeripheralDataSize_Byte;
    //外设按字节发送
    DMA_InitStructure4.DMA_MemoryDataSize=DMA_MemoryDataSize_Byte;
    //内存也按字节传输
    DMA_InitStructure4.DMA_Mode=DMA_Mode_Normal;
    //DMA常规模式
    DMA_InitStructure4.DMA_Priority=DMA_Priority_High;
    //DMA中优先级
    DMA_InitStructure4.DMA_M2M=DMA_M2M_Disable;
    //不是内存到内存
    DMA_Init(DMA1_Channel4,&DMA_InitStructure4);
    //按以上参数执行初始化
}
//配置DMA5为串口1数据接收
void dma5_configuration(void)
{
    DMA_DeInit(DMA1_Channel5);//复位DMA通道5配置
    DMA_InitStructure5.DMA_PeripheralBaseAddr=(u32)SRC_USART1_DR;
    //设置DMA4外设基地址为串口1发送地址
        DMA_InitStructure5.DMA_MemoryBaseAddr=(u32)(&USART1_BUF[RECEBUF][0]);
    //设置内存地址为发送缓冲区首地址
    DMA_InitStructure5.DMA_DIR=DMA_DIR_PeripheralSRC;
    //方向,从外设到内存,外设是源头
    DMA_InitStructure5.DMA_BufferSize=RECEBUFSIZE;
    //DMA缓冲大小为发送缓冲大小
    DMA_InitStructure5.DMA_PeripheralInc=DMA_PeripheralInc_Disable;
    //外设地址寄存器不增长,为固定模式
    DMA_InitStructure5.DMA_MemoryInc=DMA_MemoryInc_Enable;
    //内存地址每次发送都增加
    DMA_InitStructure5.DMA_PeripheralDataSize=DMA_PeripheralDataSize_Byte;
    //外设按字节发送
    DMA_InitStructure5.DMA_MemoryDataSize=DMA_MemoryDataSize_Byte;
```

```
        //内存也按字节传输
        DMA_InitStructure5. DMA_Mode = DMA_Mode_Circular;
        //DMA 循环模式
        DMA_InitStructure5. DMA_Priority = DMA_Priority_High;
        //DMA 中优先级
        DMA_InitStructure5. DMA_M2M = DMA_M2M_Disable;
        //不是内存到内存
        DMA_Init(DMA1_Channel5, &DMA_InitStructure5);
        //按以上参数执行初始化
    }
```

通过上面代码的学习，读者可以看到如何对 DMA 通道进行初始化。通过查 STM32 数据手册，可以看到 DMA1 通道 4 对应 USART1 的发送，DMA1 通道 5 对应 USART1 的接收，这是选择这两个通道的原因。

这里，DMA_InitStructure4 和 DMA_InitStructure5 在 main.c 中定义为全局变量，因为这将方便在以后修改发送和接收缓冲区的地址。

2. 修改时钟配置和中断配置代码

启动 DMA 时钟是必须先要做的一件事，简单地添加一句代码：
RCC_AHBPeriphClockCmd(RCC_AHBPeriph_DMA1, ENABLE);//开 DMA 时钟
另外，还在串口初始化代码中，设置波特率为 256000Baud。

要使用 DMA 中断，还需要设置 DMA 中断，因此，又修改了 exti_config 函数，在这里耐心配置中断优先级，见代码 3-12。

代码 3-12　中断配置代码

```
void exti_config(void)
{
    EXTI_InitTypeDef EXTI_InitStructure;
    NVIC_InitTypeDef NVIC_InitStructure;

    NVIC_PriorityGroupConfig(NVIC_PriorityGroup_2);
    //设置 NVIC 优先级分组为 Group2:2 位先占优先级(0~2),2 位子优先级(0~2)

    GPIO_EXTILineConfig(button_port_source, button1_source);
    //选择按键 1 的 GPIO 引脚(端口+引脚号)作外中断源
    GPIO_EXTILineConfig(button_port_source, button2_source);
    //选择按键 2 的 GPIO 引脚(端口+引脚号)作外中断源

    EXTI_InitStructure. EXTI_Line = button1_exti_line | button2_exti_line;
    //设置按键所在的外部线路
    EXTI_InitStructure. EXTI_Mode = EXTI_Mode_Interrupt;
    //设置为外部中断模式
```

```
EXTI_InitStructure.EXTI_Trigger = EXTI_Trigger_Falling;
//设置触发模式为下降沿触发
EXTI_InitStructure.EXTI_LineCmd = ENABLE;
//使能该线路中断
EXTI_Init(&EXTI_InitStructure);

NVIC_InitStructure.NVIC_IRQChannel = button_irqn;
//使能按键所在的外部中断通道
NVIC_InitStructure.NVIC_IRQChannelPreemptionPriority = 3;
//先占优先级3
NVIC_InitStructure.NVIC_IRQChannelSubPriority = 1;
//从优先级1
NVIC_InitStructure.NVIC_IRQChannelCmd = ENABLE;
//使能外部中断通道
NVIC_Init(&NVIC_InitStructure);
//根据NVIC_InitStruct中指定的参数初始化外设NVIC寄存器

//注意:这里取消了设置串口中断的代码,不再需要了!

NVIC_InitStructure.NVIC_IRQChannel = DMA1_Channel5_IRQn;
NVIC_InitStructure.NVIC_IRQChannelPreemptionPriority = 1;
NVIC_InitStructure.NVIC_IRQChannelSubPriority = 2;
NVIC_InitStructure.NVIC_IRQChannelCmd = ENABLE;
NVIC_Init(&NVIC_InitStructure);
//设置DMA1通道5先占优先级1,子优先级2,使能!

NVIC_InitStructure.NVIC_IRQChannel = DMA1_Channel4_IRQn;
NVIC_InitStructure.NVIC_IRQChannelPreemptionPriority = 1;
NVIC_InitStructure.NVIC_IRQChannelSubPriority = 2;
NVIC_InitStructure.NVIC_IRQChannelCmd = ENABLE;
NVIC_Init(&NVIC_InitStructure);
//设置DMA1通道4先占优先级1,子优先级2,使能! 不让它们互相抢占!

USART_DMACmd(USART1, USART_DMAReq_Rx|USART_DMAReq_Tx, ENABLE);
//开启DMA方式的串口发送和接收
DMA_Cmd(DMA1_Channel5, ENABLE);
//启动DMA接收
DMA_ITConfig(DMA1_Channel5, DMA_IT_TC, ENABLE);
DMA_ITConfig(DMA1_Channel4, DMA_IT_TC, ENABLE);
//使能这两个DMA通道的中断
}
```

3. 实现 DMA 中断服务程序

在接收到一定长度的数据后，就进入 DMA1 通道 5 中断服务程序，在该中断服务程序中，应该进行缓冲的交换了。当发送完一组数据的时候，可以通知主程序，可以发送另一组数据了，见代码 3-13。

代码 3-13　中断服务程序代码

```
void DMA1_Channel5_IRQHandler(void)
{
    u8 t;
    if(DMA_GetITStatus(DMA1_IT_TC5))  //通道5传输完成中断
    {
        DMA_ClearITPendingBit(DMA1_IT_GL5);    //清除中断等待标志
        if (TFT_SUPPORT) LcdPrintStr("DMA INTERUPED ",50,200,BLACK,WHITE,1);

        t = RECEBUF;
        RECEBUF = SENDBUF;
        SENDBUF = t;            //典型的交换
        DMA_InitStructure5.DMA_MemoryBaseAddr = (u32)(&(USART1_BUF[RECEBUF][0]));
        DMA_Init(DMA1_Channel5, &DMA_InitStructure5);  //重新配置缓冲区

        DMARECE = 1;        //通知主程序,该发送数据了!
    }
}

void DMA1_Channel4_IRQHandler(void)
{
    DMA_ClearITPendingBit(DMA1_IT_TC4);    //清除中断标志
    DMASEND = 0;        //通知主程序,数据发送刚刚完成
}
```

4. 实现主程序

有了 DMA 帮助，主程序就可以比较轻松一点，主程序见代码 3-14。

代码 3-14　主程序代码

```
//全局变量定义
u8 USART1_BUF[2][RECEBUFSIZE]; //缓冲区,二维数组
u8 RECEBUF = 0;            //目前接收缓冲
u8 SENDBUF = 1;            //目前发送缓冲
u8 DMASEND = 0;            //0 表示目前 DMA 不在发送状态
                           //1 表示在发送
u8 DMARECE = 0;            //0 表示串口接收 DMA 中断未发生,即从上次接收到一组数据并处
                           //  理后,未接收完一组新的数据
                           //1 表示串口 DMA 中断刚发生,数据等待处理
```

```c
DMA_InitTypeDef DMA_InitStructure5;
DMA_InitTypeDef DMA_InitStructure4;

int main(void)
{
    clock_config();              //时钟初始化
    led_init();                  //led 初始化
    key_init();                  //按键初始化
    usart_init();                //串口初始化
    dma4_configuration();        //DMA 初始化
    dma5_configuration();
    exti_config();               //中断初始化

    DMASEND = 1;                 //发送缓冲区为 USART1_BUF[1]
    DMARECE = 0;                 //接收缓冲区为 USART1_BUF[0]

    while(1)
    {
        if (DMARECE) //如果已接收到了一组数据
        {
            DMARECE = 0;    //清接收到标志
            DMA_InitStructure4.DMA_MemoryBaseAddr = (u32)(&(USART1_BUF[SENDBUF][0]));
            DMA_Init(DMA1_Channel4, &DMA_InitStructure4);
            //更改发送缓冲区

            DMA_Cmd(DMA1_Channel4, ENABLE);
            //开始 DMA 方式串口发送接收到的数据

            led_on1;    //发送指示灯亮
            while(DMASEND)
                ;   //等待发送完成,在这里可以加入其他处理代码
            DMASEND = 1;    //发送完成
            led_off1;    //发送指示灯灭
        }
        delay_ms(100);
    }
}
```

5. 执行效果

将代码下载到亮点 STM32 开发板,并在 PC 端运行串口调试助手。串口调试助手的设置及发送和接收到的数据如图 3-53 所示。

如图 3-53 所示,波特率为 256000Baud,发送和接收大量数据正确无误。

第3章 STM32软件开发

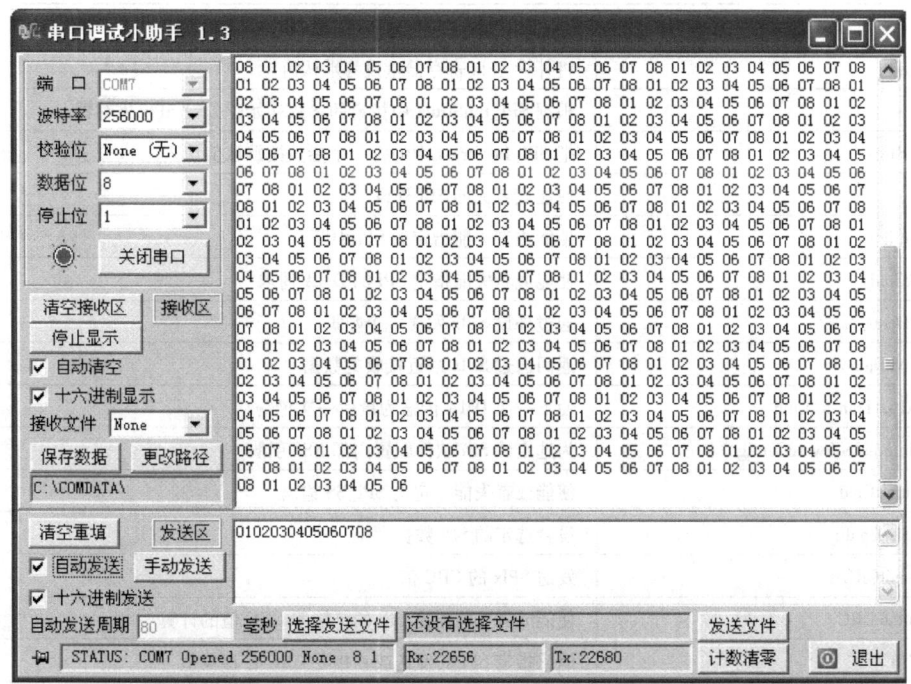

图3-53 DMA方式串行通信双缓冲乒乓操作执行效果（缓冲区24B）

代码3-11中，在主程序中有等待操作 delay_ms(100)，浪费CPU资源。如果使用嵌入式操作系统，将使用事件方式让任务在等待的时候阻塞掉，进一步提高系统吞吐量。

3.5 SPI 与 I^2C 编程

本节的内容是编程实现 SPI 及 I^2C，以及利用 SPI 和 I^2C 访问具备该类端口的器件 SPI FLASH、TF 卡及 EEPROM。在 SPI 部分，使用 SPI 实现对 SPI 的串行 FLASH（W25Q64）的编程以及对 TF（Micro SD）卡的编程，然后是 FAT32 文件格式的编程实现。在 I^2C 部分实现对 EEPROM 的编程。

SPI 原理和寄存器在第1章原理部分已经给出，本节一开始是列出 SPI 库函数，然后是对 SPI FLASH 的讲解，接着编程实现读写 SPI FLASH。然后，在 TF（Micro SD）卡部分对 TF 卡编程进行分析，给出对 TF 卡进行编程操作的例子。使用了 TF 卡就要使用 FAT32 文件格式，因此本节还给出了 FAT32 文件格式的编程实现，并给出了具体的实例。

I^2C 部分的原理也在第1章原理部分给出，这里根据原理实现，给出对 AT24C02 这种 EEPROM 的编程实例。

3.5.1 SPI 库函数

SPI 库函数在"stm32f10x_spi.h"中声明，在"stm32f10x_spi.c"中实现。外设库函数文件 SPI 库函数如表 3-8 所示。

表 3-8 SPI 库函数一览

函数名	描述
SPI_DeInit	将外设 SPIx 寄存器重设为默认值
SPI_Init	根据 SPI_InitStruct 中指定的参数初始化外设 SPIx 寄存器
SPI_StructInit	把 SPI_InitStruct 中的每一个参数按默认值填入
SPI_Cmd	使能或者失能 SPI 外设
SPI_ITConfig	使能或者失能指定的 SPI 中断
SPI_DMACmd	使能或者失能指定 SPI 的 DMA 请求
SPI_SendData	通过外设 SPIx 发送一个数据
SPI_ReceiveData	返回通过 SPIx 最近接收的数据
SPI_DMALastTransferCmd	使下一次 DMA 传输为最后一次传输
SPI_NSSInternalSoftwareConfig	为选定的 SPI 软件配置内部 NSS 引脚
SPI_SSOutputCmd	使能或者失能指定的 SPI_SS 输出
SPI_DataSizeConfig	设置选定的 SPI 数据大小
SPI_TransmitCRC	发送 SPIx 的 CRC 值
SPI_CalculateCRC	使能或者失能指定 SPI 的传输字 CRC 值的计算
SPI_GetCRC	返回指定 SPI 的发送或者接受 CRC 寄存器值
SPI_GetCRCPolynomial	返回指定 SPI 的 CRC 多项式寄存器值
SPI_BiDirectionalLineConfig	选择指定 SPI 在双向模式下的数据传输方向
SPI_GetFlagStatus	检查指定的 SPI 标志位设置与否
SPI_ClearFlag	清除 SPIx 的待处理标志位
SPI_GetITStatus	检查指定的 SPI 中断发生与否
SPI_ClearITPendingBit	清除 SPIx 的中断待处理位

在本节的代码中，不仅要使用到库函数，还部分采用了寄存器编程实现一些功能以提高效率。本节首先实现对 SPI FLASH 的读写编程，在对 SPI FLASH 进行编程之前，需要掌握其基本的原理。

3.5.2 SPI FLASH 原理

SPI FLASH 并不能像 SRAM 一样随机读取，其编程和其分页结构有很大的关系，读写时序也需要严格限定，这些都属于原理性内容，从基本结构开始。

1. SPI FLASH 基本结构

以 SPI 的 FLASH 芯片 W25Q64 为例来讲解这一节。W25Q64 有 32k 个可编程的页（Page）组成，每个页有 256B。

可以计算一下：32k * 256B = 8MB。因此 W25Q64 有 8MB（64Mbit）的可读写存储空间，地址范围为 0x0 ~ 0x7FFFFF。对于 SPI FLASH 来说，页是一次写入的最小单位，编程中，一次可以对 256B 的数据块进行写操作。

16 个页组成一个扇区（Sector），所以一个扇区就是 4KB，4096B。在擦除操作的时候，可以一次擦除 1 个扇区（4KB 块）、8 个扇区（32KB 块）、16 个扇区（64KB 块）或整个芯片!16个扇区可以组成一个64KB块(BLOCK)。总结一下,在SPI FLASH中,一个块包含1个或多个扇区,一个扇区又包含多个页,而页是编程的最小单位,但是擦除操作是以块为单位的。当读者使用不同的器件的时候,要阅读这些器件的数据手册。

2. 控制和状态寄存器

要对SPI FLASH进行擦除、编程、设置等操作,就要编程读写其控制和状态寄存器。对于W25Q64而言,控制和状态寄存器有SR1和SR2,其中SR2仅有最低位有效。

表3-9为W25Q64控制和状态寄存器。

表3-9 W25Q64控制和状态寄存器

寄存器	位	名称	功能描述
SR2	S8	SRP1	保护方法,与WEL组合可以配置为5种保护方式
	S7	SRP0	
SR1	S6	SEC	决定是以4KB块还是以64KB的块来进行保护。SEC默认值是0,以64KB的块来进行保护
	S5	TB	顶部/底部块保护 TB控制BP是从顶部开始还是底部开始。TB=0,从顶部开始,TB=1从底部开始
	S4	BP2	写这些位可以进行相应的写保护控制,读这些位可以知道当前块保护的状态。可以保护整个芯片或者一部分,或不保护。默认不保护
	S3	BP1	
	S2	BP0	
	S1	WEL	WEL位当执行完写使能的时候置1。当芯片被写禁止的时候清0。也就是标志着芯片是否可写
	S0	BUSY	忙标志

当要向SPI FLASH的指定地址写数据的时候,首先要选中该芯片,然后透过SPI向控制和状态寄存器中写使能指令,接着通过SPI接收或发送数据。

当执行一个操作后,可以通过BUSY的状态判断SPI FLASH是否完成了这个操作。例如,擦除整个芯片是个非常费时的操作,可以间隔一段时间读取BUSY位的状态来判断是否擦除完成。

3. 数据读写实现

W25Q64共有34个基本指令。指令是以CS下降沿开始的(可以使用SPI的NSS:从设备选择连接到CS)。第一个传输的字节是指令码。传输的数据在时钟的上升沿被锁存。

指令的长度是不定的,有单字节的,也有多字节的。编程时,对于多字节的指令可以分次发送。W25Q64的详细指令说明都可以通过阅读厂家的数据手册获得,这里以页编程指令为例进行解析。更多的指令读者可自行参考数据手册,数据手册可以通过器件厂家的官网获得。

页编程指令允许1~256B写入存储器的某一页,这一页必须是被擦除过的(也就是只能写0,不能写1,擦除时是全写为1)。在页编程指令之前,必须先写入写使能指令。页编程指令是以CS拉低开始,然后在DI上传输指令代码02H,再接着传输24位的地址(W25Q64有8MB,而8M=2^{23},因此至少要23位的地址),接着是至少一个字节的数据。在这一过程中,CS引脚必须一直保持为低。整个时序过程如图3-54所示。

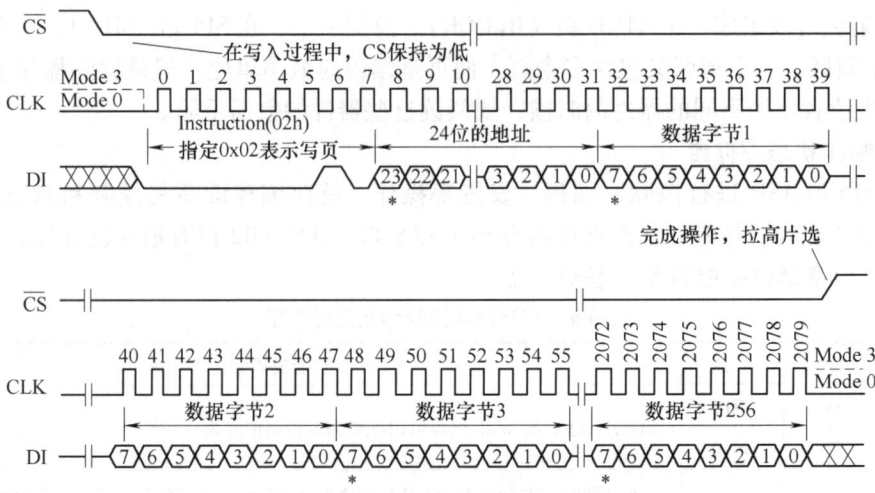

图 3-54 页编程指令时序图

如果一次写一整页数据（256B），最后的 8 位地址字节应该全为 0，例如 0x123400。如果最后 8 位地址不为 0，但是要写入的数据长度超过页剩下的长度，那么芯片会回到当前页的开始地址写。如果写入的数据的长度超过 256B，那么先写入的部分字节会被覆盖。

实现页编程的代码见代码 3-15。

代码 3-15 页编程代码

```
void spiflash_write2page(u8 * buf,u32 startaddr,u16 len)
{
    u16 i;
    if (len > 256)                                    //不能写入大于256B
    {
        reporterr("write page error");                //报错
        return();                                     //返回
    }
    spiflash_writeenable();                           //写使能
    spiflash_enable;                                  //使能器件,即拉低 CS
    spiflash_sendrece(SPIFLASH_PageProgram);          //发送写页命令  0x02
    spiflash_sendrece((u8)(startaddr >> 16));         //发送 23~16 位地址
    spiflash_sendrece((u8)(startaddr >> 8));          //发送 15~8 位地址
    spiflash_sendrece((u8)startaddr);                 //发送 7~0 位地址
    for(i = 0;i < len;i + +) spiflash_sendrece(buf[i]); //循环写数据
    spiflash_disable;                                 //除能,即拉高片选
}
```

读者可以将这段代码与图 3-54 进行对照。这段代码就是严格根据页编程指令流程图进行编写的。

那么，如果要实现从任意的地址开始，写一段超过 256B 的数据该怎么办？因此，编写函数 spiflash_writewithoutcheck() 来实现该功能,见代码 3-16。

代码3-16 无校验的向SPI FLASH写数据函数

```
void spiflash_writewithoutcheck(u8 * buf,u32 startaddr,u16 len)
{
    u16 remain;
    remain = 256 - startaddr%256; //单页剩余的字节数
    if(len < = remain) remain = len; //如果长度小于剩余的字节,将长度赋值给remain
    //现在remain中是能写入该页的长度
    while(1)
    {
        spiflash_write2page(buf,startaddr,remain); //写入一页
        if(len = = remain)
            break; //写入结束了
        else          //开始写下一页
        {
            buf + = remain;          //移动指针,刚才写了remain个字节
            startaddr + = remain;    //同样移动指向FLASH的地址
            len - = remain;         //剩余字节数
            if(len > 256)
                remain = 256; //计算下次可以写入的字节数
            else
                remain = len;
        }
    };
}
```

接下来是读数据操作,读数据的时序如图3-55所示。

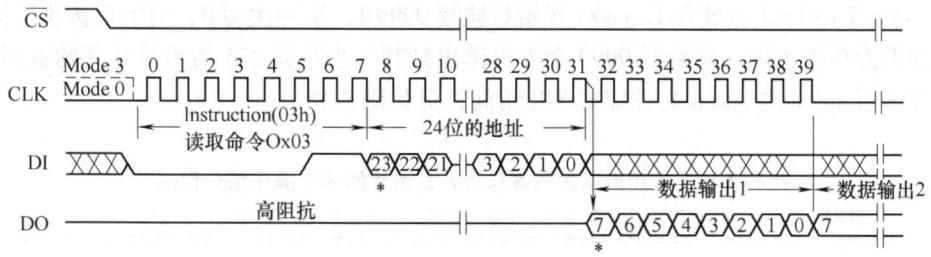

图3-55 读数据指令时序图

在CS低位开始,在DI(对于STM32来说,是MOSI)上先发送0x03,然后是24位的地址,接着就可以在SPI上连续读DO(对于STM32来说,是MISO)线上的数据。

编程见代码3-17。

代码 3-17　读数据代码

```
void spiflash_read2buf( u8 * buf, u32 startaddr, u16 len)
{
    u16 i;
    spiflash_enable;                              //使能
    spiflash_sendrece( SPIFLASH_ReadData);        //发送读取命令
    spiflash_sendrece( ( u8)( startaddr >> 16));  //发送24位地址,先高8位
    spiflash_sendrece( ( u8)( startaddr >> 8));   //中8位
    spiflash_sendrece( ( u8) startaddr);          //低8位
    for( i = 0; i < len; i + + )
    {
        buf[ i ] = spiflash_sendrece( 0XFF);      //循环读数
    }
    spiflash_disable;                             //除能
}
```

可以看到读数据的编程也是严格按照时序来的,读者可以按照手册上的时序完成其他功能,也可以参考笔者的源代码。下一部分是 SPI FLASH 编程实验。

3.5.3　SPI FLASH 编程实验

本例程旨在验证 SPI FLASH 的硬件连接和硬件本身正确性和代码的正确性。用液晶屏或串口输出结果。液晶屏的代码在本章后面给出。实验内容是:

1) 初始化 SPI。

2) 读取 SPI FLASH 的 ID,如果正确继续,否则报错。

3) 向 SPI FALSH 地址 0x12AB00 开始写一串字符,再读出,比较判断是否与写入的一致。

4) 向 SPI FALSH 地址 0x12AB00 开始写连续 9999B,第一次写 0,写完后读出中间一个字节,如果为 0 则正确;然后写 9999 个 1 再读出判断。当写完 255 后再从 0 开始直到永远。

首先编写 spi.c 和 spi.h 文件完成 SPI 访问,见代码 3-18。

代码 3-18　使用库函数和寄存器方式编写的 SPI 操作部分代码

```
// ============================================================================
//Subroutine:     spi_initn 实现对某个 SPI 口初始化
//参数,SPI1 或 SPI2 或 SPI3 发送数据,随即接收数据
// ============================================================================
void spi_initn( SPI_TypeDef * spi_n)
{
    SPI_InitTypeDef    SPI_InitStructure;
    GPIO_InitTypeDef GPIO_InitStructure;
    SPI_InitStructure. SPI_Direction = SPI_Direction_2Lines_FullDuplex;
```

```
//SPI 设置为双线双向全双工
SPI_InitStructure.SPI_Mode = SPI_Mode_Master;
//设置为主 SPI
SPI_InitStructure.SPI_DataSize = SPI_DataSize_8b;
//SPI 发送接收 8 位帧结构
SPI_InitStructure.SPI_CPOL = SPI_CPOL_High;
//时钟悬空高
SPI_InitStructure.SPI_CPHA = SPI_CPHA_2Edge;
//数据捕获于第二个时钟沿
SPI_InitStructure.SPI_NSS = SPI_NSS_Soft;
//NSS 由外部引脚管理
SPI_InitStructure.SPI_BaudRatePrescaler = SPI_BaudRatePrescaler_256;
//波特率预分频值为 256(慢速)
SPI_InitStructure.SPI_FirstBit = SPI_FirstBit_MSB;
//数据传输从 MSB 位开始
SPI_InitStructure.SPI_CRCPolynomial = 7;
//定义了用于 CRC 值计算的多项式

switch((u32)spi_n)
{
    case (u32)SPI1:   // SPI 1
        RCC_APB2PeriphClockCmd( RCC_APB2Periph_SPI1 , ENABLE );

        GPIO_InitStructure.GPIO_Pin = spi1_clk | spi1_mosi | spi1_miso;
        GPIO_InitStructure.GPIO_Mode = GPIO_Mode_AF_PP;   //复用推挽输出
        GPIO_InitStructure.GPIO_Speed = GPIO_Speed_50MHz;
        GPIO_Init(spi1_gpio, &GPIO_InitStructure);

        GPIO_InitStructure.GPIO_Pin = spi1_nss ;   //SPI SELECT
        GPIO_InitStructure.GPIO_Mode = GPIO_Mode_Out_PP;   //推挽输出
        GPIO_Init(spi1_gpio, &GPIO_InitStructure);
        break;
    case (u32)SPI2:   // SPI2 如果 spi2_selectpin 为 0 选择 STM32 控制 FLASH
                      // 反之,SPI2 在连接 RA8875 液晶板时由 RA8875 控制
        RCC_APB1PeriphClockCmd( RCC_APB1Periph_SPI2 , ENABLE );
        GPIO_InitStructure.GPIO_Pin = spi2_clk | spi2_mosi | spi2_miso;
        GPIO_InitStructure.GPIO_Mode = GPIO_Mode_AF_PP;   //复用推挽输出
        GPIO_InitStructure.GPIO_Speed = GPIO_Speed_50MHz;
        GPIO_Init(spi2_gpio, &GPIO_InitStructure);
        GPIO_InitStructure.GPIO_Pin = spi2_nss ;   //SPI2 选择
        GPIO_InitStructure.GPIO_Mode = GPIO_Mode_Out_PP;   //推挽输出
        GPIO_Init(spi2_gpio, &GPIO_InitStructure);
```

```c
            GPIO_InitStructure.GPIO_Pin = spi2_selectpin;    //SPI2 控制选择
            GPIO_Init(spi2_selectgpio, &GPIO_InitStructure);
            GPIO_ResetBits(spi2_selectgpio, spi2_selectpin);
            break;
        case (u32)SPI3:    //SPI3 默认为网口驱动
            RCC_APB1PeriphClockCmd(RCC_APB1Periph_SPI3, ENABLE);
            RCC_APB2PeriphClockCmd(RCC_APB2Periph_AFIO, ENABLE);
            GPIO_PinRemapConfig(GPIO_Remap_SWJ_JTAGDisable, ENABLE);
            //spi3 与 JLINK 引脚复用,因此这里关掉 SWJ、JTAG
            GPIO_InitStructure.GPIO_Pin = spi3_clk | spi3_mosi | spi3_miso;
            GPIO_InitStructure.GPIO_Mode = GPIO_Mode_AF_PP;    //复用推挽输出
            GPIO_InitStructure.GPIO_Speed = GPIO_Speed_50MHz;
            GPIO_Init(spi3_gpio, &GPIO_InitStructure);
            GPIO_InitStructure.GPIO_Pin = spi3_cs;    //SPI3 CS
            GPIO_InitStructure.GPIO_Mode = GPIO_Mode_Out_PP;    //推挽输出
            GPIO_Init(spi3_gpio, &GPIO_InitStructure);
            SPI_InitStructure.SPI_CPOL = SPI_CPOL_Low;
            SPI_InitStructure.SPI_CPHA = SPI_CPHA_1Edge;
            SPI_InitStructure.SPI_BaudRatePrescaler = SPI_BaudRatePrescaler_8;
            //1/8 P_CLK
            SPI_InitStructure.SPI_FirstBit = SPI_FirstBit_MSB;
            break;
        default:    ;
    }
    SPI_Init(spi_n, &SPI_InitStructure);
    SPI_Cmd(spi_n, ENABLE);    //使能 SPI 外设
    spi_sendrece(spi_n, 0xFF);
}


// ============================================================
//Subroutine:    spi_sendrece
//发送数据,随即接收数据
//返回值:接收到的数据
// ============================================================
u8 spi_sendrece(SPI_TypeDef * spi_n, u8 data)
{
    u8 rece = 0;
    u8 timeout = SPI_TIMEOUT;
    while (SPI_I2S_GetFlagStatus(spi_n, SPI_I2S_FLAG_TXE) == RESET)
    //等待 SPI 发送缓冲区空
    {
```

```
                if((timeout--)<1)
                {
                    reporterr("spi send timeout");
                    return 0;
                }
            }
            SPI_I2S_SendData(spi_n, data);  //通过外设 SPI 发送一个数据
            timeout = SPI_TIMEOUT;
            while(SPI_I2S_GetFlagStatus(spi_n, SPI_I2S_FLAG_RXNE) == RESET)
            //是否接收到数据
            {
                if((timeout--)<1)
                {
                    reporterr("spi rece timeout");  //报告接收数据超时
                    return 0;
                }
            }
            return(SPI_I2S_ReceiveData(spi_n));  //接收数据
        }
        // ============================================================================
        //Subroutine:    spi_setspeed
        //设置 SPI 频率(速度)
        // ============================================================================
        void spi_setspeed(SPI_TypeDef * spi_n,u8 speed)
        {
            uint16_t tmpreg = 0;
            SPI_Cmd(spi_n,DISABLE);
            tmpreg = spi_n -> CR1;  //取得寄存器原来的值
            tmpreg &= 0xFFC7;  //低 8 位 1100 0111 清 5~3 位
            tmpreg |= speed;    //设置新的接收频率并回写
            SPI_Cmd(spi_n,ENABLE);  //使能 SPI
        }
```

代码在 spi.c 中，spi_initn 是对某个 SPI 口的初始化函数，spi_sendrece 向某个 SPI 口发送并随即获取数据，spi_setspeed 位设置 SPI 口的速度。spi_setspeed 中采用了寄存器操作，因为如果只采用库函数，设置 SPI 速度需要调用库函数 SPI_Init，就需要设置所有的其他信息，因此这一小部分采用寄存器操作更快、编程也更简单。

然后，在 spiflash.c 中实现了对 SPI FLASH 进行操作的代码，在前面小节已经列出了部分代码，全部代码可在序言中给出的论坛下载。

主程序代码见代码 3-19。

代码 3-19 使用库函数和寄存器方式编写的 SPI 操作部分代码

```c
u8 TEXT_BUF[] = {"BP STM32 develop board SPI FLASH OK!"};
#define SIZE sizeof(TEXT_BUF)
#define address 0x12AB00
#define bigSIZE 9999
u8 p[bigSIZE];
int main(void)
{
    INT16U temp,count;
    u8 datatemp[SIZE];
    u32 addr;
    u8 * p1,data;
    u16 id,i,line = 0;
    temp = 0;
    addr = address;

    clock_config();          //启动时钟
    led_init();              //led 初始化
    key_init();              //按键初始化
    exti_config();           //中断配置
    tft_init();              //4.3in 触摸屏 TFT 液晶屏初始化
    spiflash_init();         //初始化 SPI FLASH 所用的 SPI
    if (TFT_SUPPORT) LcdClear(WHITE);
    if (TFT_SUPPORT) LCD_ShowString(10,10,"SPI FLASH TEST");
    while((id = spiflash_readid())! = SPIFLASH_ID)//检测不到 W25Q64
    {
        if(ISDEBUG) printf("ID:%x",id);
        if (TFT_SUPPORT) LcdPrintf(10,30 + line,RED,WHITE,"Check Failed return ID is:%d",i);
        line + = 20;
        if(ISDEBUG) printf("Check Failed return ID is:%d",i);
        delay_ms(500);
    }
    delay_ms(1500);
    LcdClear(WHITE);
    LcdPrintf(10,10,RED,WHITE,"Check OK! id = %x",id);
    temp = SIZE;
    while (1)
    {
        line = 30;
        spiflash_write(TEXT_BUF,addr,SIZE);
        //从 address 处开始,写入 SIZE 长度的数据
```

```
        memset(datatemp,0,SIZE);
        spiflash_read2buf(datatemp,addr,SIZE);
        //从 addr 地址处开始,读出 SIZE 个字节
        if(memcmp(TEXT_BUF,datatemp,SIZE) = =0) //如果一致则显示成功退出循环
        {
        LcdPrintf(10,line,YELLOW,WHITE,"WRITE AND READ SUCC",addr,datatemp);
            break;
        }
    }
    //写入超过 4096B 数据
    LcdClear(WHITE);
    data = 0;
    while(1)
    {
        for (i = 0;i < bigSIZE;i + +)
            p[i] = data;
        spiflash_write(p,addr,bigSIZE);
        //从 address 处开始,写入 SIZE 长度的数据
        memset(datatemp,0,SIZE);//清 datatemp
        spiflash_read2buf(datatemp,addr + bigSIZE/2,SIZE);//读出 SIZE 个字节
        if (datatemp[2] = = data)
        {
            LcdShowstring(10,line,YELLOW,WHITE,"WRITE AND READ SUCC");
        //比较成功,这里可以写代码输出成功信息
        }
        else
        {
            LcdShowstring(10,line,YELLOW,WHITE,"WRITE AND READ error!");
            //输出比较失败信息;
        }
        data + +;//数据加 1,继续循环
    }
}
```

代码中去掉了中间一些屏幕显示的部分,保留了所有的其他部分。将代码编译后下载到开发板,可以观察运行结果。如果是其他开发板请修改配置信息,没有液晶显示的可以修改代码,用串口查看结果。

TF 卡也是以 SPI 与 STM32 进行通信,下一小节是关于 TF 卡编程。

3.5.4 TF 卡编程

TF 卡即 Micro SD 卡,其体积比 SD 卡更小,目前广泛应用在嵌入式领域,具有体积小、速度快、存储容量大的优点。最典型的应用是手机,通过 TF 卡来扩展存储容量。目前市面

上的 TF 卡容量大都在 8GB 以上。在第 2 章，设计了 TF 卡的端口，将 TF 卡插入板子上的 TF 卡插槽，即可对其进行编程操作。TF 卡可以采用 SPI，本小节的内容是编写程序实现使用 SPI 对 TF 卡进行编程。

TF 卡的基本原理是编程之前首先要掌握的，要对其进行深入的编程，还需要掌握 FAT32 文件格式。因此本节给出一个简单的 TF 卡读写操作验证的例子，然后还给出一个将存储到 TF 卡的字库读出到板子上的 SPI FLASH 的实用的例子程序。

1. TF 卡操作基础

TF 卡操作的第一步是了解 TF 卡的寄存器，表 3-10 中列出了 SPI 模式下使用的 7 种寄存器。

表 3-10 TF 卡寄存器

名 称	宽 度	描 述
CID	128	卡识别号
DSR	16	驱动状态寄存器，配置卡的输出驱动
CSD	128	卡说明数据。卡操作条件的说明
SCR	64	卡配置寄存器。卡的特性信息
OCR	32	操作条件寄存器
SSR	512	卡状态寄存器，卡的适宜状态
CSR	32	卡状态寄存器，卡的当前状态

寄存器格式很复杂，详细掌握需阅读物理层协议说明书，先粗略识别就好。

TF 卡的存储区域是以块为单位组织的，一个块的大小固定为 512B，在读取卡内容的时候，读写程序以一个块为最小单位进行操作。

向 TF 卡发命令，包含总共 6B 共 48 位。第一个字节的最高位 S7 为 0，S6 为方向，应设置为 1 表示是主机发送，然后是 6 个命令位。然后是 4 个参数字节共 32 位，最后一个字节 S7~S1 是 7 位校验位 CRC，最后 1 位 1 是停止位。

TF 卡的操作命令有很多，最常用的命令列表如表 3-11 所示。

表 3-11 TF 卡常用命令

命令名称	数值	含 义
CMD0	0	卡复位
CMD8	8	取得 SD 卡支持工作电压范围数据
CMD9	9	读 CSD 数据
CMD10	10	读 CID 数据
CMD12	12	停止数据传输
CMD17	17	读扇区
CMD18	18	读多个扇区
CMD23	23	设置多扇区写入前预先擦除 N 个块
CMD24	24	写扇区
CMD25	25	写多个扇区
ACMD41	41	初始化辅助命令
CMD55	55	初始化命令
CMD59	59	使能/禁止校验 CRC

发送数据后，需要根据回应判断结果。TF 卡的回应有多种格式，1B 的 R1，2B 的 R2 等，不过一般在 SPI 模式中只用到 R1，R1 的格式见表 3-12。

表 3-12 TF 卡常用命令

位 7	位 6	位 5	位 4	位 3	位 2	位 1	位 0
0	参数错误	地址错误	擦除顺序错误	校验错	命令错	擦除错	空闲状态

如果执行 CMD0 命令，卡应该进入空闲状态，那么根据 R1 响应的最低位是否为 1 就可以断定该命令是否成功。

向 TF 卡写入一个命令的一种流程：首先拉低 CS 位使 SD 卡使能，然后在 SD 卡的 Din 写入指令，之后连续发送 0xFF 给时钟，直到接收到 R1 回应（最高位为 0）。

将卡的重要操作的流程列出如下：

1）卡的初始化流程。

①初始化 SPI，将 SPI 设置为低速模式。

②发送至少 74 个周期的脉冲给 TF 卡。因主机上电后，所有 SD 卡进入 Idle 状态。至少 74 个时钟周期后才能开始总线传输。

③设置 CS 为低，发送命令 CMD0，直到得到 0X01 的响应信息，一直得不到则返回错误信息。

④发送 CMD8，获取电压信息，查看是否为 2.7~3.3，如果不是则错误，返回错误信息。

⑤发送 CMD55，然后发送 ACMD41，进行初始化。若超时了仍不成功则返回错误信息，否则返回 0。

2）读卡流程。

读单块流程为

①发送 CMD17，收到 0x00 表示成功。

②连续读直到读到开始字节 0xFE。

③读 512B。

④读两个 CRC 伪 CRC 字节（0xFF）。

读多块方法：

①发送 CMD18 读，收到 0x00 表示成功。

②连续读直到读到开始字节 0xFE。

③读 512B。

④读两个 CRC 字节。

⑤如果还想读下一扇区，重复 2~4。

⑥发送 CMD12 来停止读多块操作。

3）写卡流程。

写单块方法：

①发送 CMD24，收到 0x00 表示成功。

②发送时钟，直到收到 0xFF。

③发送写单块开始字节 0xFE。

④发送 512B 数据。
⑤发送 2B 伪 CRC 0xFF。
⑥发送 0XFF，如果读到 XXX00101 表示数据写入成功。

写多块方法：
①发送 CMD25，收到 0x00 表示成功。
②发送时钟，直到收到 0xFF。
③发送写多块开始字节 0xFC。
④发送 512B 数据。
⑤发送两个 CRC 0xFF。
⑥发送 0xFF，读到 XXX00101 表示数据写入成功。
⑦判断是否读完所有的块，若未读完转到②步骤。
⑧发送写多块停止字节 0xFD 来停止写操作。
⑨进行忙检测直到读到 0xFF。

TF 卡的读写流程到这里就基本完成了，读者可以自己根据流程编写代码或借鉴参考源代码，其中"TF 卡实验"是一个对 TF 卡进行读写校验的代码，可以判断硬件连接和卡的正确性。

2. TF 卡校验实验

在上一小节和 SPI 编程的基础上，完成实验内容为：验证 TF 卡正确性，向 TF 卡指定块写入全 a，然后读出观察。

因为前面已经完成使用库函数和寄存器方式编写的 SPI 操作部分代码，所以这里只要调用 spi.c 中的函数即可完成 SPI 操作。

创建 tfcard.c 文件，在其中写 TF 卡操作代码，代码根据 TF 卡操作基础的说明和流程，以及参考官方资料编写见代码 3-20。

代码 3-20　TF 卡操作部分代码

```
// =====================================================================
//向 TF 卡发送一个命令
//输入: u8 cmd    命令
//      u32 arg   4B 的命令参数
//      u8 crc    crc 校验值
//返回值: TF 卡返回的响应
// =====================================================================
u8 tfcard_sendcommand( u8 cmd, u32 arg, u8 crc)
{
    u8 r1;
    u8 timeout = 0x1F;
    tfcard_disselect( );//置高片选
    if( tfcard_Select( ) ) return 0XFF;    //拉低片选
    tfcard_sendrece( cmd | 0x40);          //写入命令 与 0x40(0100 0000)即设置主机发送位
    tfcard_sendrece( arg >> 24);           //写入参数高 31~24 位
```

```
        tfcard_sendrece(arg >> 16);      //写入参数高 23~16 位
        tfcard_sendrece(arg >> 8);       //写入参数高 15~8 位
        tfcard_sendrece(arg);            //写入参数高 7~0 位
        tfcard_sendrece(crc);            //写校验位 非 CMD0 指令的时候,不进行 CRC 校验,可以随便写
        if(cmd = = CMD12)    tfcard_sendrece(0xff);//如果是停止通信指令,多发一个时钟
        //等待响应,或超时退出
        do
        {
            r1 = tfcard_sendrece(0xFF);
        }while((r1&0X80) && timeout - -);    //发送时钟直到接到 R1 回应
        return r1;        //返回 R1 回应
}
// ============================================================================
//读 TF 卡
//buf: 数据缓存区
//sector: 扇区
//cnt: 扇区数
//返回值:0,成功
// ============================================================================
u8 tfcard_readsectors(u8 * buf,u32 sector,u8 cnt)
{
    u8 r1;
    if(cnt = = 1)
    {
        r1 = tfcard_sendcommand(CMD17,sector,0x01);//读命令
        if(r1 = = 0)//指令发送成功
            r1 = tfcard_receivedata(buf,512);//接收 512B
    }else
    {
        r1 = tfcard_sendcommand(CMD18,sector,0x01);//连续读命令
        do
        {
            r1 = tfcard_receivedata(buf,512);//接收 512B
            buf + = 512;
        }while( - - cnt && r1 = = 0);
        tfcard_sendcommand(CMD12,0,0X01);    //发送停止命令
    }
    tfcard_disselect();//取消片选
    return r1;//
}
// ============================================================================
//写 TF 卡
```

```
//buf:数据缓存区
//sector:起始扇区
//cnt:扇区数
//返回值:0 成功
// ===========================================================
u8 tfcard_writesectors(u8 * buf,u32 sector,u8 cnt)
{
    u8 r1;
    //if(TFCARDTYPE! = TFCARDTYPE_V2HC)sector * =512;//转换为字节地址
    if(cnt = =1)
    {
        r1 = tfcard_sendcommand(CMD24,sector,0X01);//发送写扇区命令
        if(r1 = =0)//指令发送成功
        r1 = tfcard_sendblock(buf,BEGINSIGLE);//发送数据块,写 512B
    }else
    {
        r1 = tfcard_sendcommand(CMD25,sector,0X01);//连续读命令
        if(r1 = =0)
        {
            do
            {   r1 = tfcard_sendblock(buf,BEGINMUL);//发送 512B
                buf + =512;
            }while( - - cnt && r1 = =0);
            r1 = tfcard_sendblock(0,MULSTOP);//发送结束命令
        }
    }
    tfcard_disselect();//取消片选
    return r1;
}
```

更多函数代码和主程序代码请查看本书代码"TF 卡校验实验",查看代码注意和前面的流程对照。主程序实现比较简单,调用 tfcard_writesectors 写扇区,调用 tfcard_readsectors 读块,然后发到串口,读者可以使用串口调试助手获得开发板的输出结果。结果如图 3-56 所示。

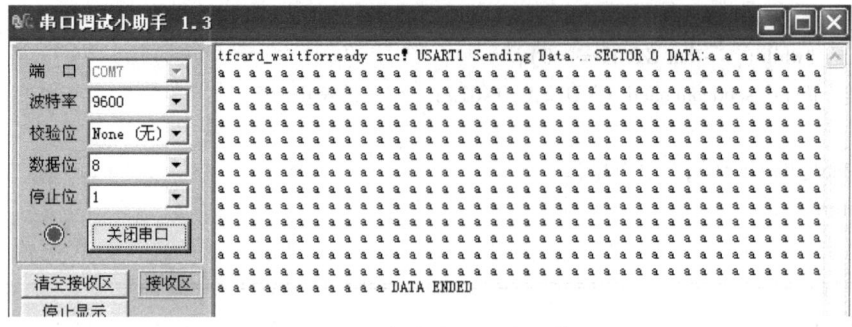

图 3-56 TF 卡中读到正确的结果

3. FAT32 文件格式编程实验

通过前面的学习和实践，读者可以读写 TF 卡了。但是 TF 卡一般是以 FAT32 格式存储数据的，这和现在只能读写一块一块的数据距离很遥远。读者可以阅读 FAT32 的资料，开发 FAT 文件系统的软件，另外也可以使用编写好的代码，本文采取后者。因此，本小节讲解如何实现使用 FatFs 模块来快速实现 FAT32 文件系统操作！

FatFs 模块由几个文件组成，ff.c 和 ff.h 是比较大而全的文件，tff.c 和 tff.h 是比较小的袖珍版 tiny FatFs，但也完全包含了文件和目录读写功能且节约 FLASH！另外就是硬件端口文件 diskio.h 和 diskio.c。选择袖珍版对于 STM32 比较合适，也完全够用了。整理一下 tiny FatFs 的端口函数主要如表 3-13 所示。

表 3-13 tiny FatFs 端口函数

函 数 名 称	功 能 描 述
FRESULT f_mount（BYTE，FATFS＊）	安装或卸载逻辑驱动器
FRESULT f_open（FIL＊，char＊，BYTE）	打开或创建文件
FRESULT f_read（FIL＊，void＊，UINT，UINT＊）	读文件
FRESULT f_write（FIL＊，void＊，UINT，UINT＊）	写数据到文件
FRESULT f_lseek（FIL＊，DWORD）	移动文件指针
FRESULT f_close（FIL＊）	关闭一个打开的文件
FRESULT f_opendir（DIR＊，char＊）	打开一个目录
FRESULT f_readdir（DIR＊，FILINFO＊）	读一个目录
FRESULT f_stat（char＊，FILINFO＊）	获得文件信息
FRESULT f_getfree（char＊，DWORD＊，FATFS＊＊）	取得卡上剩余扇区数量
FRESULT f_truncate（FIL＊）	切断文件
FRESULT f_unlink（char＊）	删除文件或目录
FRESULT f_mkdir（char＊）	创建新的目录
FRESULT f_chmod（char＊，BYTE，BYTE）	改变文件属性
FRESULT f_utime（char＊，FILINFO＊）	修改文件或目录的时间标签
FRESULT f_rename（char＊，char＊）	重命名文件或目录

如果在 Windows 下做过文件读写的同学会有一种似曾相识的感觉，确实是这样的，tiny FatFs 为 STM32 处理器嵌入式系统的文件管理提供了一种非常实用的解决方案！表中返回值 FRESULT 是一个枚举类型，是为了增强程序的可读性，其实每个函数都返回一个整数，为 0 表示成功，为其他值时，根据返回值可以确定函数失败的原因。

是不是这些函数可以直接使用了呢？这是不可能的！因为还没有和硬件相关联！

因此，就像 μC/OS 移植到 STM32 的系统上需要写移植代码一样，这里也要做这个工作。所幸的是，笔者因为有前面做好的 TF 卡操作函数，因此这个过程做了不到 30min！这个工作就是修改 diskio.c！目标是，让表 3-13 中的这些函数调用硬件去读写 TF 卡的时候，调用写好的驱动函数！

如果还不好理解，看一下笔者做的工作，以读扇区为例，笔者拿到的原始的 diskio.c 中的这部分程序代码见代码 3-21。

代码 3-21　原始的 diskio.c 中读扇区代码

```
DRESULT disk_read (
        BYTE drv,        /* Physical drive number (0...) */
        BYTE *buff,      /* Data buffer to store read data */
        DWORD sector,    /* Sector address (LBA) */
        BYTE count       /* Number of sectors to read (1...255) */
)
{
    DRESULT res;
    int result;
    switch (drv) {
    case ATA:
        result = ATA_disk_read(buff, sector, count);
        // translate the result code here
        return res;

    case MMC:
        result = MMC_disk_read(buff, sector, count);
        // translate the result code here
        return res;

    case USB:
        result = USB_disk_read(buff, sector, count);
        // translate the result code here
        return res;
    }
    return RES_PARERR;
}
```

很明显这个很原始的框架，是不能直接使用的。

修改后的代码见代码 3-22。

代码 3-22　移植成功的 diskio.c 中读扇区代码

```
DRESULT disk_read (
    u8 drv,              /* 物理驱动器号 */
    u8 *buff,            /* 存储数据的缓冲区地址 */
    DWORD sector,        /* 扇区号 */
    u8 count             /* 要读的扇区数(1...255) */
)
{
    u8 res = 0;
    if (drv || ! count)
```

```
        }
            return RES_PARERR;    //仅支持单磁盘操作,count 不能等于 0,否则返回参数错误
        }
        res = tfcard_readsectors(buff,sector,1);    //调用前面写好读扇区的函数!
        if(res = = 0x00)
        {
            return RES_OK;                //res 为 0,读取成功
        }
        else
        {
            return RES_ERROR;             //返回错误信息
        }
    }
```

修改好全部 diskio.c 中的代码后,还需要修改 tff.h 中的一些宏定义,例如确定目标系统是大端模式或小端模式。因为 STM32 默认是小端模式（低字节在前,在一个字节中低位在前）,因此把这里定义为:

#define _MCU_ENDIAN   1 //为 1 表示小端模式

另外需要注意:

#define _FS_READONLY   0   //表示可读写,如果设置为 1,TF 卡就只读了。
#define _FAT32   1   //标志支持 FAT32

还需要注意一点,在 diskio.c 中或 diskio.h 中必须包含操作 TF 卡的 C 文件对应的头文件,否则是找不到驱动的。在主文件中包含 tff.h 这个文件,就可以调用表 3-13 的函数了!

移植成功后,修改主程序以进行验证。

设计实验内容如下:

1) 将 TF 卡插入读卡器,用计算机格式化为 FAT32 格式,写一个大文件" data. txt"。
2) 将 TF 卡插入开发板 TF 卡槽。
3) 编程实现读取 data. txt,完整输出到串口,使用串口调试助手观察。

笔者将源代码复制到 data. txt 里,保存后 data. txt 大小为 65KB,512B 是一个扇区（块）,因此这个文件尺寸超过了扇区大小,够验证的了。

编写主程序部分代码见代码 3-23。

代码 3-23   主程序部分代码

```
u8 tff_state;
FATFS tff_fs;
FRESULT tff_res;
UINT tff_br;
char data[512];
u16 i;
clock_config( );
    led_init( );
```

```
    key_init();
    usart_init();
    exti_config();
    tft_init();
f_mount(0, &tff_fs);    //安装逻辑驱动器
tff_res = f_open(&file, "data.txt", FA_OPEN_EXISTING | FA_READ);//读文件
    if(tff_res! = FR_OK)
    {
    while(1);//不成功就死循环,这样不好,读者可以在这里修改代码,例如点亮 LED
    }
    for(i = 0;i < 512;i + + ) data[i] = 0;    //初始化缓冲区
    while(1)
    {
        if(f_fgets(data, sizeof(data), &file) = = NULL)break;
        //从文件中读到 data 中,指导读完
        prints(data);//打印读到的数据
    }
    F_close(&file);
```

将整个工程编译,下载到目标板。

在串口调试助手上打开串口,观察到结果如图 3-57 所示。

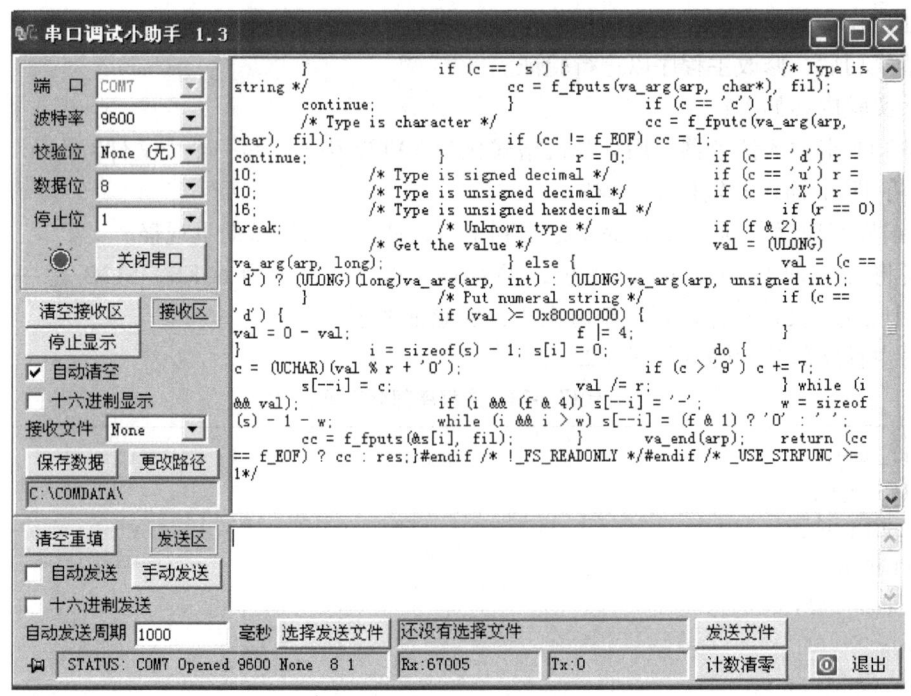

图 3-57　FTA32 文件格式操作实验代码运行结果

图 3-57 说明实现成功,输出的内容确是笔者复制到 data.txt 的内容。读者在读取文件到内存的时候,可以和前面的 DMA 操作结合起来,这样就可以一方面加快速度,一方面让 CPU 轻松起来!

总之,到目前为止,让 TF 卡这个大容量海量外存也运转起来了!

3.5.5 I^2C 编程及实例

根据第 1 章对 I^2C 协议的分析,这一节对 I^2C 使用 GPIO 模拟的方式对 I^2C 做具体的实现,使用 I^2C 协议实现了对 24C02 的编程。本节分为 3 个部分,I^2C 协议的实现、EEPROM 驱动函数的实现及 EEPROM 编程实例。

1. I^2C 协议实现

1)初始化引脚。

要使用 IIC,首先要对 IIC 引脚进行初始化,也就是初始化 SCL 和 SDA 引脚,初始化的时候将它们设置为推挽输出,然后设置为高电平,见代码 3-24。

代码 3-24　iic 初始化

```
void iic_init()
{
    GPIO_InitTypeDef GPIO_InitStructure;

    GPIO_InitStructure.GPIO_Pin = iic_scl|iic_sda;
    GPIO_InitStructure.GPIO_Mode = GPIO_Mode_Out_PP;
    //iic_scl|iic_sda 推挽输出
    GPIO_InitStructure.GPIO_Speed = GPIO_Speed_50MHz;
    GPIO_Init(iic_gpio, &GPIO_InitStructure);
    GPIO_SetBits(iic_gpio,iic_scl|iic_sda);         //设置为 1
}
```

2)启动和停止。

下面的代码根据 I^2C 协议实现了启动和停止 IIC 的功能,见代码 3-25。

代码 3-25　iic 启动和停止

```
// ==========================================================
//Subroutine: iic_start
//IIC 数据传送启动信号
//SCL 为高电平的时候,SDA 下降沿
// ==========================================================
    void iic_start(void)
    {
        iic_sdaout();                          //SDA 线输出
        GPIO_SetBits(iic_gpio,iic_sda);        //SDA 为高电平
        GPIO_SetBits(iic_gpio,iic_scl);        //SCL 为高电平
        delay_us(4);
        GPIO_ResetBits(iic_gpio,iic_sda);      //SDA 下降沿
    }
```

```
// ================================================================
//Subroutine: iic_stop
//IIC 数据传送停止信号
//SCL 为高电平时,SDA 上升沿
// ================================================================
void iic_stop(void)
{
    iic_sdaout();                           //SDA 线输出
    GPIO_ResetBits(iic_gpio,iic_sda);       //SDA 为低电平
    GPIO_SetBits(iic_gpio,iic_scl);         //SCL 为高电平
    delay_us(4);
    GPIO_SetBits(iic_gpio,iic_sda);         //SDA 上升沿,I²C 总线数据传送结束信号
}
```

以上代码严格根据协议,启动和停止信号。协议部分可回顾第 1 章 I²C 协议方面的内容。为方便读者,将 I²C 协议图重新绘制在图 3-58 中。

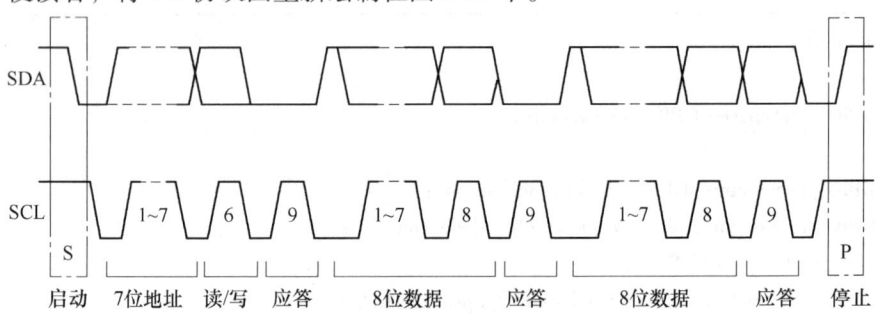

图 3-58 带地址信息的完整 I²C 传输

3) 应答。

根据协议,在图中,第 9 个时钟周期从机发送的响应为低电平,表示响应了主机的呼唤;在下一个第 9 个周期,从机接收了数据,也给出了 SDA 线上低电平的回应;在最后一个第 9 周期,从机没有响应,主机就停止了传输。于是,响应的代码见代码 3-26。

代码 3-26 iic 应答

```
// ================================================================
//Subroutine: iic_wait4ack
//IIC 等待应答
//返回值:1,接收应答失败
//      0,接收应答成功
// ================================================================

INT8U iic_wait4ack(void)
{
    INT8U times = 0;
```

```c
    iic_sdain();            //SDA 设置为输入
    GPIO_SetBits(iic_gpio,iic_sda);//sda 发送高电平
    delay_us(1);
    GPIO_SetBits(iic_gpio,iic_scl);  //时钟高电平,上升沿
    delay_us(1);
    while(GPIO_ReadInputDataBit(iic_gpio, iic_sda))  //读数据,直到从机给出应答
    {
        if(++times > IICWAITTIMEOUT)
        {
            iic_stop();//无应答,停止
            return 1;
        }
    }
    GPIO_ResetBits(iic_gpio,iic_scl);//时钟输出低电平,下降沿
    return 0;
}
// ================================================================
//Subroutine:   iic_act     产生应答
//表示将继续接收数据
// ================================================================

void iic_ack(void)
{
    GPIO_ResetBits(iic_gpio,iic_scl);  //时钟低电平
    iic_sdaout();
    GPIO_ResetBits(iic_gpio,iic_sda);  //数据低电平,表示有应答
    delay_us(2);
    GPIO_SetBits(iic_gpio,iic_scl);    //时钟上升沿
    delay_us(2);
    GPIO_ResetBits(iic_gpio,iic_scl);  //时钟下降沿
}


// ================================================================
//Subroutine:    iic_noact    无应答或否认应答
//表示不再接收数据
// ================================================================
void iic_noack(void)
{
    GPIO_ResetBits(iic_gpio,iic_scl);   //时钟低电平
    iic_sdaout();
    GPIO_SetBits(iic_gpio,iic_sda);     //数据高电平,表示无应答
    delay_us(2);
```

```
    GPIO_SetBits(iic_gpio,iic_scl);      //时钟上升沿
    delay_us(2);
    GPIO_ResetBits(iic_gpio,iic_scl);    //时钟下降沿
}
```

4）发送和接收数据。

发送数据和接收数据的代码,见代码3-27。

代码3-27　iic 发送和接收数据函数

```
// ================================================================
//Subroutine:   iic_sendbyte
//IIC 发送一个字节
// ================================================================
void iic_sendbyte(INT8U txd)
{
    INT8U t;
    iic_sdaout();//SDA 设置为输出,因为要发送数据
    GPIO_ResetBits(iic_gpio,iic_scl);//时钟低电平,只有 SCL 为低才可改变数据
    for(t=0;t<8;t++)//循环发送 8B
    {
        if(((txd&0x80)>>7)    GPIO_SetBits(iic_gpio,iic_sda);//发出第 7~t 位
        else GPIO_ResetBits(iic_gpio,iic_sda);
        txd<<=1;
        delay_us(2);
        GPIO_SetBits(iic_gpio,iic_scl);//拉高 SCL,发数据
        delay_us(2);
        GPIO_ResetBits(iic_gpio,iic_scl);//SCL 恢复低电平,准备修改 SDA
        delay_us(2);
    }
}


// ================================================================
//Subroutine: iic_readbyte
//读 1B,ack=1 时,读之后发送 ACK,ack=0,读者后发送 nACK
// ================================================================
INT8U iic_readbyte(INT8U ack)
{
    unsigned char i,receive=0;
    iic_sdain();//准备接收数据,SDA 设置为输入
      for(i=0;i<8;i++)          //循环接收 8 位
    {
        GPIO_ResetBits(iic_gpio,iic_scl);//SCL 为低电平
```

```
            delay_us(2);
            GPIO_SetBits(iic_gpio,iic_scl);    //SCL 上升沿,开始读取数据
            receive <<= 1;
            if(GPIO_ReadInputDataBit(iic_gpio, iic_sda))//读取数据
                receive| = 0x01;//如果读到的数据为 1,receive 最低位应为 1
            delay_us(1);
        }
        if (ack) //如果需要应答
            iic_ack();//发送应答
        else
            iic_noack();//发送无应答
        return receive;
    }
```

2. EEPROM 驱动函数实现

24C02 是电可擦除 PROM，即 EEPROM，其容量是 256×8 位，即 2k 位。24C02 端口方式为两线 I^2C 端口。其总线时序如图 3-59 所示。

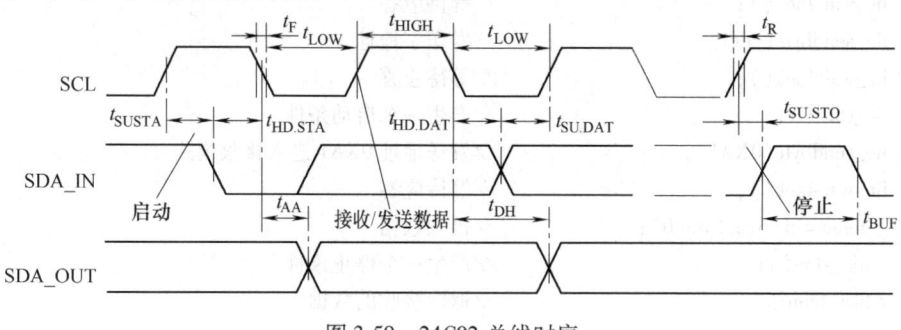

图 3-59 24C02 总线时序

由图可见，24C02 的读写时序完全采用 I^2C 方式，因此，既然已经实现了 I^2C 驱动函数，就可以调用这些函数来实现 24C02 的驱动。寻址 24C02，它的地址应该是什么呢？24C02 地址格式如图 3-60 所示。

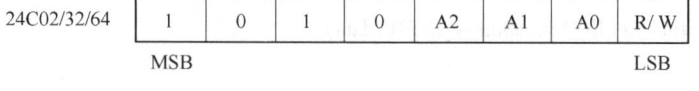

图 3-60 24C02 地址格式

因为在亮点 STM32 开发板上，将 A2\A1\A0 接地，那么 A2，A1，A0 三位都为 0。最低位 LSB 为读写操作位，读为高电平，写为低电平。因此，写地址为 0XA0，读地址为 0XA1。如果有多个 24C02，那么应该将 A2A1A0 连接到不同的电平，让它们的地址不同，这样就可以分别访问。

在写操作的时候，首先给出启动条件，然后向 24C02 发送器件地址，被寻址的 24C02 会应答。在接收应答成功后，再发送 8 位的字地址。24C02 接收到这个地址后，会产生应答，接收到这个应答后可以发送 8 位的数据。在接收到 8 位的数据后 EEPROM 又会应答，

这时必须给出停止条件来结束。

在进行读操作的时候，流程基本相同，但需要在发送了器件地址和字地址，接收到应答后，开始读之前，发送一个启动条件再发送一个写地址给器件。

因此，编程实现的 I^2C 驱动的读写函数实现见代码 3-28。

代码 3-28 24C02 读写操作函数

```
// ================================================================
//Subroutine: at24c02_readbyte
//在 AT24C02 指定地址读出一个数据
//返回值: 读到的数据
// ================================================================

INT8U at24c02_readbyte( INT16U addr)
{
    INT8U temp = 0;
        iic_start( );                    //启动
    iic_sendbyte(0XA0);                  //发送器件地址 0XA0
    iic_wait4ack( );                     //等待应答
    iic_sendbyte(addr);                  //发送字地址
    iic_wait4ack( );                     //等待应答
    iic_start( );                        //产生一个启动条件
    iic_sendbyte(0XA1);                  //发送地址 0XA1 进入接收模式
    iic_wait4ack( );                     //等待应答
        temp = iic_readbyte(0);          //接收数据
        iic_stop( );                     //产生一个停止条件
    return temp;                         //返回接收的数据
}

// ================================================================
//Subroutine: at24c02_writebyte
//在 AT24C02 指定地址写一个数据
//返回值: 无
// ================================================================
void at24c02_writebyte( INT16U address, INT8U data)
{
    iic_start( );                        //启动
    iic_sendbyte(0XA0);                  //发送器件地址 0XA0
    iic_wait4ack( );                     //等待应答
    iic_sendbyte(address%256);           //发送字地址
    iic_wait4ack( );                     //等待应答
iic_sendbyte(data);                      //发送字节
    iic_wait4ack( );                     //等待应答
    iic_stop( );                         //产生一个停止条件
}
```

下面进入 EEPROM 的编程实例。

3. EEPROM 编程实例

本实例很简单，实现对 24C02 读写的验证，在 24C02 的字地址 i（i = 0…255）写入 i，然后依次读出显示在屏幕上。

代码见代码 3-29。

代码 3-29　24C02 读写操作函数

```c
int main(void)
{
    INT16U i;
    clock_config();
    tft_init();
    iic_init();

    while(1)
    {
        LcdClear(WHITE); //清屏
        LCD_ShowString(60,150,"24c02 Writing...    ");
        for(i=0;i<256;i++)
        {
            at24c02_writebyte(i,i);
            delay_ms(5);//此处加入延时等待,等待24C02写入完成
        }
        for(i=0;i<256;i++)
        {
            LcdClear(WHITE);
            LCD_ShowString(60,150,"24c02 Reading...    ");
            LcdPrintf(60,170,RED,WHITE," Address: %d  Data is: %d",i,at24c02_readbyte(i));
            delay_ms(200);
        }
    }
}
```

关于液晶屏部分将在后面讲解，读者也可以使用串口来查看数据。将代码下载到目标板上运行，可以看到液晶屏上显示在地址 i 读取到数据 i，验证了 I^2C 驱动程序和 24C02 驱动程序，以及硬件的正确性。

通过本节的学习，读者可以使用 SPI 端口、I^2C 端口进行编程，可以操作 SPI FLASH 和 EEPROM 以及 TF 卡，还可以以 FAT32 文件系统格式访问 TF 卡，收获十分丰富！

下面进入液晶屏和触摸屏的编程部分。

3.6 液晶屏及触摸屏编程

本章的内容是重要的外部端口,是嵌入式系统一个非常重要的人机界面液晶屏及触摸屏。当读者选择一款手机或 GPS、数码相机等设备的时候,都非常关心屏幕大不大,分辨率高不高,是否带触摸功能。

STM32 系统的 CPU 的工作能力是有限的,不用它直接驱动触摸屏。一个 480×272 分辨率的触摸屏,每个点 16 位(红 5 绿 6 蓝 5),需要 256KB 的显存。也就是说,完整的显示一帧图像,需要向 TFT 显示器发送 256KB 的数据,且要不停地刷新。让 STM32 来执行这样巨大的工作是无能为力的。业界普遍的做法是使用专用的显示驱动芯片,或设计 CPLD \ FPGA 来执行刷屏的工作,让 CPU 躲在后面发布命令就可以了。

RA8875 是专用的图形处理芯片,它最大能支持分辨率为 800×480 的 7in 液晶屏,且设计有对 SPI FLASH 及高通字库的 SPI 方式的直接 DMA 访问,不需要 CPU 的支持。但是 SPI FLASH 的数据必须由 CPU 透过 TF 卡、网络、串口等端口获得,因此在硬件部分设计了使用多路选择器对 SPI FLASH 的访问管理。CPU 可以选择自己管理 SPI FLASH 或将其让给 RA8875 控制。学数字电路的时候都学习过多路选择器,这里可以看到其作用。另外,采用这种方法,CPU 用于与 SPI FLASH 通信的 SPI 可以在不需要与 SPI FLASH 通信的时候完全空出来,作其他用途!

本节使用 RA8875 驱动较大触摸屏,采用 FSMC 模式向 RA8875 发送指令,读取状态和数据,透过 RA8875 本身具有触摸屏端口,采用查询或中断方式获取用户输入的信息。RA8875 和液晶屏及触摸屏的硬件设计在前面硬件设计部分已经描述。软件的开发包括 GPIO 的端口配置、FSMC 的编程、RA8875 初始化、简单图形的显示、触摸屏编程、采用高通字库的中文输出、采用 SPI FLASH 作字库的中文输出、TF 卡中图片的显示、采用 DMA 方式的快速图形显示、BTE(块传输引擎)编程。

本节所有的软件由笔者在亮点 STM32 开发板上调试通过,也适用于其他类似的板子或读者的工程项目。笔者希望读者学习过本节将完全掌握大屏幕带触摸液晶屏的编程。

这一节开始部分先分析一下 FSMC 端口的配置,继而实现一个简单的图形显示,然后实现触摸功能。接下来要写汉字,给出两种实现汉字的手段。之后,将 TF 卡里的图形拿出来显示在屏幕上。但是图片显示得太慢了是不行的,于是给出一个快速显示图形的办法和例程,最后再简单使用一下比较有 RA8875 特色的块传输引擎 BTE。

3.6.1 FSMC 端口配置和简单图形显示

1. FSMC 端口配置

FSMC 的基本原理及 LCD 的设计已经在第 1 章、第 2 章给出,这里需针对硬件的设计对这些端口进行初始化,否则默认状态下这些端口都是 GPIO 的功能。整理需要的 FSMC 端口如表 3-14 所示。

显然,16 根数据线 FSMC [0…15] 连接到 RA8875 的 8080 端口数据线 D[0…15],这些端口应设置为 FSMC 方式。

表 3-14 STM32 上与 RA8875 相连的引脚

端口	FSMC 功能	RA8875 功能	端口	FSMC 功能	RA8875 功能
PD4	FSMC_NOE	MPU_RD	PD15	FSMC_D1	D1
PD5	FSMC_NWE	MPU_WR	PE7	FSMC_D4	D4
PD7	FSMC_NE1	MPU_CS	PE8	FSMC_D5	D5
PD8	FSMC_D13	D13	PE9	FSMC_D6	D6
PD9	FSMC_D14	D14	PE10	FSMC_D7	D7
PD10	FSMC_D15	D15	PE11	FSMC_D8	D8
PD11	FSMC_A16	MPU_RS	PE12	FSMC_D9	D9
PD12	FSMC_A17	MPU_INT	PE13	FSMC_D10	D10
PD13	FSMC_A18	MPU_WAIT	PE14	FSMC_D11	D11
PD14	FSMC_D0	D0	PE15	FSMC_D12	D12

根据 STM32 的配置，FSMC 存储块 1 的首地址是 0x60000000，尾地址是 0x6FFFFFFF，因此如果写或读这段地址中的任何一个，那么 FSMC_NE1 将为 0，于是可以将其作为片选，连接到 RA8875 的 MPU_CS 引脚。

那么，如何才能区别是写指令还是传送数据呢？可以将 FSMC_A16 连接到 RA8875 的 MPU_RS，这样，在向地址 0x60000000 进行读写的时候，MPU_RS=0，即读写数据！当向地址 0X60020000 读写的时候，就是读状态或写指令了！细心的读者可能注意到，为什么是在第 17 位而不是在第 16 位呢？这是因为在 FSMC 数据线是 16 位的时候，AHB 地址线 HADDR［25:1］与 FSMC_A［24:0］对应相连，HADDR［0］未接。因此 0X60020000 的含义就清晰了。

之后，就是读写信号，当向 0x60000000 或 0X60020000 写的时候，FSMC_NWE 有效，读的时候 FSMC_NOE 有效。这样，把它们分别连接到 RA8875 的 MPU_WR 和 MPU_RD。

至于 FSMC_A17 和 FSMC_A18，其实是不需要使用的，因为 LCD 并非真正意义上的存储器，可以用它们连接 RA8875 的 MPU_INT 和 MPU_WAIT，可以将其配置为标准的 GPIO。

于是，配置的代码见代码 3-30。

代码 3-30 FSMC 端口配置

```
//设置 PD 口 PD 0,1,4,5,7,8,9,10,11,12,14,15 为 FSMC 模式
    GPIO_InitStructure.GPIO_Pin =
GPIO_Pin_0 | GPIO_Pin_1 | GPIO_Pin_8 | GPIO_Pin_9 |GPIO_Pin_4 |GPIO_Pin_5|
GPIO_Pin_10 |GPIO_Pin_11 | GPIO_Pin_12 | GPIO_Pin_14 | GPIO_Pin_15 | GPIO_Pin_7;
    GPIO_InitStructure.GPIO_Mode = GPIO_Mode_AF_PP;
    GPIO_InitStructure.GPIO_Speed = GPIO_Speed_50MHz;
    GPIO_Init(GPIOD, &GPIO_InitStructure);
//设置 PE 口 PE 7,8,9,10,11,12,13,14,15 为 FSMC 模式
    GPIO_InitStructure.GPIO_Pin =
GPIO_Pin_7  | GPIO_Pin_8  | GPIO_Pin_9 | GPIO_Pin_10 |GPIO_Pin_11 |
```

```
                GPIO_Pin_12 | GPIO_Pin_13 | GPIO_Pin_14 | GPIO_Pin_15;
                    GPIO_Init(GPIOE, &GPIO_InitStructure);

                    //设置 PD 口 13 引脚 INT 为输入模式,该信号为 RA8875 发出的中断请求信号
                    GPIO_InitStructure.GPIO_Pin =     GPIO_Pin_13;
                    GPIO_InitStructure.GPIO_Mode = GPIO_Mode_IPU;
                    GPIO_InitStructure.GPIO_Speed = GPIO_Speed_50MHz;
                    GPIO_Init(GPIOD, &GPIO_InitStructure);
```

上面的代码使用库函数 GPIO_Init 进行了最基本的配置操作,如果读者在编程中用到 MPU_WAIT 或 MPU_INT,应该在这里加上对其进行配置的代码。采用获取 RA8875 的状态信息可以替代读取该端口,可以不使用 MPU_WAIT 及 MPU_INT。

2. FSMC 端口初始化

在配置了 FSMC 需要用到的端口之后,还需要对 FSMC 进行初始化才能正确的工作,初始化代码见代码 3-31。

代码 3-31 FSMC 初始化代码

```
    void fsmc_init(void)
    {
        FSMC_NORSRAMInitTypeDef    FSMC_NORSRAMInitStructure;
        FSMC_NORSRAMTimingInitTypeDef    p;

        RCC_AHBPeriphClockCmd(RCC_AHBPeriph_FSMC, ENABLE);    //使能 FSMC 时钟

        p.FSMC_AddressSetupTime = 1;//地址建立时间,单位 AHB 时钟周期
        p.FSMC_AddressHoldTime = 0;//地址保持时间,单位 AHB 时钟周期
        p.FSMC_DataSetupTime = 2;    //数据建立时间,单位 AHB 时钟周期
        p.FSMC_BusTurnAroundDuration = 0;//一次读操作之后在总线上的延迟(仅适用于总线复用模式
的 NOR 闪存操作)
        p.FSMC_CLKDivision = 0;//CLK 时钟输出信号的周期,以 HCLK 周期数表示,本书不用该时钟
        p.FSMC_DataLatency = 0;//用于同步成组模式的 NOR 闪存,定义在读取第一个数据之前等待的存
储器周期数目
        p.FSMC_AccessMode = FSMC_AccessMode_B;    //访问模式 B
        FSMC_NORSRAMInitStructure.FSMC_Bank = FSMC_Bank1_NORSRAM1;    //指定的 FSMC 块 1
        FSMC_NORSRAMInitStructure.FSMC_DataAddressMux = FSMC_DataAddressMux_Disable;    //地址和数
据不复用
        FSMC_NORSRAMInitStructure.FSMC_MemoryType = FSMC_MemoryType_SRAM;
    //存储器类型为 SRAM
        FSMC_NORSRAMInitStructure.FSMC_MemoryDataWidth = FSMC_MemoryDataWidth_16b;    //数据宽
度 16 位
        FSMC_NORSRAMInitStructure.FSMC_BurstAccessMode = FSMC_BurstAccessMode_Disable;    //成组
访问禁止
```

FSMC_NORSRAMInitStructure. FSMC_WaitSignalPolarity = FSMC_WaitSignalPolarity_Low; //等待信号低电平有效

FSMC_NORSRAMInitStructure. FSMC_WrapMode = FSMC_WrapMode_Disable;
//决定控制器是否支持把非对齐的 AHB 成组操作分割成 2 次线性操作,仅在存储器的成组模式下有效

FSMC_NORSRAMInitStructure. FSMC_WaitSignalActive = FSMC_WaitSignalActive_BeforeWaitState;
//在成组模式时,在等待状态之前的一个时钟周期产生 NWAIT 信号

FSMC_NORSRAMInitStructure. FSMC_WriteOperation = FSMC_WriteOperation_Enable;
//写操作允许

FSMC_NORSRAMInitStructure. FSMC_WaitSignal = FSMC_WaitSignal_Disable;
//不使用等待信号

FSMC_NORSRAMInitStructure. FSMC_ExtendedMode = FSMC_ExtendedMode_Disable;
//不使用扩展模式

FSMC_NORSRAMInitStructure. FSMC_WriteBurst = FSMC_WriteBurst_Disable;
//成组操作时,禁止插入等待状态

FSMC_NORSRAMInitStructure. FSMC_ReadWriteTimingStruct = &p;
//设置读时序配置指针

FSMC_NORSRAMInitStructure. FSMC_WriteTimingStruct = &p;
//设置写时序配置指针

FSMC_NORSRAMInit(&FSMC_NORSRAMInitStructure);
//FSMC 初始化

FSMC_NORSRAMCmd(FSMC_Bank1_NORSRAM1, ENABLE);
//使能 FSMC 读写操作
}
```

FSMC 本身为灵活的存储器管理,使用在 LCD 上正体现了其灵活性。将 8080 端口模式的 RA8875 端口,灵活地配置为一个 SRAM 的模式,透过这个模式,就可以以地址和数据总线的方式管理 RA8875,与 RA8875 建立通信,发送命令、读状态、写数据、读数据。

FSMC 初始化完成后,可以使用 FSMC 端口与 RA8875 建立通信,方法和读写 SRAM 一样。下面仔细研究一下读写 RA8875 代码的实现,在后面将实现一个随机在屏幕上画椭圆的小程序。

### 3. RA8875 读写操作的实现

在进入画图程序之前,非常关键的是实现通信函数。既然访问 RA8875 就如同访问 SRAM 一样,方便起见,以宏定义的方式完成 RA8875 的读写代码,见代码 3-32。

代码 3-32  RA8875 的读写代码

```
#define LCD_COMM_ADD   *((vu16 *)0X60020000)   //命令或状态地址
#define LCD_DATA_ADD   *((vu16 *)0X60000000)   //数据读写地址

#define ReadData()   (LCD_DATA_ADD)   //数据读取
```
```

```
    #define ReadCOMM( )    (LCD_COMM_ADD)          //状态读取

    #define WriteCommand(cmd)    {RA8875_WAITSTATUS( );LCD_COMM_ADD = cmd;}
    #define WriteData(data)      {LCD_DATA_ADD = data;}

    //RA8875_WAITSTATUS( )用于等待 RA8875 空闲
    void RA8875_WAITSTATUS(void)
    {
        u8 temp;
        do
        {
            temp = ReadCOMM( );
        }while((temp&0x80) = =0x80);   //读到状态最高位为1,表示 RA8875 不空闲
    }
```

vu16 为 volatile 修饰的 16 位无符号整数,对该地址的写操作不能由编译器进行优化,保证直接写到端口。(vu16 *)将 0X60020000 强制为地址,而前面的 * 表示这个地址的值。

(LCD_DATA_ADD)即 *((vu16 *)0X60020000),表示取 0X60020000 这个地址的值,就是读地址 0X60020000,读 RA8875 的状态。同理,可以解释 ReadData( )为读取 RA8875 传送的数据。

WriteCommand(cmd)是一个带参数的宏,首先等待 RA8875 空闲,然后写命令 cmd。这个参数 cmd 必须是一个字节的无符号整数。写数据的操作不需要等待 RA8875 空闲,因为是发送了命令后,才去写数据的,RA8875 应该在等待接收数据。发送数据的地址是 0X60000000,将参数 data 传送给 RA8875。

函数 RA8875_WAITSTATUS,使用 ReadCOMM( )这个宏来读取 RA8875 的状态,然后判定取得的状态信息最高位是否为 1,如果为 1 继续读取状态,直到读取到的状态信息最高位为非 1。透过 RA8875_ WAITSTATUS 可以看到是如何利用这些宏来与 RA8875 通信的。使用宏代换而不是用函数的好处是:减少函数调用入栈出栈的操作,加快运行速度,节约堆栈资源。

下面还需要点一下 RA8875 的基本操作,对 RA8875 的操作就是对 RA8875 寄存器的读写,以及 RA8875 显示内存的读写。RA8875 官网下载的手册很厚,读者使用本书,可以先把代码运行起来,再参考手册,事半而功倍!下面进入 RA8875 的初始化。

4. RA8875 初始化

到目前为止,未曾向 RA8875 发送过一个指令,未曾向 RA8875 发送一个数据,RA8875 还处于复位后的初始状态。因此,需要配置 RA8875 按要求工作,这个过程就是初始化操作,见代码 3-33。

代码 3-33   RA8875 的初始化代码

```
void BP_Init_RA8875(void)
{
    /*1.通过 88H,89H 寄存器设置时钟频率*/
```

```
WriteCommand(0x88);
WriteData(0x4);
delay_ms(1);
WriteCommand(0x89);
WriteData(0x02);
//PLLDIVM = 0 PLLDIVN = 4 PLLDIVK = 2
//FPLL = FIN * ( PLLDIVN [4:0] +1) 必需等于或大于 110MHz
//FPLL = FIN * (PLLDIVN[4:0] +1) = 25 * 5 =    125MHz >110MHz
//SYS_CLK = 125/4 = 31.25MHz
delay_ms(10);

/* 2. 通过 10H 设置颜色和端口 */
WriteCommand(0x10);
WriteData(0x0F);                // 3~2 位为 11;64k 色;1~0 位为 11,16 位 MCU 端口
delay_ms(1);

/* 3. 通过 04H 设置采样边沿和 PCLK 像素时钟(Pixel Clock) */
WriteCommand(0x04);             //set PCLK invers
WriteData(0x82);
//7 位 1:PDAT 是在 PCLK 下降 (Falling Edge) 时被取样
//1~0 位为 10PCLK 频率周期 = 4 倍的系统频率周期。
delay_ms(1);

/* 4: 水平设置 */
WriteCommand(0x14);
WriteData(0x3B);                //水平显示宽度(像素) = (HDWR + 1) * 8 = 480

WriteCommand(0x15);             //水平非显示周期微调宽度设置 (HNDFTR)
WriteData(0x00);

WriteCommand(0x16);             //水平非显示周期宽度(HNDR)
WriteData(0x01);                //水平非显示宽度(像素) = (HNDR + 1) * 8 = 18

WriteCommand(0x17);             // 水平同步信号 (HSYNC) 起始地址宽度 HSTR
WriteData(0x00);                //水平同步起始地址宽度 = (HSTR + 1) * 8 = 8

WriteCommand(0x18);             //水平同步信号 (HSYNC) 脉冲宽度(HPWR)
WriteData(0x05);                //水平同步信号脉波宽度 (像素) = (HPWR + 1) * 8 = 48

/* 5:垂直设置 */
WriteCommand(0x19);             //垂直显示高度低 8 位 [0~7] (VDHR0)
WriteData(0x0f);
```

```
WriteCommand(0x1a);              //垂直显示高度高位  (VDHR1)
WriteData(0x01);                 //垂直显示高度(像素) = VDHR + 1 = 0X10F + 1 = 272

WriteCommand(0x1b);              //垂直非显示周期位[7:0](VNDR0)
WriteData(0x02);
WriteCommand(0x1c);              //垂直非显示周期位[8](VNDR1)
WriteData(0x00);
WriteCommand(0x1d);              //垂直同步信号起始地址高度位[7:0]  VSTR0
WriteData(0x07);
WriteCommand(0x1e);              //垂直同步信号起始地址高度位[8]  VSTR1
WriteData(0x00);
WriteCommand(0x1f);              //垂直同步信号脉波宽度 VPWR
WriteData(0x09);

/*6.活动窗口 active window 设置*/

WriteCommand(0x30);              //水平起点低位(HSAW0)
WriteData(0x00);
WriteCommand(0x31);              //水平起点高位(HSAW1)
WriteData(0x00);
WriteCommand(0x34);              //水平结束点低位(HEAW0)
WriteData(0xDF);
WriteCommand(0x35);              //水平结束点高位(HEAW1)
WriteData(0x01);
//0~479   1DF = 479

WriteCommand(0x32);              //垂直起点低位  (VSAW0)
WriteData(0x00);
WriteCommand(0x33);              //垂直起点高位  (VSAW0)
WriteData(0x00);
WriteCommand(0x36);              //垂直结束点低位(VEAW0)
WriteData(0x0F);
WriteCommand(0x37);              //垂直结束点高位(VEAW1)
WriteData(0x01);
//0~271      10F = 271

/*7 触摸屏    设置*/
WriteCommand(0x71);
WriteData(0x00);                 //自动模式
RA8875_WAITSTATUS();
WriteCommand(0x70);              //设置触摸屏采样时间
WriteData(0xb3);                 // AD 采样 4096 个周期 011
```

```
        Touch_Panel_Interrupt_Enable();      //使能触摸屏中断
        clear_TP_interrupt();                 //清中断事件

        Clear_Active_Window();                //清活动窗口 寄存器 8E 6 位写 1
        Text_Foreground_Color(WHITE);
        Text_Background_Color(RED);

        Memory_Clear();                       //清内存 寄存器 8E 7 位写 1
        Display_ON();                         //寄存器 01 位 7 写 1 开显示

        /* 8. 设置背光 */
        PWM1_enable();                        //使能 PWM
        PWM1_function_sel();                  //PWM1 输出调节背光
        PWM1_clock_ratio(0x03);               //频率设置为 2MHz
        PWM1_duty_cycle(0xff);                //占空比 100%
    }
```

该段代码反复利用 WriteCommand 和 WriteData 向 RA8875 发出命令和数据,经过代码中的 8 个步骤的设置,完成了初始化操作。具体寄存器的内容可参考 RA8875 手册(参考文献 5)。

到目前为止,已经完成了整个初始化的过程,该在屏幕上显示内容了。接下来实现一个在屏幕上随机画椭圆的程序并下载到目标板中去。

5. 带背光调节地画随机椭圆程序的实现

第一个显示程序,实现的功能有:

1) 用 TFT 液晶屏显示字符信息,在屏幕上随机位置画随机颜色和大小的椭圆。
2) 用按键控制液晶屏亮度。

选择两个按键做调光,上调和下调。使用随机函数得到椭圆的位置和大小,向 RA8875 发送指定命令画椭圆。主程序代码见代码 3-34。

代码 3-34 随机显示椭圆主程序

```
#include "bp_config.h"
#include <stdlib.h>

INT8U backlight;   //背光亮度
int main(void)
{
    INT16U temp,t;
    clock_config();
    led_init();
    key_init();
    exti_config();   //中断配置
    tft_init();      //FSMC\RA8875 的初始化,调用前面的 FSMC 端口配置和 FSMC 初始化函数,及 RA8875 初始化函数
```

```
    while(1)
    {
        LcdClear(RED);           //清屏
        delay_ms(500);           //延时
        LcdPrintStr("Welcome to Bright Point",60,50,BLACK,WHITE,1);
        LcdPrintStr("http://www.eeboard.com/bp",60,80,RED,WHITE,2);
        //在屏幕上输出字符串
        GPIO_ResetBits(led_gpio,led1|led2|led3|led4);//关全部 led
        delay_ms(500);           //延时
        while(1)
        {
            led_turn1;  //翻转 led,让其闪烁
            delay_ms(250);
            Graphic_Mode();  //进入图形模式
            temp = rand();        //简单地获得随机数
            Text_color(temp); //设置画笔颜色
Ellipse_Coordinate_setting(rand()%480,rand()%272,rand()%50,rand()%50);
//定制一个在屏幕范围内的随机位置,随机大小的椭圆
            delay_ms(250);
            Draw_Ellipse_fill();  //画出椭圆
        }
        delay_ms(2500);//延时
    }
}
```

该代码的主体是一个死循环,在进入循环之前先对系统的各个设备及中断进行了初始化,然后调用 LcdClear 清屏,调用 LcdPrintStr 输出字符串。在循环中,设置随机的画笔颜色,随机的椭圆位置和大小,然后调用 Draw_ Ellipse_ fill 画出椭圆。这些被调用的函数在 RA8875.c 中,通过向 RA8875 发送命令和数据来实现。

在按键中断程序中,调整全局变量 backlight 的值,实现了调整亮度,见代码 3-35。

代码 3-35　调整亮度代码

```
void EXTI9_5_IRQHandler(void)    //按键 1 和 2 的中断服务程序
{
    delay_ms(20);   //延时去抖
    if(GPIO_ReadInputDataBit(button_gpio,button2) = = 0x00)
    {
        backlight + = 20;//按键 2 按下,增加亮度
        PWM1_duty_cycle(backlight);
    }
    if(GPIO_ReadInputDataBit(button_gpio,button1) = = 0x00)
    {
```

```
                backlight - =20; //按键 1 按下,减小亮度
                PWM1_duty_cycle(backlight);
        }
        EXTI_ClearITPendingBit(button1_exti_line);    //清除 EXTI8 线路挂起位
        EXTI_ClearITPendingBit(button2_exti_line);    //清除 EXTI9 线路挂起位
}
```

当按下按键之后,进入按键中断服务程序,首先判断是哪个键被按下,如果是按键 2,增加亮度,如果是按键 1,减小亮度。需要注意该示例代码没有设置亮度值检测,因为全局变量 backlight 是无符号字节,因此细心的读者可以发现当一直向上加,当操作 255 之后,会出现亮度又变弱的情况,反之亦然。如果觉得这样不好,可以修改代码。

该程序下载到目标板,运行结果如图 3-61 所示。

现在实现了简单的图形显示,如果按按键,会发现屏幕亮度的变化,这是 PWM 脉宽调制的结果。

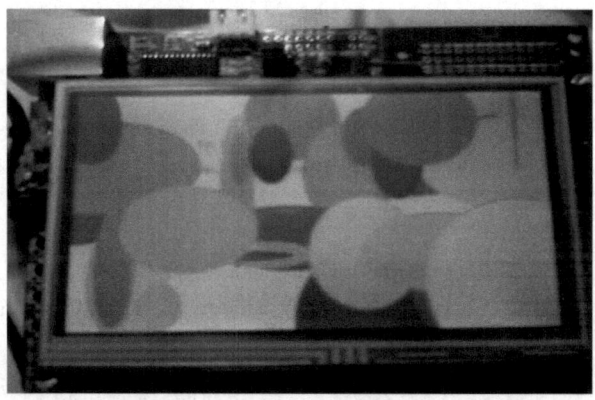

图 3-61　随机画椭圆程序下载到亮点板上运行结果

接下来要对发挥触摸屏的功能,实现触摸屏编程。

3.6.2　触摸屏编程

当硬件连接正确,且在初始化的时候开启了 RA8875 的触摸屏管理功能之后,当单击屏幕的时候,RA8875 会获得一对模拟量值,这个模拟量值是 RA8875 将屏幕单击位置的对应的模拟值通过 RA8875 内置的 AD 进行模数转换得来的。一个是水平值,一个是垂直值。这对水平模拟值与单击的水平像素位置点之间存在线性对应关系,但不是 1:1 的关系,垂直方向上也是这样。对于不同的屏幕,不同的器件会有所差异,因此首先需要对屏幕进行校准,将左上和右下的对应模拟值保存起来。

AT24C02 很适合保存非易失数据,因此可以采用 AT24C02 将校准的数据保存起来。然后,将实现一个有说服性的实例,见代码 3-36。

1) 屏幕校准,依次单击屏幕上 4 个角,以校正屏幕。
2) 在触摸处随机画椭圆。

代码 3-36　液晶屏触摸实验代码

```
INT8U KeyPressed;
int main(void)
{
    INT16U temp,count,x0,x1,y0,y1,x,y;
    float xtimes,ytimes;
```

```
temp = 0;
clock_config( );
led_init( );
key_init( );
exti_config( );
tft_init( );
usart_init( );
iic_init( );
while(! touch_calibration(&x0,&y0,&x1,&y1))
{
        KeyPressed = 0;
        LCD_ShowString(60,170,"Press key to continue      ");
        while(KeyPressed = = 0);
}//对屏幕进行校准,直到校准成功为止

at24c02_writebyte(lcdverify_address_x0,x0 >> 8);
at24c02_writebyte(lcdverify_address_x0 + 1,x0&0xOFF);
at24c02_writebyte(lcdverify_address_x1,x1 >> 8);
at24c02_writebyte(lcdverify_address_x1 + 1,x1&0xOFF);
at24c02_writebyte(lcdverify_address_y0,y0 >> 8);
at24c02_writebyte(lcdverify_address_y0 + 1,y0&0xOFF);
at24c02_writebyte(lcdverify_address_y1,y1 >> 8);
at24c02_writebyte(lcdverify_address_y1 + 1,y1&0xOFF);
at24c02_writebyte(lcdverify_address,lcdverify_value);

//现在获得了屏幕左上和右下对应的 AD 采样值
//当单击屏幕的时候,获得的位置要转换为坐标值
xtimes = (float)TFT_RESOLUTIONX/(float)(x1 - x0);
ytimes = (float)TFT_RESOLUTIONY/(float)(y1 - y0);
LcdPrintf(35,120,RED,WHITE,"timesx:%f, timesy:%f",xtimes,ytimes);

while(1)
{
        tft_gettouchpoint(&x,&y);

        Text_color(rand( ));

Ellipse_Coordinate_setting((x - x0) * xtimes,(y - y0) * ytimes,rand( )%100,rand( )%100);

        Draw_Ellipse_fill( );
          beep_run(10);
}
}
```

该程序流程如下：

1）系统初始化，包括了按键、LED、I²C、液晶屏等设备的初始化。

2）读取 24C02 地址 lcdverify_address（宏）的数据，与 lcdverify_value（宏）进行比较，如果不相等，说明未进行过屏幕校准，转到步骤 3）进行校准。否则转到步骤 5）。

3）调用 touch_calibration 对屏幕进行校准，如果校准不成功反复校准直到成功。校准值保存在变量 x0，y0，x1，y1 中。其中，x0，y0 为左上角单击获得的水平和垂直方向的模拟量值；x1，y1 为左下角单击获得的水平和垂直方向的模拟量值。

4）将校准值写入 24C02，将 24C02 地址 lcdverify_ address（宏）写 lcdverify_ value（宏），这样下次开机无需再进行校准。转到步骤 6）。

5）从 24C02 中读取校准值到 x0，y0，x1，y1。

6）调用 LcdPrintf 在屏幕上打印出左上和右下点的对应的两组模拟值。

7）提示触摸屏幕上任意位置，将在该处画一个随机颜色和大小的椭圆。

8）使用公式 xtimes = TFT_RESOLUTIONX/(x1 - x0) 计算水平像素点和获取的水平模拟值的倍数关系，保存该倍数到 xtimes；使用公式 ytimes = TFT_RESOLUTIONY/(y1 - y0) 计算垂直像素点和获取的垂直模拟值的倍数关系，保存该倍数到 ytimes。在屏幕上输出 xtimes 和 ytimes。

9）进入循环。调用 tft_gettouchpoint( ) 等待直到获取用户触摸，将触摸点的模拟值保存在变量 x 和 y。

10）(x - x0) * xtimes 为将 AD 转换的模拟值转换为屏幕上的 X 方向像素点位置；(y - y0) * ytimes 为 Y 方向像素点位置。以它们为坐标，调用 Ellipse_Coordinate_setting 设置一个中心点在触摸点，随机大小的椭圆。用 Text_color(rand( )) 设置随机画笔颜色。调用 Draw_Ellipse_fill 画出这个椭圆。

11）调用 beep_run 驱动蜂鸣器发声，回到第 9）步继续等待触摸事件的发生。

将代码编译后下载到目标板，首先按提示单击屏幕的 4 个角进行校准，校准成功后，单击屏幕上一个位置，在这个位置将画出一个随机颜色和大小的椭圆，并伴随蜂鸣器的鸣叫。复位后重新开始程序，不需要再进行校准。

到现在为止，虽然实现了基本的操作，但还未能输出汉字。如何让液晶屏上可以方便地输出汉字呢？下一小节给出两种解决方案。

3.6.3 汉字输出

汉字显示，首先需要解决的是字库的问题。在字库芯片中，每个汉字是以汉字点阵字模的形式存储的，每个字模包含很多个点位，每个点用一个二进制位表示。存 1 的点，在屏幕上显示亮点，存 0 的点，则在屏幕上不显示。点阵排列的一种格式为横置横排：即一个字节的高位表示左面的点，低位表示右面的点，排满一行的点后再排下一行。这样把点阵信息用来直接在显示器上按上述规则显示，则将出现对应的汉字。

字库很大，32×32 点阵的字库，每个字占用了 128B。而在 GB2123 字符集中，有 1 区字符 846 个，汉字 6763 个，一共 7609 个，占用 793952（775k）B。而如果在屏幕中分别显示 16×16 点阵、24×24 点阵的汉字，以及 ASCII 码，STM32 的内存无论如何是装不下的。

因此要使用字库芯片，GT23L32S4W 是一款内含 11×12 点阵、15×16 点、24×24 点阵、32×32 点阵的汉字库芯片，支持 GB2312 国标汉字及 ASCII 字符。排列格式为横置横排。用户通过字符内码，可以计算出该字符点阵在芯片中的地址，可从该地址连续读出字符点阵信息。GT23L32S4W 具有 SPI 可方便地实现与 RA8875 的通信，读取字模的过程不需要 CPU 的参与。本小节的第一部分是编程实现透过 GT23L32S4W 在屏幕上输出不同大小、颜色的汉字。

虽然使用字库芯片很方便，但是使用字库芯片并不是唯一的方式。笔者设计硬件，使 STM32 和 RA8875 可以分时与 SPI FLASH 进行通信。在 STM32 的控制下，将字库从 TF 卡转存到 SPI FLASH 中，然后搬动开关，将 SPI FLASH 的控制权交给 RA8875，通过对 RA8875 的编程，同样实现了和采用高通芯片同样的效果。这一部分的实现将在本小节的第二部分给出。

由于在前面的章节已给出硬件的设计，对这一部分不重复论述。

1. 使用高通字库显示不同字体汉字

在 RA8875 内部的 CGROM 是默认的字体存放位置，但是并不包含汉字字库，只包含 ASCII 字体。因此，要使用高通字库 GT23L32S4W，就要进行设置，将默认的字体库改为 GT23L32S4W（外字库）。亮点板子上集通字库片选信号连在 SFCS0，因此当 SFCS0 为 0 的时候，将选择 GT23L32S4W。而选择字体，是通过向 RA8875 的寄存器 2EH 写信息来完成。代码 3-37 实现了采用高通字库显示不同字体的汉字。

代码 3-37　使用高通字库显示不同字体的汉字

```
#include " bp_config. h"
INT8U backlight; //背光亮度
int main( void)
{
    INT16U temp,t;
    clock_config( );
    led_init( );
    key_init( );
    exti_config( );
    tft_init( );
    LcdClear( WHITE );
    External_CGROM( );//选择外字库 21H 5 位置 1
    SROM_CLK_DIV(3);    //四分之一 SYSCLK  06H 写 3
    Serial_ROM_select0( );     //05H 位 7 清 0 亮点板子上集通字库连在 SFCS0
    // 默认是 16 * 16 点阵
    GT_serial_ROM_select_GT23L32S4W( );    //2FH 设置 选择字库类型
    while(1)
    {
        temp = 0;
        Text_Mode( );//字符模式 寄存器 40H S7 置 1
        Vertical_FontEnlarge_x2( );//垂直放大 2 倍
        Horizontal_FontEnlarge_x2( );//水平放大 2 倍
```

```
            Fontsize_32 * 32();    //选择 32 * 32 点阵字体 设置寄存器 2EH
            LcdPrintStr("1. 32 * 32 放大",10,0,PURPLE,WHITE,1);
            Vertical_FontEnlarge_x1();//垂直放大 1 倍
            Horizontal_FontEnlarge_x1();//水平放大 1 倍
            Fontsize_32 * 32();
            LcdPrintStr("2. 32 * 32 挺大的",10,70,RED,WHITE,1);
            Fontsize_24 * 24();
            LcdPrintStr("3. 24 * 24 刚刚好",10,110,BLUE,WHITE,1);
            Fontsize_16 * 16();
            LcdPrintStr("4. 16 * 16 挺省地方",10,150,BLACK,WHITE,1);
            Fontsize_32 * 32();
            LcdPrintStr("亮点嵌入式服务第一",10,170,RED,WHITE,1);
            LcdPrintStr(" brightpoint. taobao. com",10,200,PURPLE,WHITE,1);
        }
    }
```

代码很短,并不复杂,因为读取字库的工作,RA8875 已经采用 DMA 的方式自己完成了。到现在一直没有对 RA8875. c 里面的函数进行解析,为了消除读者的疑虑,在这里就解析一下用到的两个函数,见代码 3-38。

代码 3-38 使用高通字库用到的两个驱动函数解析

```
        void External_CGROM( void)      //选择外部 CGROM
        {
            u8 temp;
            WriteCommand(0x21);//写命令 0x21,表示对 RA8875 的 21H 寄存器操作,查官网的 RA8875 手
册,该寄存器为字体控制寄存器 0(FNCR0),位 5 为 0 表示选择内部 CGROM,为 1 表示选择外部 CGROM.
            temp = ReadData();//读取 21H 寄存器
            temp | = cSetD5;         //cSetD5 为宏 0x20,该操作设置位 5 为 1,其他位不变
            WriteData( temp);       //将修改后的值写回 21H 寄存器,结果就是选择了外部 CGROM
        }

        void Fontsize_32 * 32( void)
        {
            u8 temp;
            WriteCommand(0x2E);//字体类型设置寄存器 FNCR1
                               //位 7 和位 6 为文字大小,00 为 16 * 16;01 为 24 * 24;1X 为 32 * 32
            temp = ReadData();    //读出该寄存器值
            temp & = 0x3f;        //将位 7 和位 6 置 0
            temp | = 0x80;        //将位 7 置 1
            WriteData( temp);    //将修改后的值,写到字体类型寄存器 0X2E 中,完成设置字体类型为 32
* 32 的操作
        }
```

通过代码后的注释，读者必可以理解和掌握这些寄存器的操作，全部的驱动代码在光盘中。

采用高通字库显示不同字体的汉字实验的运行结果如图 3-62 所示。

2. 使用 SPI FLASH 作字库显示不同字体汉字

在硬件设计中，通过多路选择器，将 8MB 的 SPI FLASH W25Q64 的 SPI，通过多路选择器进行切换，可以连接到 STM32 的 SPI2 或 RA8875 的 SPI，因此可以通过编程，将 TF 卡中字库复制到 SPI FLASH，再通过对 RA8875 的写一系列的指令，实现其用直接提取字模，不需要 CPU 的参与，达到和使用字库芯片同样的效果。

图 3-62　使用高通字库显示不同字体的汉字
程序下载到目标板上运行结果

使用 SPI FLASH 作字库显示不同字体汉字需要实现的功能包括（见代码 3-39）：

1）将字库从 TF 卡搬家到 SPI FLASH。
2）将 SPI FLASH 控制权交给 RA8875。
3）设置 RA8875 寄存器。
4）输出汉字。

代码 3-39　使用 SPI FLASH 字库实现汉字显示

```c
u8 tff_state;
FATFS tff_fs;
FRESULT tff_res;
UINT tff_br;
int main(void)
{
    INT16U temp,count;
    u8 datatemp[SIZE];
    u8 *p1,data,step;
    u32 id,i,j,line=0;
    temp=0;
    clock_config();        //启动时钟
    led_init();            //led 初始化
    key_init();            //按键初始化
    exti_config();         //中断配置
    tft_init();            //4.3in 触摸屏 TFT 液晶屏初始化
    iic_init();            //初始化 IIC
    spiflash_init();       //初始化 SPI FLASH 所用的 SPI
    if(TFT_SUPPORT) LcdClear(WHITE);
```

```c
        while(tfcard_init()!=0)    //校验 TF 卡
        {
            if(TFT_SUPPORT)
                LCD_ShowString(10,line,"TFCARD NOT FOUND!");
            lineadd;
            beep_run(100);
            delay_ms(1500);
        }
    tff_res = f_mount(0, &tff_fs);//校验文件系统
    if(tff_res!=FR_OK)
        {
            LcdPrintf(10,line,RED,WHITE,"f_mount FAILED! ERR=%d",tff_res);
            beep_run(500);
            while(1);
        }

    if(TFT_SUPPORT) LcdClear(WHITE);
    while((id=spiflash_readid())!=SPIFLASH_ID)//校验 SPI FLASH W25Q64
        {
            if(ISDEBUG) printf("ID:%x",id);
            if(TFT_SUPPORT) LcdPrintf(10,30+line,RED,WHITE,"Check Failed return ID is:%d",i);
            line+=20;
            if(ISDEBUG) printf("Check Failed return ID is:%d",i);
            delay_ms(500);
        }
    delay_ms(1500);
    LcdClear(WHITE);
    LcdPrintf(10,10,RED,WHITE,"W25Q64 Check OK! id=%x",id);
    temp=SIZE;

    //写入汉字
    LcdClear(WHITE);
    data=0;
    line=10;
    //at24c02_writebyte(verify_font_address,verify_font_value-1);//加这一句,强行从 TF 卡装载字库
    //开始读取汉字和写入汉字到 SPI FLASH
    if (at24c02_readbyte(verify_font_address)!=verify_font_value) //未写过字库到 FLASH
        {

            if(loadzk(address16,"zk/GB1616.DZK",hzzjs16,16))//
```

```
            {
                LcdPrintf(10,100,RED,WHITE,"ZK GB1616.DZK write err");
                return;
            }
            if(loadzk(address24,"zk/GB2424.DZK",hzzjs24,7))
            {
                LcdPrintf(10,100,RED,WHITE,"ZK GB2424.DZK write err");
                return;
            }
            if(loadzk(address32,"zk/GB3232.DZK",hzzjs32,2))
            {
                LcdPrintf(10,100,RED,WHITE,"ZK GB3232.DZK write err");
                return;
            }
            if(loadasc(addrasc16,"zk/ASCII16.DZK",asczjs16,32))
            {
                LcdPrintf(10,100,RED,WHITE,"zk\ZK ASCII16.DZK write err");
                return;
            }
            if(loadasc(addrasc24,"zk/ASCII24.DZK",asczjs24,8))
            {
                LcdPrintf(10,100,RED,WHITE,"zk\ASCII24.DZK write err");
                return;
            }
            if(loadasc(addrasc32,"zk/ASCII32.DZK",asczjs32,4))
            {
                LcdPrintf(10,100,RED,WHITE,"zk\ASCII32.DZK write err");
                return;
            }

        at24c02_writebyte(verify_font_address,verify_font_value);
    }
    GPIO_SetBits(spi2_selectgpio,spi2_selectpin);
    LcdClear(WHITE);
    External_CGROM();    //选择外字库 21H 5 位置 1
    SROM_CLK_DIV(3);     //四分之一 SYSCLK   06H    写 3
    Serial_ROM_select1();        //05H  位 7 清 0  亮点板子上 SPI FLASH 字库连在 SFCS1
    GT_serial_ROM_select_GT23L32S4W();    //2FH  设置  选择字库类型
    Text_Mode();    //字符模式   40H   S7 置 1
    Fontsize_16*16();  //选择    设置 2EH
    LcdPrintStr("◆欢迎使用亮点 STM32 开发板! ASCII",10,0,PURPLE,WHITE,1);
```

```
    Fontsize_32*32();
    LcdPrintStr("◆使用 SPI FLASH 代替高通字库,读字库不需要 CPU 参与",10,30,RED,WHITE,
1);
    //LcdPrintStr("ABCabc123",10,30,RED,WHITE,1);

    Fontsize_24*24();
    LcdPrintStr("◆SPI FLASH 三种字体:●16*16 ●24*24 ●32*32 完美解决☆☆☆★★★",10,
100,BLUE,WHITE,1);
    Fontsize_16x16();
    LcdPrintStr("◆SPI FLASH 被 RA8875 接管后,SP2 端口资源就空闲出来,可作其他用途",10,170,
BLACK,WHITE,1);
```

代码主要流程为

1) 初始化时钟和外设。
2) 对 IIC、SPI FLASH、TF 卡进行校验。
3) 判断字库文件有没有写入过 SPI FLASH,如果没有写入,写入 SPI FLASH。
4) 向 RA8875 发出一系列指令,使其在输出字符的时候,从 SPI FLASH 提取字模。
5) 向屏幕上输出不同字体的汉字。

该程序下载到目标板上,运行效果如图 3-63 所示。

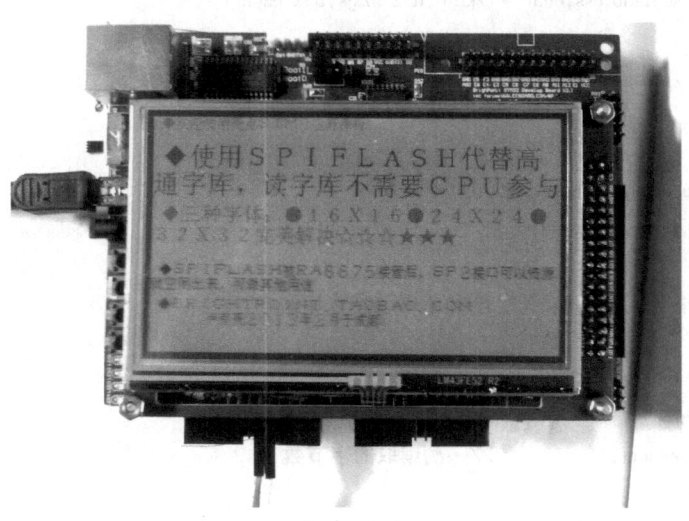

图 3-63 使用 SPI FLASH 字库实现汉字显示实验运行结果

代码中其他部分比较简单,但装载字库的过程比较复杂。复杂的主要是在 PC 中通过各种字库软件或下载的字库文件,在 1 区特殊字符和 2 区汉字之间,有一段空白。而要

RA8875 提取字模,需要连续将 1 区和 2 区字模存放,像在高通字库中一样才可以。这里给出装载字库的代码,见代码 3-40。

代码 3-40　字库装载函数实现

```
#define cnt_yqzfs 846      //1 区字符数
#define cnt_eqqszj 1410    // 2 区起始字节
#define cnt_hz 7613        //字符总个数 6767+846

#define address16 0x2C9D0  //16*16 字体存储的目标地址
#define hzzjs16 32         //该字体字模占据的字节数
#define address24 0x68190
#define hzzjs24 72
#define address32 0xedf00
#define hzzjs32 128


#define addrasc16 0x1dd780 //ASCII 码 16*16 字体起始地址
#define asczjs16 16        //该字体字模占据的字节数
#define addrasc24 0x1dff00
#define asczjs24 48
#define addrasc32 0x1e5a50
#define asczjs32 64
u8 loadzk(u32 startaddress,char * zkfile,u32 hzzjs,u32 hzcnt)
{
    u8 step;     //指示阶段
    u16 line;
    u8 * p;      //字节指针
    u32 totalreadcnt,totalhzcnt,totalrealhzcnt;
    u8 zkbuf[2048];  //缓冲区

    //  读取字节总数 读取汉字总数 有效读取汉字总数
    FIL file;
    FRESULT tff_res;
    u32 dancizjs;
    u32 addr,readcnt;       //一次读取的字节数
    u16 temp;
    dancizjs = hzcnt * hzzjs;  //计算一次读取的字节数

    tff_res = f_open(&file,zkfile,FA_OPEN_EXISTING | FA_READ);
    if(tff_res! = FR_OK)
    {
        reporterrf("%s NOT FOUND!",zkfile);
```

```c
            return(tff_res);
    }
    p = zkbuf;
LcdClear(WHITE);
line = 10;
LcdPrintf(10,line,RED,WHITE,"begin to write %s = %d",zkfile,totalrealhzcnt);
lineadd;
//开始读取汉字和写入汉字到SPI FLASH
addr = startaddress;              //设置起始地址
totalreadcnt = 0;
totalhzcnt = 0;
totalrealhzcnt = 0;

step = 1;//1:读1区字符 2:读1区剩余 3:读汉字
    while(1)
    {
        f_read(&file, p, dancizjs, &readcnt);//读取字库数据到缓冲区
        totalreadcnt + = readcnt;
        totalhzcnt + = hzcnt;
        if(totalhzcnt < = cnt_yqzfs)//如果在一区
        {
            spiflash_write(p,addr,readcnt);     //写FLASH
            addr + = readcnt;                   //修改地址
            totalrealhzcnt + = hzcnt;           //修改真实读取个数
        }
        else
        {
            if(step = =1)//大于1区字符数,读到的写有用的部分
            {
                step = 2;
                spiflash_write(p,addr,(cnt_yqzfs - totalrealhzcnt) * hzzjs);
                //写剩余的1区字库内容到FLASH
                totalrealhzcnt = cnt_yqzfs;//写完1区字符
            }
        }
        if(step = =3)//在第三步,连续读写
        {
            spiflash_write(p,addr,readcnt);     //写SPI FLASH
            addr + = readcnt;                   //修改地址
            totalrealhzcnt + = hzcnt;
        }
```

```c
            if(((totalhzcnt>cnt_eqqszj)&&(step==2))
            {
                //如果读到汉字,且在第二步,那么读到的汉字在缓冲区尾部
                addr = startaddress + cnt_yqzfs * hzzjs;//这是字库里第一个汉字"啊"的地址
                temp = totalreadcnt/hzzjs - cnt_eqqszj;//计算包含的汉字数
                if(temp>0) spiflash_write(p+dancizjs-temp*hzzjs,addr,temp*hzzjs);
                //计算缓冲区开始有汉字的地址为 p + dancizjs - temp * hzzjs
                totalrealhzcnt + = temp;
                step =3;
                addr + = temp * hzzjs;//修改地址
            }
            LcdPrintf(10,line,RED,WHITE,"W25Q64 Write count = % d",totalrealhzcnt);
            lineadd;
            if(totalhzcnt>8177) break;
            //8177 为 1 区加 2 区加两区间空数据区的总和可包含的字体个数,最后一次写将超过这个范
围但不影响读写字库
        }
    return 0;
}
```

该函数的参数是:

startaddress 为装载到 SPI FLASH 的首地址,是目标地址。

zkfile 是要装载的字库文件名称,这个文件必须在 TF 卡中存在。

hzzjs 为每个汉字字模的字节数。

hzcnt 为一次读取汉字的个数。

该函数流程为:

1) 打开文件获得文件句柄,将 startaddress 赋给变量 addr。

2) 读取 hzzjs * hzcnt 个字节到缓冲区。

3) 根据读取的字符总数,判断现在读取的汉字在哪个区。如果在一区,调用 spiflash_write 将读取的内容写入 FLASH 地址 addr,将 addr 修改为下次写入的地址。

4) 如果判断读取的字符数超过了 1 区字符数,将剩余的 1 区字符写入 SPI FLASH,将 step 赋值为 2 标志读取到了空白区。

5) 继续读 hzzjs * hzcnt 个字节到缓冲区,当发现读取的数量超过了 2 区字符的界限 cnt_eqqszj(2 区起始字节地址,也就是第一个汉字"啊"在字库文件中的位置,笔者的字库中这个位置是1410),将读取到的非空白部分写入 SPI FLASH。修改 addr 为下次写入做准备。

6) 以下可以连续读取和写入剩余的 2 区汉字字模,直到读取的字模数量达到字模总数。

笔者认为,该段代码比较难一点。建议读者使用点阵字库生成器的查看器查看 TF 卡中的字库(可在序言给出的论坛下载),分析一下 1 区和 2 区字模的位置。然后使用 JLINK 单步调试这段代码。

字库一经写入，就不需要再写入 SPI FLASH 了。注意如果采用这种方式使用汉字，以后将图片等内容写入 SPI FLASH 的时候不要覆盖掉字库，也就是规划好 SPI FLASH 的空间。

在 TF 卡中，除了字库，当然还可以存放图片等。下面研究将图片完整地显示在屏幕上以及一些快速位图操作。

3.6.4 图片显示和操作

本节图片操作分为 3 个部分：

1) 将 TF 卡中的图片文件部分读取到内存（内存空间有限，只能循环使用），然后向 RA8875 发送位图传输指令，然后连续发送数据，更新 RA8875 显示缓存达到图片显示的目的。该操作可以实现图片显示，但是速度较慢，且严重占用 CPU 时间。

2) 将 TF 卡中的图片转存到 SPI FLASH 中，向 RA8875 卡发送指令，令其以 DMA 方式读取图片自动更新显存。该方式速度快，不占用 CPU 时间。笔者用该种方式实现了简单的电子相框。

3) 使用块传输引擎实现一些快速位图操作功能。

1. TF 卡中图片的显示

要将 TF 卡中图片读取到内存，然后更新缓存，必须掌握图片文件的格式。

用 winhex 打开一个 BMP 文件，其文件格式如图 3-64 所示。

Offset	0 1 2 3 4 5	6 7	8 9 10 11	12 13 14 15
00000000	42 4D 36 FA 05 00	00 00	00 00 36 00	00 00 28 00
00000016	00 00 E0 01 00 00	10 01	00 00 01 00	18 00 00 00
00000032	00 00 00 FA 05 00	C4 0E	00 00 C4 0E	00 00 00 00
00000048	00 00 00 00 00 00	8E 91	56 8E 90 52	8A 8B 50 82
00000064	84 4C 7C 7F 4C 76	7A 48	79 7B 46 7A	7E 46 78 7C

图 3-64 位图文件格式

图 3-64 中，画了横线的部分是文件头，到竖线为止是 38B。竖线之后，从第 54B 开始，就是图片每个像素点的颜色。如果是 24 位颜色，每 3B 表示一个像素点；如果是 16 位颜色，每 2B 表示一个像素点。

首先分析的是文件头，从 0~13B 共 14B 称为字节头结构，字节头结构包含的信息如下：

1) 文件类型标志。字节 0 和 1 是 BMP 文件的标志，如果用 16 位格式读出来，因为 STM32 是采用小端模式，所以是 0X4D42。如果读出的不是 0X4D42，就不是 BMP 文件。

2) 文件大小。接下来一个字节是文件大小，是 0X05FA36。

3) 位图文件保留字，2B。

4) 位图文件保留字，2B。

5) 位图文件头到数据的偏移量，以字节为单位。这里为 0x36，即图片像素信息的起始位置为 0x36，对应十进制的 54。

剩余的文件头从字节 14~53，称为位图信息头。位图信息头包含的对编程有用的内容如下：

1) 位图信息头大小，4B。这里为 0x28。

2）图形宽度（像素），4B。这里为 0x1E0，即 480。
3）图形高度（像素），4B。这里为 0x110，即 272。
4）目标设备的级别，2B，必须为 1。
5）颜色深度，4B。0x18 即 24 位色。

其后的内容与编程无关，读者在代码中可以看到其说明。

定义如下结构体，用于方便地获取位图文件头信息，见代码 3-41。

代码 3-41　位图信息结构体定义

```
typedef struct tagBMPFILEHEADER          //文件头结构
{
    u16 bfType;                          //位图文件的类型,必须为 BM
    u32 bfSize;                          //文件大小
    u16 bfReserverd1;                    //位图文件保留字
    u16 bfReserverd2;                    //位图文件保留字
    u32 bfOffBits;                       //位图文件头到数据的偏移量,以字节为单位
} __attribute__((packed)) BMPFILEHEADER;
typedef struct tagBITMAPINFOHEADER       //位图信息头
{
    u32 biSize;                          //位图信息头大小,字节为单位
    u32 biWidth;                         //图形宽度(像素)
    u32 biHeight;                        //图形高度(像素)
    u16 biPlanes;                        //目标设备的级别,必须为 1
    u16 biBitcount;                      //颜色深度,每个像素所需要的位数
    u32 biCompression;                   //位图的压缩类型
    u32 biSizeImage;                     //位图的大小,以字节为单位
    u32 biXPelsPermeter;                 //位图水平分辨率(像素)
    u32 biYPelsPermeter;                 //位图垂直分辨率(像素)
    u32 biClrUsed;                       //位图实际使用的调色板中的颜色数
    u32 biClrImportant;                  //位图显示过程中重要的颜色数
    u32 redMask;                         //位图垂直分辨率(像素)
    u32 greenMask;                       //位图实际使用的调色板中的颜色数
    u32 blueMask;                        //位图显示过程中重要的颜色数
} __attribute__((packed)) BMPINFOHEADER;
typedef struct
{
    BMPFILEHEADER file;                  //文件信息区
    BMPINFOHEADER info;                  //图像信息区
} __attribute__((packed)) bmp;
```

在 PC 上用软件将 24 位的位图转换为适宜于 RA8875 显示的 16 位 565（红 5，绿 6，蓝 5）格式。

笔者编写的图片显示函数为 bmp_disp，在 bmp.c 中，如代码 3-42。

代码 3-42　TF 卡中图片显示函数

```c
extern u8 tff_state;   //在其他文件中定义的全局变量
extern FATFS tff_fs;
extern FRESULT tff_res;
extern UINT tff_br;
//TF卡中图片显示到液晶屏
// bmpfile:带路径文件名
// x0:显示在液晶屏上的起点横坐标
// y0:显示在液晶屏上的起点纵坐标
u8 bmp_disp(char * bmpfile,u16 x0,u16 y0)
{
    bmp bpbmp;              //文件头对象
    u32 readcnt;            //一次读取的字节数
    FIL file;
    bmp3B colour;
    u16 b;
    u16 x,y;
    u32 pointcnt;//位图像素数
    //480 * 272 = 130560B   130560 * 2 = 261120B
    x = x0;y = y0;

    tff_res = f_open(&file,bmpfile,FA_OPEN_EXISTING | FA_READ);
    if(tff_res! = FR_OK)
    {
        reporterr("BMP FILE NOT FOUND!");
        beep_run(2500);
        return(tff_res);
    }
    f_read(&file, &bpbmp,sizeof(bpbmp),&readcnt);
    //读取文件头,判断文件类型是否正确
    if(((bpbmp.file.bfType! = 0x4D42)||(bpbmp.info.biBitcount! = 16)))
    {
        reporterr("NOT A 565 BMP FILE!");
        beep_run(2500);
        return(1);
    }
    Graphic_Mode();//图形模式
    for(y = y0;y < (bpbmp.info.biHeight + y0);y + +)
    {
        XY_Coordinate(x0,y);//给 RA8875 发送命令,将光标移到下一行
        WriteCommand(0x02);//发送命令,要传送数据到 RA8875 显示内存
        for(x = x0;x < (bpbmp.info.biWidth + x0);x + +)
```

```
                }
                        f_read(&file,&b,2,&readcnt);    //读取 2B。16 位
                        WriteData(b);                   //发送到显示内存
                }
        }


        return 0;
}
```

建议读者细细分析一下笔者所写的流程,这里提示如下:

1) 执行了 f_read 之后,文件指针移动到最后一个读取的字节之后。

2) bpbmp.info.biWidth 是图片文件的像素宽度,因此在写完一行后,需要换到下一行的开始去写。

实践出真知,建议先将代码下载到目标板上运行,查看效果。使用 JLINK 单步调试,跟踪屏幕上的变化也是不错的选择。

主程序很简单,其中采用代码 3-43 中的代码实现了 2 个图片的显示:

代码 3-43 TF 卡中图片显示主程序中部分代码

```
GPIO_SetBits(spi2_selectgpio,spi2_selectpin);
bmp_disp("bmp/tu2.bmp",0,0);
bmp_disp("bmp/bplogo.bmp",10,50);
FontSize(32);//选择      设置 2EH
LcdPrintStr("◆亮点 STM32",170,60,RED,WHITE,1);
LcdPrintStr("◆图片显示程序 1",170,100,RED,WHITE,1);
LcdPrintStr("brightpoint.taobao.com",10,20,GREEN,WHITE,1);
```

很明显,首先将 TF 卡 bmp 目录下的 tu2.bmp 显示在屏幕上,然后将一个小一些的文件,bmp 目录下的 bplogo.bmp 文件显示在屏幕上,图片左上角坐标是 (10,50)。

GPIO_SetBits(spi2_selectgpio, spi2_selectpin); 的作用是控制多路开关 74HC157,将 SPI FLASH 的控制权交给 RA8875,因为接下来 RA8875 要读取其中字模。

接下来以图片为背景,显示一些信息。运行结果如图 3-65 所示。

该程序可以实现图片的显示,但缺点也很明显,做了实验的同学应该觉得图片显示的速度稍显慢了,只能应用在对图片显示速度要求不高的场合。另外,CPU 工作繁重。因此,必须想方设法提高显示速度,还让 CPU 的工作负担减轻!下一步借助 SPI FLASH,让 RA8875 通过 DMA 方式获取图片数据,实现电子相框,同时,让 CPU 清闲下来。

2. 基于 DMA 方式的快速图片显示实现电子相框

前面汉字的显示,大家已经学习了 SPI FLASH 作字库的方法,不需要占用过多的 CPU 时间,将 STM32 从繁重的处理中解放出来,还不用买字库芯片!现在,将一批图片移到 SPI FLASH,让它们在液晶屏上显示,只需要 STM32 做一些指挥。是如何做的呢?

首先,老老实实地做一些图片文件,这些图片笔者将其转换为 565 格式的 bmp 文件,分辨率是 480×272。读者可以将自己喜欢的图片转换过来。

图 3-65 图片显示程序运行结果

然后就要编程了，因为前面讲解了将图片显示到液晶屏的代码，这次是复制到 SPI FLASH，谨慎地规划目标地址，不要相互覆盖或覆盖掉原来复制进来的字库!

之后，就是要向 RA8875 发指令，告诉它的工作方法，让它去 SPI FLASH 取数据，告诉它图片在 SPI FLASH 中的起始地址，告诉它显示在屏幕哪里，然后让它开启 DMA 模式复制数据到显存。

之后就可以去做其他工作，任务已经分配下去了有人完成，完全的并行! 读者会看到图片显示的速度非常快，如果不加延时地循环显示就会快的看不清楚。RA8875 的 DMA 工作方式的确比单纯用 STM32 读取图片和显示图片的能力强很多。

基于 DMA 方式的快速图片显示实现电子相框的主程序代码见代码 3-44。

代码 3-44　基于 DMA 方式的快速图片显示实现电子相框的主程序代码

```
／*电子相框实验        1. 将图片从 TF 卡搬家到 SPI FLASH
                     2. 将 SPI FLASH 控制权交给 RA8875
                     3. 设置 RA8875 寄存器
                     4. 让 RA8875 用 DMA 方式读取图片到内存*／

int main( void)
{
    INT16U temp,count;
    u8 datatemp[ SIZE];
    u8 * p1,data,step;
    u32 id,i,j,line = 0
    temp = 0;
    clock _ config( );      //启动时钟
    led _ init( );          //led 初始化
```

```
        key_init();            //按键初始化
          usart_init();
        tft_init();            //4.3in 触摸屏 TFT 液晶屏初始化
        iic_init();
        spiflash_init();       //初始化 SPI FLASH 所用的 SPI
        exti_config();         //中断配置
        if(TFT_SUPPORT) LcdClear(WHITE);

        while(at24c02_check()! =0)  //校验 IIC
        {
            LCD_ShowString(10,line,"iic error!");
            beep_run(100);
            delay_ms(1500);
            lineadd;
        }
        while(tfcard_init()! =0)       //校验 TF 卡
        {
            if(TFT_SUPPORT)
                LCD_ShowString(10,line,"TFCARD NOT FOUND!");
            lineadd;
            beep_run(100);
            delay_ms(1500);
        }
        tff_res = f_mount(0, &tff_fs);//校验文件系统
        if(tff_res! =FR_OK)
          {
            LcdPrintf(10,line,RED,WHITE,"f_mount FAILED! ERR = %d",tff_res);
              beep_run(500);
            while(1);
          }
        if(TFT_SUPPORT) LcdClear(WHITE);
        if(TFT_SUPPORT) LCD_ShowString(10,10,"BMP TEST");
        while((id=spiflash_readid())! =SPIFLASH_ID)//校验 SPI FLASH W25Q64
        {
            if(ISDEBUG) printf("ID:%x",id);
            if(TFT_SUPPORT)LcdPrintf(10,30+line,RED,WHITE,"Check Failed return ID is:%d",i);
            line+ =20;
            if(ISDEBUG)printf("Check Failed return ID is:%d",i);
            delay_ms(500);
        }
        delay_ms(1500);
```

```c
LcdClear(WHITE);
LcdPrintf(10,10,RED,WHITE,"W25Q64 Check OK! id = %x",id);
temp = SIZE;

//写入图片
LcdClear(WHITE);
data = 0;
line = 10;

GPIO_SetBits(spi2_selectgpio,spi2_selectpin);
FontSize(16);
LcdPrintStr("◆开始写入文件 tu2.bmp 到 FLASH",10,line,RED,WHITE,1);
lineadd;
GPIO_ResetBits(spi2_selectgpio,spi2_selectpin); //SPI FLASH 由 STM32 控制
    //将图片复制到 SPI FLASH
    bmp_tf2flash("bmp/tu2.bmp",bmp_startaddress);
    bmp_tf2flash("bmp/bplogo.bmp",bmp_logoaddress);
    bmp_tf2flash("bmp/tu1.bmp",bmp_address1);
    bmp_tf2flash("bmp/tu3.bmp",bmp_address2);
    bmp_tf2flash("bmp/tu4.bmp",bmp_address3);
    bmp_tf2flash("bmp/tu5.bmp",bmp_address4);
    bmp_tf2flash("bmp/tu6.bmp",bmp_address5);
    bmp_tf2flash("bmp/tu7.bmp",bmp_address6);
    bmp_tf2flash("bmp/tu8.bmp",bmp_address7);
    bmp_tf2flash("bmp/g01.bmp",gbmp_address1);
    bmp_tf2flash("bmp/g02.bmp",gbmp_address2);
    bmp_tf2flash("bmp/g03.bmp",gbmp_address3);
    bmp_tf2flash("bmp/g04.bmp",gbmp_address4);
    bmp_tf2flash("bmp/g05.bmp",gbmp_address5);
    bmp_tf2flash("bmp/g06.bmp",gbmp_address6);
    bmp_tf2flash("bmp/g07.bmp",gbmp_address7);

GPIO_SetBits(spi2_selectgpio,spi2_selectpin);   //SPI FLASH 由 RA8875 控制
LcdPrintStr("◆文件已写入 FLASH",10,line,RED,WHITE,1);
lineadd;
bmp_dispflash(bmp_startaddress,0,0);//显示第一张图片
delay_ms(1000); //延时
while(1)
{
LcdClear(WHITE);
//显示 LOGO 显示一些说明文字
bmp_dispflash(bmp_logoaddress,10,50);
```

```
            FontSize(32);//选择    设置 2EH
            LcdPrintStr("◆亮点 STM32",170,60,RED,WHITE,1);
            LcdPrintStr("◆图片显示程序 2",170,100,RED,WHITE,1);
            LcdPrintStr("◆快速图片显示范例",170,140,RED,WHITE,1);
            LcdPrintStr("◆brightpoint.taobao.com",10,220,RED,WHITE,1);
            lineadd;
            delay_ms(5000);
            //开始循环显示图片,相当于电子相框
            bmp_dispflash(bmp_address1,0,0);
            delay_ms(500);
            bmp_dispflash(bmp_address2,0,0);
            delay_ms(500);
            bmp_dispflash(bmp_address3,0,0);
            delay_ms(500);
            bmp_dispflash(bmp_address4,0,0);
            delay_ms(500);
            bmp_dispflash(bmp_address5,0,0);
                delay_ms(500);
            bmp_dispflash(bmp_address6,0,0);
                delay_ms(500);
            bmp_dispflash(bmp_address7,0,0);
                delay_ms(500);
            bmp_dispflash(gbmp_address1,0,0);
                delay_ms(500);
            bmp_dispflash(gbmp_address3,0,0);
                delay_ms(500);
            bmp_dispflash(gbmp_address4,0,0);
                delay_ms(500);
            bmp_dispflash(gbmp_address5,0,0);
                delay_ms(500);
            bmp_dispflash(gbmp_address6,0,0);
                delay_ms(500);
            bmp_dispflash(gbmp_address7,0,0);
            delay_ms(500);
                    LcdClear(WHITE);
            }
        }
```

该电子相框显示为多张图片,显示速度快,一闪即显示完毕!多张图片间必须加入延时。在使用嵌入式操作系统 μC/OS 后,就可以将延时函数换为 OS_TimeDly 函数延时,放弃 CPU 控制权。

其他的代码如 bmp_dispflash 见 bmp.c 文件。

用这种方法,真正地实现了图片的快速显示,对于一般的工程应用完全没有问题,而CPU 的工作却减轻了,为开发打下了良好的基础。

最后,再讲解一下有特色的块传输引擎 BTE 操作。

3. 块传输引擎 BTE 操作

RA8875 内建一 2D 加速引擎功能,称为 BTE(Block Transfer Engine),可增强区块数据处理的效率。当区块性数据需要搬移或需特定逻辑处理时,可透过 RA8875 的 BTE 功能快速地完成且可简化 MCU 的程序。

RA8875 支持 13 种 BTE 操作模式。关于 BTE 引擎操作码说明,请参考 RA8875 手册。对于每一种 BTE 操作模式,可搭配最多 16 种的光栅运算码,提供以区块为范围的多功能的逻辑运算。

本文限于篇幅,不详细论述 BTE 操作码即寄存器细节,给出实例起到一个敲砖引玉的作用。

使用 BTE 引擎实现块操作功能的主程序代码见代码 3-45。

代码 3-45　基于 BTE 引擎块操作的 3 个实例

```
//实例1    BTE 填充
bmp_dispflash(bmp_startaddress,0,0);
bmp_dispflash(bmp_logoaddress,10,50);
FontSize(32);//选择    设置 2EH
LcdPrintStr("◆亮点 STM32",170,60,RED,WHITE,1);
LcdPrintStr("◆块传输引擎 BTE",170,100,RED,WHITE,1);
LcdPrintStr("◆BTE 固态填充模式",170,140,RED,WHITE,1);
LcdPrintStr("◆brightpoint.taobao.com",10,220,RED,WHITE,1);
delay_ms(1000);
BTE_Size_setting(15,68);
   BTE_ROP_Code(0xcc);       //设置 BTE 填充颜色
for(i=0;i<32;i++)         //色彩由全黑到明亮的红、绿、蓝、白
{
        Text_Foreground_Color1(i,0,0);          //红色 0~32
        BTE_Source_Destination(0,i*15,0,0);     //BTE 源到目的地复制
        BTE_enable();                            //执行 BTE 操作
        Chk_Busy_BTE();

        Text_Foreground_Color1(0,i*2,0); //绿
        BTE_Source_Destination(0,i*15,0,68);
        BTE_enable();
        Chk_Busy_BTE();
                                        //蓝
        Text_Foreground_Color1(0,0,i);
        BTE_Source_Destination(0,i*15,0,136);
        BTE_enable();
```

```
            Chk_Busy_BTE();

            Text_Foreground_Color1(i,i*2,i);    //白
            BTE_Source_Destination(0,i*15,0,204);
            BTE_enable();
            Chk_Busy_BTE();
        }
        delay_ms(5000);

//实例2  BTE  模板填充
    Pattern_Set_16*16();      //设置模板  16*16
    Write_To_Pattern();       //接下来写入的是模板
    Pattern_Set_number(0);    //模板号0
    Graphic_Mode();           //图形模式
    WriteCommand(0x02);       //开始写入模板
    for(i=0;i<256;i++)//
    {
      temp=gImage_p16*16_2[2*i];
      temp=temp<<8|gImage_p16*16_2[2*i+1];
      WriteData(temp);
      Chk_Busy();
    }
    Write_To_Bank1and2();//写入目的地为显存
    Write_To_Bank1();         //图层0
    BTE_Source_Destination(0,0,0,0);//设置传输对应关系
    Source_Layer1();          //设置源图层
    Destination_Layer1();     //设置目的图层
    BTE_Size_setting(480,272);  //设置BTE块大小
    BTE_ROP_Code(0xc6);         //设置BTE模板传输模式
    BTE_enable();               //启动传输
    Chk_Busy_BTE();
    delay_ms(5000);

//实例3 BTE 块传输 Block transfer
    bmp_dispflash(bmp_startaddress,0,0);
    bmp_dispflash(bmp_logoaddress,10,50);
    FontSize(32);//选择       设置2EH
    LcdPrintStr("◆亮点STM32",170,60,RED,WHITE,1);
    LcdPrintStr("◆块传输引擎BTE",170,100,RED,WHITE,1);
    LcdPrintStr("◆BTE块传输",170,140,RED,WHITE,1);
    LcdPrintStr("◆brightpoint.taobao.com",10,220,GREEN,WHITE,1);
    delay_ms(1000);
```

```
        Source _ Layer1( );
        Destination _ Layer1( );
        BTE _ Source _ Destination(10,200,50,50);
        BTE _ Size _ setting(148,152);
        BTE _ ROP _ Code(0xc2);
        BTE _ enable( );
    Chk _ Busy _ BTE( );
```

在实例 1 为 BTE 块填充,流程为

1) BTE _ Size _ setting 设置了 BTE 区间大小为宽 10,高 50 的区间。

2) 用 BTE _ ROP _ Code 设置模式为实填充(Solid Fill)。

3) 进入循环,不断增加 i 值。

4) Text _ Foreground _ Color1(i,0,0)表示 BTE 填充色为红色,红色强度为 i(红色为 5 位,最大值为 32)。

5) BTE _ Source _ Destination(0,$i*15$,0,0);表示将填充到($i*15$,0)开始的区间。

6) BTE _ enable( )执行这个填充。

7) 其他的绿色、蓝色、白色的填充类似,不过在纵坐标上不同。

实例 1 执行效果如图 3-66 所示。

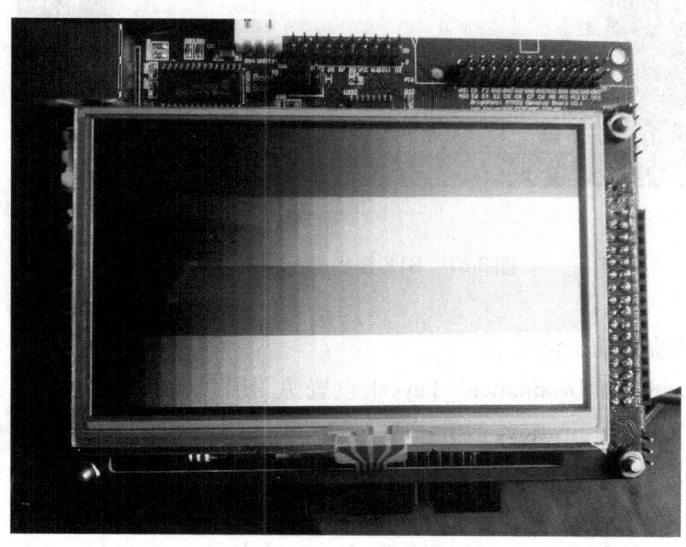

图 3-66 BTE 实填充执行效果

在实例 2 为 BTE 模板填充,流程为

1) Pattern _ Set _ 16 * 16( )函数设置模板为 16 * 16 像素点位图。

2) Write _ To _ Pattern 设置下面的操作为写入模板,操作对象是 41H 寄存器。

3）Pattern_Set_number 定义模板号。

4）循环将 gImage_p16*16_2 数组中的数据写入模板。可以直接定义这个数组或将 TF 卡中的 16×16 位图数据读出写入到数组。笔者例程中直接定义了这个数组。

5）Write_To_Bank1and2 及 Write_To_Bank1 分别设置写入目的地为显存，图层为 0，操作对象是 41H 寄存器。

6）接下来设置传输对应关系，设置源图层和目的图层，设置 BET 块大小为 480×272。

7）BTE_ROP_Code（0xc6）设置 BTE 工作方式为模板填充。

8）BTE_enable（）启动这个填充，将 16×16 的位图填充在 480×272 的空间。填充十分迅速。

实例 2 执行效果如图 3-67 所示。

图 3-67　BTE 模板填充执行效果

实例 3 为 BTE 块传输，流程为

1）Source_Layer1 和 Destination_Layer1 设置源图层和目的图层。

2）BTE_Source_Destination（10，200，50，50）设置源位置坐标在（10，50），目的位置坐标在（200，50）。

3）BTE_Size_setting（148，152）设置 BTE 块的大小为（148，152）。

4）BTE_ROP_Code（0xc2）表示 BTE 方式为块备份。

5）BTE_enable（）启动这个备份，在屏幕上将位置（10，50），大小（148，152）的区域，迅速复制到从位置（200，50）开始的相同大小的区域。

实例 3 执行效果如图 3-68 所示。

BTE 方式还可以完成很多功能，本书不能一一详尽写出。在项目中，如果遇到某种特殊需要，可以查看 RA8875 用户手册。

图 3-68　BTE 块拷贝执行效果

3.7　定时器编程

STM32 定时器非常复杂，本书采用库函数方式编程，针对通用定时器给出编程说明和实例。更多细节的功能留给读者在工程上深入研究。

本节首先给出 SysTick 的编程，然后是通用定时器库函数，之后是通用定时器编程。

3.7.1　SysTick 编程实验

SysTick 使用非常方便，在新版本的库函数中不存在一个独立的 SysTick 库函数，仅仅使用内核中文件 core_cm3.c 中的 SysTick_Config() 函数就可以轻易地设置 SysTick 定时时间及开启 SysTick 中断。而该函数在本书的第 1 章已经做了分析。

使用 SysTick 做一个简单的电子钟的代码见代码 3-46。

代码 3-46　使用 SYSTICK 实现电子钟的主程序代码

```
#define     FCLK 72000000  //系统时钟频率72MHz
#define     OSFREQ 1000    //中断频率1kHz
u16 ms,sec,min,hour;
int main(void)
{
    clock_config();        //时钟初始化
    led_init();
    key_init();
    exti_config();
    tft_init();
    spiflash_init();
    LcdClear(WHITE);
```

```
    GPIO_SetBits(spi2_selectgpio,spi2_selectpin);
    FontSize(24);
    LcdPrintStr("◆亮点 STM32",10,10,BLUE,WHITE,1);
    LcdPrintStr("◆实验16:systick 电子钟",10,50,BLUE,WHITE,1);
    LcdPrintStr("◆brightpoint.taobao.com",10,200,BLUE,WHITE,1);
    FontSize(32);
    SysTick_Config(FCLK/OSFREQ);//配置和启动 SysTick 中断
    while(1)
    {
        LcdFillRec(10,100,450,130,1,WHITE);
        LcdPrintf(10,100,RED,WHITE,"%2d 小时:%2d 分钟:%2d 秒:%2d 微秒",hour,min,sec,ms);
        delay_ms(100);
    }
}
```

OSFREQ 的值是 1000，这是一个频率值，因此周期就是 1ms。FCLK 是系统工作频率，需要如实填写就好。只需要设置好这两个频率值，然后使用 SysTick_Config（FCLK/OSFREQ) 就可以达到按 OSFREQ 中设置的频率值发生 SysTick 中断的效果，也就是 1ms 发生一次中断。

另外，在中断服务程序文件 stm32f10x_it.c 中，填写该中断的服务程序，见代码 3-47。

代码 3-47　使用 SYSTICK 实现电子钟的中断服务程序代码

```
extern u16 ms,sec,min,hour;
void SysTick_Handler(void)
{
    if(++ms==1000)
    {
        ms=0;
        if(++sec==60)
        {
            sec=0;
            if(++min==60)
            {
                min=0;
                ++hour;
            }
        }
    }
}
```

将代码编译后下载到目标板，屏幕上显示了简单的电子钟！如果没有液晶屏，读者也可以用 LED 的闪烁等其他方法来测试。

3.7.2 定时器库函数

定时器库函数在"stm32f10x_tim.h"中声明,在"stm32f10x_tim.c"中实现。表3-15列出所有的通用定时器库函数。

表 3-15 通用定时器库函数一览

函 数 名	描 述
TIM_DeInit	将外设 TIMx 寄存器重设为默认值
TIM_TimeBaseInit	根据 TIM_TimeBaseInitStruct 中指定的参数初始化 TIMx 的时间基数单位
TIM_OCInit	根据 TIM_OCInitStruct 中指定的参数初始化外设 TIMx
TIM_ICInit	根据 TIM_ICInitStruct 中指定的参数初始化外设 TIMx
TIM_TimeBaseStructInit	把 TIM_TimeBaseInitStruct 中的每一个参数按默认值填入
TIM_OCStructInit	把 TIM_OCInitStruct 中的每一个参数按默认值填入
TIM_ICStructInit	把 TIM_ICInitStruct 中的每一个参数按默认值填入
TIM_Cmd	使能或者失能 TIMx 外设
TIM_ITConfig	使能或者失能指定的 TIM 中断
TIM_DMAConfig	设置 TIMx 的 DMA 端口
TIM_DMACmd	使能或者失能指定的 TIMx 的 DMA 请求
TIM_InternalClockConfig	设置 TIMx 内部时钟
TIM_ITRxExternalClockConfig	设置 TIMx 内部触发为外部时钟模式
TIM_TIxExternalClockConfig	设置 TIMx 触发为外部时钟
TIM_ETRClockMode1Config	配置 TIMx 外部时钟模式 1
TIM_ETRClockMode2Config	配置 TIMx 外部时钟模式 2
TIM_ETRConfig	配置 TIMx 外部触发
TIM_SelectInputTrigger	选择 TIMx 输入触发源
TIM_PrescalerConfig	设置 TIMx 预分频
TIM_CounterModeConfig	设置 TIMx 计数器模式
TIM_ForcedOC1Config	置 TIMx 输出 1 为活动或者非活动电平
TIM_ForcedOC2Config	置 TIMx 输出 2 为活动或者非活动电平
TIM_ForcedOC3Config	置 TIMx 输出 3 为活动或者非活动电平
TIM_ForcedOC4Config	置 TIMx 输出 4 为活动或者非活动电平
TIM_ARRPreloadConfig	使能或者失能 TIMx 在 ARR 上的预装载寄存器
TIM_SelectCCDMA	选择 TIMx 外设的捕获比较 DMA 源
TIM_OC1PreloadConfig	使能或者失能 TIMx 在 CCR1 上的预装载寄存器
TIM_OC2PreloadConfig	使能或者失能 TIMx 在 CCR2 上的预装载寄存器
TIM_OC3PreloadConfig	使能或者失能 TIMx 在 CCR3 上的预装载寄存器
TIM_OC4PreloadConfig	使能或者失能 TIMx 在 CCR4 上的预装载寄存器
TIM_OC1FastConfig	设置 TIMx 捕获比较 1 快速特征
TIM_OC2FastConfig	设置 TIMx 捕获比较 2 快速特征

(续)

函 数 名	描 述
TIM_OC3FastConfig	设置 TIMx 捕获比较 3 快速特征
TIM_OC4FastConfig	设置 TIMx 捕获比较 4 快速特征
TIM_ClearOC1Ref	在一个外部事件时清除或者保持 OCREF1 信号
TIM_ClearOC2Ref	在一个外部事件时清除或者保持 OCREF2 信号
TIM_ClearOC3Ref	在一个外部事件时清除或者保持 OCREF3 信号
TIM_ClearOC4Ref	在一个外部事件时清除或者保持 OCREF4 信号
TIM_UpdateDisableConfig	使能或者失能 TIMx 更新事件
TIM_EncoderInterfaceConfig	设置 TIMx 编码界面
TIM_GenerateEvent	设置 TIMx 事件由软件产生
TIM_OC1PolarityConfig	设置 TIMx 通道 1 极性
TIM_OC2PolarityConfig	设置 TIMx 通道 2 极性
TIM_OC3PolarityConfig	设置 TIMx 通道 3 极性
TIM_OC4PolarityConfig	设置 TIMx 通道 4 极性
TIM_UpdateRequestConfig	设置 TIMx 更新请求源
TIM_SelectHallSensor	使能或者失能 TIMx 霍尔传感器端口
TIM_SelectOnePulseMode	设置 TIMx 单脉冲模式
TIM_SelectOutputTrigger	选择 TIMx 触发输出模式
TIM_SelectSlaveMode	选择 TIMx 从模式
TIM_SelectMasterSlaveMode	设置或者重置 TIMx 主/从模式
TIM_SetCounter	设置 TIMx 计数器寄存器值
TIM_SetAutoreload	设置 TIMx 自动重装载寄存器值
TIM_SetCompare1	设置 TIMx 捕获比较 1 寄存器值
TIM_SetCompare2	设置 TIMx 捕获比较 2 寄存器值
TIM_SetCompare3	设置 TIMx 捕获比较 3 寄存器值
TIM_SetCompare4	设置 TIMx 捕获比较 4 寄存器值
TIM_SetIC1Prescaler	设置 TIMx 输入捕获 1 预分频
TIM_SetIC2Prescaler	设置 TIMx 输入捕获 2 预分频
TIM_SetIC3Prescaler	设置 TIMx 输入捕获 3 预分频
TIM_SetIC4Prescaler	设置 TIMx 输入捕获 4 预分频
TIM_SetClockDivision	设置 TIMx 的时钟分割值
TIM_GetCapture1	获得 TIMx 输入捕获 1 的值
TIM_GetCapture2	获得 TIMx 输入捕获 2 的值
TIM_GetCapture3	获得 TIMx 输入捕获 3 的值
TIM_GetCapture4	获得 TIMx 输入捕获 4 的值
TIM_GetCounter	获得 TIMx 计数器的值
TIM_GetPrescaler	获得 TIMx 预分频值

(续)

函 数 名	描 述
TIM_GetFlagStatus	检查指定的 TIM 标志位设置与否
TIM_ClearFlag	清除 TIMx 的待处理标志位
TIM_GetITStatus	检查指定的 TIM 中断发生与否
TIM_ClearITPendingBit	清除 TIMx 的中断待处理位

定时器库函数很多，最好的方法是通过实例掌握，下面将实现开启两个定时器，由一个定时器中断产生连续增加的数值，另一个定时器中断将该数值显示在屏幕上的实例。

3.7.3 定时器编程实验

在第一小节，实现了基于 SysTick 中断的电子钟。现在做实验在屏幕上显示 3 个电子钟，看它们是否都走得准。分别基于 TIMER2 和 TIMER3 这两个通用定时器来实现。

为定时器驱动新建代码 bptimer.c 和 bptimer.h。bptimer.c 中定时器 2 配置代码见代码 3-48。

代码 3-48　bptimer.c 中定时器 2 配置代码

```
#include "bptimer.h"
void tim2_Configuration(void)
{
    NVIC_InitTypeDef NVIC_InitStructure;
    TIM_TimeBaseInitTypeDef TIM_TimeBaseStructure;
    RCC_APB1PeriphClockCmd(RCC_APB1Periph_TIM2, ENABLE);  //TIM2 时钟使能
    TIM_DeInit(TIM2);
    /* 定时器中断时间设置 */
    TIM_TimeBaseStructure.TIM_Period = 36000-1;//装载到重装载计数器的值,设置计数周期,0~0XFFFF 计数周期 72 个
    TIM_TimeBaseStructure.TIM_Prescaler = 1;    //设置 TIMx 时钟预分频值,计数频率为 36MHz
    //每次中断周期为 36000/36MHz = 1ms
    TIM_TimeBaseStructure.TIM_ClockDivision = TIM_CKD_DIV1;   //设置时钟分割:TDTS = Tck_tim
    TIM_TimeBaseStructure.TIM_CounterMode = TIM_CounterMode_Down;  //TIM 向下计数模式
    TIM_TimeBaseStructure.TIM_RepetitionCounter = 0;//只对高级定时器有效
    TIM_TimeBaseInit(TIM2, &TIM_TimeBaseStructure);//根据 TIM_TimeBaseInitStruct 中指定的参数初始化 TIMx
    /* 使能 TIM2 中断 */
    NVIC_InitStructure.NVIC_IRQChannel = TIM2_IRQn;  //TIM2 中断通道
    NVIC_InitStructure.NVIC_IRQChannelPreemptionPriority = 0x00;  //先占优先级 0 级
    NVIC_InitStructure.NVIC_IRQChannelSubPriority = 0x01;   //从优先级 3 级
    NVIC_InitStructure.NVIC_IRQChannelCmd = ENABLE;//IRQ 通道被使能
```

```
            NVIC_Init(&NVIC_InitStructure);   //根据 NVIC_InitStruct 中指定的参数初始化外设 NVIC
寄存器
            TIM_ClearFlag(TIM2,TIM_FLAG_Update);   //清中断标志

        /* 中断使能 */
        TIM_ITConfig(   //使能或者失能指定的 TIM 中断
            TIM2,   //TIM2
            TIM_IT_Update
            ENABLE   //使能
            );

            TIM_Cmd(TIM2,ENABLE);   //使能 TIMx 外设
    }
```

代码流程为

1) 启动定时器 2 时钟。

2) 调用 TIM_DeInit 取消其原来的配置到默认值。

3) 配置结构体 TIM_TimeBaseStructure,调用 TIM_TimeBaseInit 根据 TIM_TimeBaseInitStruct 中指定的参数初始化定时器。

4) 配置定时器中断通道,配置中断优先级,初始化外设 NVIC 寄存器。

5) 清中断标志和使能定时器中断,使能定时器。

这样,主程序中通过调用 tim2_Configuration() 就可以配置和启动定时器 2 中断了,另外还需要在中断服务程序文件 stm32f10x_it.c 中填写该中断的服务程序,见代码 3-49。

代码 3-49　TIMER2 中断服务程序代码

```
    extern u16 ms2,sec2,min2,hour2;
    void TIM2_IRQHandler(void)
    {
        if(TIM_GetITStatus(TIM2,TIM_IT_Update)! = RESET)   //检查指定的 TIM 中断发生与否:
TIM 中断源
        {
            TIM_ClearITPendingBit(TIM2,TIM_IT_Update);
            if( + + ms2 = = 1000)
            {
                ms2 = 0;
                if( + + sec2 = = 60)
                {
                    sec2 = 0;
                    led_turn3;
                    if( + + min2 = = 60)
                    {
                        min2 = 0;
```

```
                    ++hour2;
                 }
              }
           }
        }
}
```

主程序代码见代码 3-50。

代码 3-50　TIMER2 中断服务程序代码

```
#define      FCLK 72000000  //时钟频率 72MHz
#define      OSFREQ  1000   //中断频率 1000Hz
u16 ms,sec,min,hour;
u16 ms2,sec2,min2,hour2;
u16 ms3,sec3,min3,hour3;
int main(void)
{
    省略
    SysTick_Config(FCLK/OSFREQ);
    tim2_Configuration();
    tim3_Configuration();
    while(1)
    {
        LcdFillRec(10, 100, 450, 190, 1, WHITE);
        LcdPrintf(10,100,RED,WHITE,"1:%2d  小时:%2d  分钟:%2d  秒:%2d  毫秒",
hour,min,sec,ms);
        LcdPrintf(10,130,RED,WHITE,"2:%2d  小时:%2d  分钟:%2d  秒:%2d  毫秒",
hour2,min2,sec2,ms2);
        LcdPrintf(10,160,RED,WHITE,"3:%2d  小时:%2d  分钟:%2d  秒:%2d  毫秒",
hour3,min3,sec3,ms3);
        delay_ms(100);
    }
}
```

可见，中断服务程序中修改全局变量的值，在主程序中调用 LcdPrintf 将这些值显示出来，就成了简单的电子钟。这 3 个电子钟分别基于 SysTick、TIMER2、TIMER3，如果 STM32 所用的 8MHz 时钟是准确的，那么 3 个电子钟走时都应该是准确的。

该程序执行效果如图 3-69 所示。

在拍照的屏幕上可以看到毫秒部分一直在变化。3 个电子钟的毫秒数不同是有道理的，因为中断发生有先后。实测走时相当准确。道理上讲，只要晶体振荡是准确的，那么走时就是准确的！

该电子钟的小时数在超过 24h 后能归零吗？如果不能归零，怎么处理才能让它归零呢？留给读者思考。

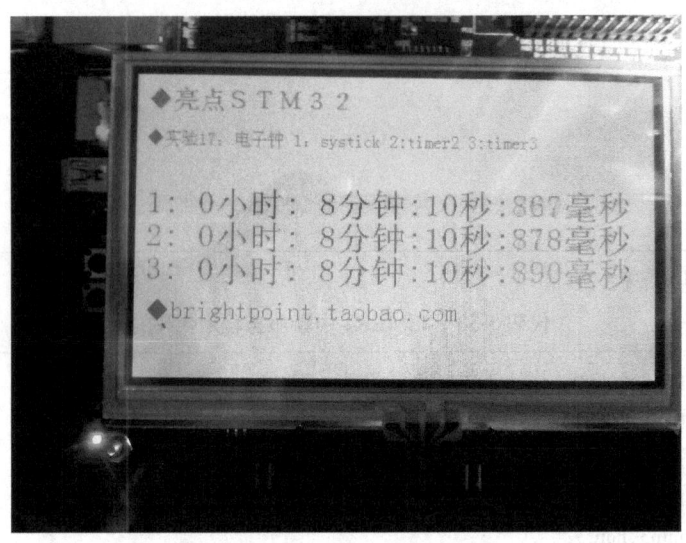

图 3-69 电子钟实验执行抓拍

3.8 DAC 和 ADC 编程

数-模转换器（DAC）和模-数转换器（ADC）是模拟与数字世界的端口，在工程应用中经常会使用到。STM32VET6 内部包含了 2 个 DAC 和最高达到 21 路的 ADC，转换精度为 12 位，转换时间为 1μs，足够一般的工程应用而不需在片外增加 DAC 或 ADC 芯片。

笔者在亮点 STM32 开发板上，使用一个单独的端口，引出了 2 路 DAC 和 8 路 ADC，以及多路模拟地。数字和模拟通过磁珠隔离。实测效果良好。通过跳线，使用 TL431 提供参考或直接使用 3.3V 电源作为参考。本节实例全部使用 LM1117 输出的 3.3V 电源作为参考。

本节将根据基本的 DAC、ADC 库函数，实现 DAC 和 ADC 功能，给出一个实例，由 DAC 发送数据，由 ADC 采集该数据在屏幕上显示。在后面的网络部分，将给出采用 DMA 方式采集 ADC 数据，通过网络发到计算机显示数据的综合实例。

3.8.1 DAC 库函数

DAC 库函数在"stm32f10x_dac.h"中声明，在"stm32f10x_dac.c"中实现。DAC 库函数如表 3-16 所示。

表 3-16 DAC 库函数一览

函 数 名	描 述
DAC_DeInit	将 DAC 的寄存器重设为默认值
DAC_Init	根据 DAC_InitStruct 中指定的参数初始化 DAC 通道
DAC_StructInit	把 DAC_InitStruct 中的每一个参数按默认值填入
DAC_Cmd	使能或者失能指定的通道 x
DAC_ITConfig	使能或者失能指定的通道 x 中断
DAC_DMACmd	使能或者失能指定的 DAC 通道的 DMA 请求

(续)

函 数 名	描 述
DAC_SoftwareTriggerCmd	使能或者失能指定的 DAC 通道的软件触发
DAC_DualSoftwareTriggerCmd	使能或者失能指定的两个 DAC 通道的软件同步触发
DAC_WaveGenerationCmd	使能或者失能指定的 DAC 通道的波形发生器功能
DAC_SetChannel1Data	设置 DAC 通道 1 的数据保持寄存器
DAC_SetChannel2Data	设置 DAC 通道 2 的数据保持寄存器
DAC_SetDualChannelData	设置 DAC 通道 1 和 2 的数据保持寄存器
DAC_GetDataOutputValue	返回 DAC 通道上一次输出
DAC_GetFlagStatus	检查 DAC 标志是否设置
DAC_ClearFlag	清除指定通道的 DAC 事件等待标志
DAC_GetITStatus	检查 DAC 中断是否发生
DAC_ClearITPendingBit	清除指定通道的 DAC 中断等待标志

下面是用 DAC 库函数实现 DAC 初始化和启动 DAC 转换。

3.8.2 DAC 编程

1. 直接输出方式

采用软件触发和直接输出方式对 DAC 进行编程。由程序控制输出值连续增加，在增加到最大值 4095 之后回到 0，以实现斜波输出。实例中初始化 DAC 通道 1 和通道 2 为最基本的直接输出方式，初始化代码见代码 3-51。

代码 3-51 DAC 初始化程序代码

```
void BP_DAC_Init(void)
{
    DAC_InitTypeDef DAC_InitStructure;
    DAC_DeInit();//恢复 DAC 寄存器到初始值


    GPIO_InitStructure.GPIO_Pin = GPIO_Pin_4 | GPIO_Pin_5;//DACOUT1 为 PA4 DACOUT2 为 PA5
    GPIO_InitStructure.GPIO_Speed = GPIO_Speed_50MHz;
    GPIO_InitStructure.GPIO_Mode = GPIO_Mode_Out_PP;
    GPIO_Init(GPIOA, &GPIO_InitStructure);

    RCC_APB1PeriphClockCmd(RCC_APB1Periph_DAC, ENABLE);//使能 DAC 时钟

    DAC_Cmd(DAC_Channel_1,ENABLE);//使能 DAC 通道 1
    DAC_Cmd(DAC_Channel_2, ENABLE);//使能 DAC 通道 2

    /* 配置 DAC 通道 */
```

```
        DAC_InitStructure.DAC_Trigger = DAC_Trigger_None;//不用触发方式
        DAC_InitStructure.DAC_WaveGeneration = DAC_WaveGeneration_None;//不用波形发生器

    DAC_InitStructure.DAC_LFSRUnmask_TriangleAmplitude = DAC_TriangleAmplitude_4095;//三角
波发生器输出最大幅度为4095
        DAC_InitStructure.DAC_OutputBuffer = DAC_OutputBuffer_Disable;//不用输出缓存
        DAC_Init(DAC_Channel_1, &DAC_InitStructure);//初始化DAC通道1
        DAC_Init(DAC_Channel_2, &DAC_InitStructure);//初始化DAC通道2
    }
```

主程序中调用 BP_DAC_Init 就可以完成对 DAC 两个通道的初始化，这里需要特别注意的是：DAC 的两个通道的输出引脚是 PA4 和 PA5，这两个引脚不仅可作为 DAC 输出引脚，也可以作为 SPI1 的两个引脚。

PA4 可以设置为 DAC_OUT1，也可以设置为 SPI1_NSS。

PA5 可以设置为 DAC_OUT2，也可以设置为 SPI1_SCK。

因此，当要使用 SPI1 的时候，要对这两个引脚重新配置为 SPI 方式。在亮点 STM32 开发板上，SPI1 用于 TF 卡的读写，所以，要读写 TF 卡，需要重新配置引脚。

代码 3-52 为示例代码，DAC 的两个通道，以软件触发方式，输出逐渐增加的模拟量，当输出值达到最高之后，输出最低值。

代码 3-52 DAC 输出代码

```
        u16 daout1 = 0, daout2 = 2048;
        while(1)
        {
            DAC_SetDualChannelData(DAC_Align_12b_R, daout1++, daout2++);//参数DAC_
Align_12b_R 为数据右对齐,然后是范围为 0~4095 的两个数字量
            DAC_DualSoftwareTriggerCmd(ENABLE);//软触发两个通道将输出新的值
            if(daout1 > 4095) daout1 = 0;
            if(daout2 > 4095) daout2 = 0;
        }
```

如果用示波器观察两个通道的输出，两个通道输出的都是递增斜波，相位相差 180°。

2. 波形输出方式

STM32 的 DAC 具有波形发生器功能，设置为波形输出方式后就不需要像前面那样需要 CPU 不停的操作。使用波形发生器还需要设置定时器，由定时器产生输出触发信号。函数 BP_DAC1_InitTriangle() 配置 DAC1 发出三角波，代码为 3-53。

代码 3-53 DAC1 通道 1 配置为三角波波形发生器模式代码

```
        void BP_DAC1_InitTriangle(void) //将 DAC1 设置为三角波发生器,使用 TIM2 作时钟源
        {
            DAC_InitTypeDef DAC_InitStructure;
            TIM_TimeBaseInitTypeDef TIM_TimeBaseStructure;
            DAC_DeInit();//恢复DAC寄存器到初始值
```

```
    GPIO_InitStructure.GPIO_Pin = GPIO_Pin_4; //DACOUT1 为 PA4
    GPIO_InitStructure.GPIO_Speed = GPIO_Speed_50MHz;
    GPIO_InitStructure.GPIO_Mode = GPIO_Mode_Out_PP;
    GPIO_Init(GPIOA, &GPIO_InitStructure);

    RCC_APB1PeriphClockCmd(RCC_APB1Periph_DAC, ENABLE); //使能 DAC 时钟
    RCC_APB1PeriphClockCmd(RCC_APB1Periph_TIM2, ENABLE); //TIM2 时钟使能
    //设置定时器 2 为三角波提供源
    TIM_TimeBaseStructInit(&TIM_TimeBaseStructure);
    TIM_TimeBaseStructure.TIM_Period = 71; // 计数值 71 + 1 = 72
    TIM_TimeBaseStructure.TIM_Prescaler = 4; // 4 + 1 = 5 分频,频率 72/5
    //定时器 2 溢出频率为 5MHz
    TIM_TimeBaseStructure.TIM_ClockDivision = 0x0;
    TIM_TimeBaseStructure.TIM_CounterMode = TIM_CounterMode_Up;
    TIM_TimeBaseInit(TIM2, &TIM_TimeBaseStructure);
    TIM_SelectOutputTrigger(TIM2, TIM_TRGOSource_Update); //选择定时器 2 为触发输出模式

    DAC_InitStructure.DAC_Trigger = DAC_Trigger_T2_TRGO; //配置 DAC1 触发源为定时器 2
    DAC_InitStructure.DAC_WaveGeneration = DAC_WaveGeneration_Triangle; //配置波形发生器
为三角波发生器
    DAC_InitStructure.DAC_LFSRUnmask_TriangleAmplitude = DAC_TriangleAmplitude_2047; //最大
幅度 2047
    DAC_InitStructure.DAC_OutputBuffer = DAC_OutputBuffer_Enable; //输出缓冲使能;
    DAC_Init(DAC_Channel_1, &DAC_InitStructure); //根据 DAC_InitStructure 的设置配置
DAC1
    DAC_Cmd(DAC_Channel_1, ENABLE); //使能 DAC 通道 1
    DAC_SetChannel1Data(DAC_Align_12b_R, 0);
    TIM_Cmd(TIM2, ENABLE); //使能定时器输出,将发出三角波
}
```

由代码可见,定时器 2 为 DAC1 提供触发源,配置之后,当定时器 2 产生溢出,将驱动 DAC1 发出三角波,不需要 CPU 其他干预。该代码在后续的网络部分将用来产生输出波形,用于测试。

3.8.3 ADC 库函数

ADC 库函数在"stm32f10x_adc.h"中声明,在"stm32f10x_adc.c"中实现。ADC 库函数见表 3-17。

表 3-17 ADC 库函数一览

函 数 名	描 述
ADC_DeInit	将外设 ADCx 的全部寄存器重设为默认值
ADC_Init	根据 ADC_InitStruct 中指定的参数初始化外设 ADCx 的寄存器
ADC_StructInit	把 ADC_InitStruct 中的每一个参数按默认值填入

（续）

函 数 名	描 述
ADC_Cmd	使能或者失能指定的 ADC
ADC_DMACmd	使能或者失能指定的 ADC 的 DMA 请求
ADC_ITConfig	使能或者失能指定的 ADC 的中断
ADC_ResetCalibration	重置指定的 ADC 的校准寄存器
ADC_GetResetCalibrationStatus	获取 ADC 重置校准寄存器的状态
ADC_StartCalibration	开始指定 ADC 的校准程序
ADC_GetCalibrationStatus	获取指定 ADC 的校准状态
ADC_SoftwareStartConvCmd	使能或者失能指定的 ADC 的软件转换启动功能
ADC_DiscModeChannelCountConfig	对 ADC 规则组通道配置间断模式
ADC_DiscModeCmd	使能或者失能指定的 ADC 规则组通道的间断模式
ADC_RegularChannelConfig	设置指定 ADC 的规则组通道，设置它们的转化顺序和采样时间
ADC_ExternalTrigConvConfig	使能或者失能 ADCx 的经外部触发启动转换功能
ADC_GetConversionValue	返回最近一次 ADCx 规则组的转换结果
ADC_GetDuelModeConversionValue	返回最近一次双 ADC 模式下的转换结果
ADC_AutoInjectedConvCmd	使能或者失能指定 ADC 在规则组转化后自动开始注入组转换
ADC_InjectedDiscModeCmd	使能或者失能指定 ADC 的注入组间断模式
ADC_ExternalTrigInjectedConvConfig	配置 ADCx 的外部触发启动注入组转换功能
ADC_ExternalTrigInjectedConvCmd	使能或者失能 ADCx 的经外部触发启动注入组转换功能
ADC_SoftwareStartinjectedConvCmd	使能或者失能 ADCx 软件启动注入组转换功能
ADC_GetsoftwareStartinjectedConvStatus	获取指定 ADC 的软件启动注入组转换状态
ADC_InjectedChannleConfig	设置指定 ADC 的注入组通道，设置它们的转化顺序和采样时间
ADC_InjectedSequencerLengthConfig	设置注入组通道的转换序列长度
ADC_SetinjectedOffset	设置注入组通道的转换偏移值
ADC_GetInjectedConversionValue	返回 ADC 指定注入通道的转换结果
ADC_AnalogWatchdongThresholdsConfig	设置模拟看门狗的高/低阈值
ADC_AnalogWatchdongSingleChannelConfig	对单个 ADC 通道设置模拟看门狗
ADC_TampSensorVrefintCmd	使能或者失能温度传感器和内部参考电压通道
ADC_GetFlagStatus	检查制定 ADC 标志位置 1 与否
ADC_InjectedSequencerLengthConfig	设置注入组通道的转换序列长度
ADC_SetinjectedOffset	设置注入组通道的转换偏移值
ADC_GetInjectedConversionValue	返回 ADC 指定注入通道的转换结果
ADC_AnalogWatchdongThresholdsConfig	设置模拟看门狗的高/低阈值
ADC_AnalogWatchdongSingleChannelConfig	对单个 ADC 通道设置模拟看门狗
ADC_TampSensorVrefintCmd	使能或者失能温度传感器和内部参考电压通道
ADC_GetFlagStatus	检查制定 ADC 标志位置 1 与否

ADC 的库函数比较多,作为入门课主要掌握本书下面实例的相关函数即可。下面给出一个使用 DAC、ADC 和 DMA 来完成 2 路斜波发送和采集的实例。

3.8.4 DMA 方式 ADC 采集实验

在前面代码中实现了 DAC 的斜波输出,因此这里要完成的 DMA 方式 ADC 采集实验可以以该斜波作为输入。同对 DAC 的操作类似,首先对 ADC 通道进行初始化,然后配置 ADC 采集的 DMA 方式,最后启动采集获取缓冲区的数据进行显示。初始化代码见代码 3-54。

代码 3-54　ADC 初始化程序代码实例

```
void BP_ADC_INIT(void)
{
    ADC_InitTypeDef ADC_InitStructure;
    RCC_APB2PeriphClockCmd(RCC_APB2Periph_ADC1 ,ENABLE);//使能 ADC1 通道时钟

    RCC_ADCCLKConfig(RCC_PCLK2_Div6);  //72MHz/6=12MHz,ADC 最大时间不能超过 14MHz

    //GPIOC0~GPIOC5 GPIOB0 GPIOB1    作为模拟通道输入引脚
    // 对应 ADC 通道    10 11 12 13 14 15    8    9
    GPIO_InitStructure.GPIO_Pin = GPIO_Pin_0|GPIO_Pin_1|GPIO_Pin_2|GPIO_Pin_3|GPIO_Pin_4|GPIO_Pin_5;
    GPIO_InitStructure.GPIO_Mode = GPIO_Mode_AIN;        //模拟输入引脚
    GPIO_Init(GPIOC, &GPIO_InitStructure);

    GPIO_InitStructure.GPIO_Pin = GPIO_Pin_0|GPIO_Pin_1;
    GPIO_InitStructure.GPIO_Mode = GPIO_Mode_AIN;        //模拟输入引脚
    GPIO_Init(GPIOB, &GPIO_InitStructure);

    ADC_DeInit(ADC1);//将外设 ADC1 的全部寄存器重设为默认值

    /*以下对 ADC1 进行配置*/
    ADC_InitStructure.ADC_Mode = ADC_Mode_Independent;  //ADC 工作模式:ADC1 和 ADC2 工作在独立模式
    ADC_InitStructure.ADC_ScanConvMode = ENABLE;
    //ENABLE    模数转换工作在扫描模式
    //DISABLE   模数转换工作在单次模式
    ADC_InitStructure.ADC_ContinuousConvMode = ENABLE;
    //ENABLE    模数转换工作在连续转换模式
    ADC_InitStructure.ADC_ExternalTrigConv = ADC_ExternalTrigConv_None;
    //转换由软件而不是外部触发启动
    ADC_InitStructure.ADC_DataAlign = ADC_DataAlign_Right;//ADC 数据右对齐
    ADC_InitStructure.ADC_NbrOfChannel = 8;  //顺序进行规则转换的 ADC 通道的数目
```

```
        ADC_Init(ADC1,&ADC_InitStructure);    //根据ADC_InitStruct中指定的参数初始化外设
ADC1的寄存器

        /* 以下配置ADC1规则通道 */
        //设置指定ADC的规则组通道,设置它们的转化顺序和采样时间
        //ADC1,ADC通道x,规则采样顺序值为y,采样时间为239.5周期
        ADC_RegularChannelConfig(ADC1,ADC_Channel_8,1,ADC_SampleTime_239Cycles5);
        ADC_RegularChannelConfig(ADC1,ADC_Channel_9,2,ADC_SampleTime_239Cycles5);
        ADC_RegularChannelConfig(ADC1,ADC_Channel_10,3,ADC_SampleTime_239Cycles5);
        ADC_RegularChannelConfig(ADC1,ADC_Channel_11,4,ADC_SampleTime_239Cycles5);
        ADC_RegularChannelConfig(ADC1,ADC_Channel_12,5,ADC_SampleTime_239Cycles5);
        ADC_RegularChannelConfig(ADC1,ADC_Channel_13,6,ADC_SampleTime_239Cycles5);
        ADC_RegularChannelConfig(ADC1,ADC_Channel_14,7,ADC_SampleTime_239Cycles5);
        ADC_RegularChannelConfig(ADC1,ADC_Channel_15,8,ADC_SampleTime_239Cycles5);

        ADC_DMACmd(ADC1,ENABLE);   //开启ADC的DMA支持(要实现DMA功能,还需独立配
置DMA通道等参数)

        ADC_Cmd(ADC1,ENABLE);    //使能ADC1

        ADC_ResetCalibration(ADC1);   //重置ADC1的校准寄存器
        while(ADC_GetResetCalibrationStatus(ADC1));   //等待重置完成
        ADC_StartCalibration(ADC1);    //开始校准
        while(ADC_GetCalibrationStatus(ADC1));    //等待校准完成
}
```

该段初始化代码的流程如下:
1) 使能 ADC1 通道时钟。
2) 设置转换速率。代码 RCC_ADCCLKConfig(RCC_PCLK2_Div6) 的含义为配置 ADC 时钟频率为系统时钟频率的 1/6。读者可以参考第 1 章的 1.6.2 小节时钟源部分和图 1-10 (STM32 时钟树)。ADC 的时钟频率不能超过 14MHz,这里是 72/6 = 12MHz。
3) 设置要用到的 ADC 引脚为模拟输入模式。
4) 调用 ADC_DeInit 将外设 ADC1 的全部寄存器重设为默认值。
5) 填写结构体对象 ADC_InitStructure,调用 ADC_Init 将 ADC1 通道设置为连续转换、扫描模式、数据右对齐、8 通道顺序规则转换、软件触发模式。关于规则通道就是常规 REGULAR 通道,一般使用规则通道进行转换,当异常发生(例如用户按键等)时,可以临时进行注入通道的转换。
6) 调用 ADC_RegularChannelConfig 配置每个通道的采样时间。
7) 对 ADC1 进行校准。

接下来配置 ADC1 的 DMA 方式数据传输,即将采集的数据以 DMA 方式送到内存,这样可以为 CPU 减负。对 ADC 的 DMA 传输配置代码见代码 3-55。

代码 3-55　ADC 的 DMA 传输配置代码实例

```
#define ADC_TIMES    10              //每通道采10次
#define ADC_CHANALS  8               //为8个通道
U8  AD_Value[ADC_TIMES][ADC_CHANALS];
u16 After_filter[ADC_CHANALS];       //用来存放求平均值之后的结果
void BP_ADC_DMA_Init(void)
{
    DMA_InitTypeDef DMA_InitStructure;
    RCC_AHBPeriphClockCmd(RCC_AHBPeriph_DMA1, ENABLE);//使能DMA传输

    DMA_DeInit(DMA1_Channel1);  //将DMA的通道1寄存器重设为默认值
    DMA_InitStructure.DMA_PeripheralBaseAddr = (u32)&ADC1->DR;  //DMA外设ADC基地址
    DMA_InitStructure.DMA_MemoryBaseAddr = (u32)&AD_Value;  //DMA内存基地址
    DMA_InitStructure.DMA_DIR = DMA_DIR_PeripheralSRC;  //内存作为数据传输的目的地
    DMA_InitStructure.DMA_BufferSize = ADC_TIMES * ADC_CHANALS;  //DMA通道的DMA缓存的大小
    DMA_InitStructure.DMA_PeripheralInc = DMA_PeripheralInc_Disable;  //外设地址寄存器不变
    DMA_InitStructure.DMA_MemoryInc = DMA_MemoryInc_Enable;  //内存地址寄存器递增
    DMA_InitStructure.DMA_PeripheralDataSize = DMA_PeripheralDataSize_HalfWord;  //数据宽度为16位
    DMA_InitStructure.DMA_MemoryDataSize = DMA_MemoryDataSize_HalfWord;  //数据宽度为16位
    DMA_InitStructure.DMA_Mode = DMA_Mode_Circular;  //工作在循环缓存模式
    DMA_InitStructure.DMA_Priority = DMA_Priority_High;  //DMA通道拥有高优先级
    DMA_InitStructure.DMA_M2M = DMA_M2M_Disable;  //DMA通道没有设置为内存到内存传输
    DMA_Init(DMA1_Channel1, &DMA_InitStructure);  //根据DMA_InitStruct中指定的参数初始化DMA的通道
}
```

由代码可见，DMA 传输配置函数 BP_ADC_DMA_Init() 填写结构体对象 DMA_InitStructure，调用 DMA_Init() 对 DAC1 通道的 DMA 传输进行配置。设置为从 ADC 寄存器到内存地址（数组 AD_Value 首地址）的传输，外设地址不变，内存地址在每次传输后递增。这样，在启动之后，在每次 DMA 传输之后，CPU 将获得 8 个通道的 10 次转换结果，可以求一次平均滤除噪声。代码 3-56 为滤波函数的实例。

代码 3-56　滤波函数代码实例

```
void AD_filter(void)
{
```

```
int  sum = 0;
u8   count,i;
for(i = 0;i < ADC_CHANALS;i++)
{
    for ( count = 0;count < ADC_TIMES;count++)
    {
        sum += AD_Value[count][i];
    }
    After_filter[i] = sum/ADC_TIMES;
    sum = 0;
}
```

该函数很容易理解,对每个通道的转换结果求平均。

主函数中,将调用本节前面实现的函数,输出斜波,并启动 DMA 通道进行转换,用 AD 采集 DA 通道输出的数据,显示在屏幕上。主程序部分代码见代码 3-57。

代码 3-57   主程序部分代码

```
BP_DAC_Init();
BP_ADC_INIT();
BP_ADC_DMA_Init();
DMA_Cmd(DMA1_Channel1,ENABLE);  //启动 DMA 通道

    daout1 = 0;
    daout2 = 4095/2;
    DAC_SetDualChannelData(DAC_Align_12b_R,daout1,daout2);
    DAC_DualSoftwareTriggerCmd(ENABLE);
    ADC_SoftwareStartConvCmd(ADC1,ENABLE);//启动转换
    while(1)   //for   连续
    {
      DAC_SetDualChannelData(DAC_Align_12b_R,++daout1,++daout2);
      DAC_DualSoftwareTriggerCmd(ENABLE);
      if(daout1 > 4095) daout1 = 0;
      if(daout2 > 4095)   daout2 = 0;
    ADC_SoftwareStartonvCmd(ADC1,DISABLE);   //暂停转换
    AD_filter();                    //滤波
    for(i = 0;i < ADC_CHANALS;i++)
    {
        value[i] = AD_GetVolt(After_filter[i]);//计算模拟值
        delay_ms(10);
    }
```

```
ADC_SoftwareStartConvCmd(ADC1,ENABLE);//启动转换
LcdFillRec(10,190,450,230,1,WHITE);
LcdPrintf(10,200,RED,WHITE,"v[0]:%d %4.2fv v[1]:%d %4.2fv",daout1,value[0],
daout2,value[1]);   //输出到屏幕
    }
```

将代码编译后下载到目标板,可以看到显示的数值连续变化。

下一小节,进入网络编程部分。

3.9 网络编程

国际互联网的成功,使 TCP/IP 成为全球性的通信协议。网络编程部分,包含底层的驱动和上层的应用。开发的代码可通过 TCP/IP 与其他带网络端口的设备进行通信,如计算机或其他嵌入式系统等。

对于最底层的代码,就是对网络端口芯片 ENC28J60 通过 SPI 进行驱动。

对于 TCP/IP,传统的 TCP/IP 协议栈有很大的程序代码段,运行时需要大量的内存资源,因此不适合运行在 FLASH 和 SDRAM 资源都有限的 STM32 系统上。如果像在 PC 上开发网络应用那样使用完整的 TCP/IP 协议栈,在嵌入式系统下行不通。因此在 STM32 系统上,既要使用 TCP/IP 完成基本的操作,又必须适应嵌入式系统开发的特殊性。采用 uIP 来实现 TCP/IP 是一个不错的选择。uIP 是 TCP/IP 的子集,是专门针对嵌入式系统开发的,甚至在 8 位的单片机上都可以运行,而完全能够处理基本的网络传输功能。对它进行配置,可以使其在完成功能要求的基础上,只占用它的几千字节甚至几百字节的 FLASH 和 RAM。

因此,本节首先实现对 ENC28J60 这一网络端口芯片的驱动,然后使用 uIP 来实现网络通信编程,最后给出一个实例,使 STM32 嵌入式系统通过网络与计算机进行通信,将 AD 采集到的数据通过网络传送给计算机,然后以图形的方式显示在屏幕上。

3.9.1 网络端口芯片 ENC28J60 驱动

首先需要配置 ENC28J60 与 STM32 的端口。亮点 STM32 开发板上使用 SPI3 连接 ENC28J60,因此需对 SPI3 进行初始化。因为 SPI3 引脚和 JTAG 复用引脚,所以在初始化的时候需要注意取消 JTAG。该初始化函数代码见代码 3-58。

代码 3-58　ENC28J60 使用的 SPI3 端口初始化代码

```
void Enc28j60Spi3Init(void)
{
    SPI_InitTypeDef SPI_InitStructure;
    GPIO_InitTypeDef GPIO_InitStructure;
        RCC_APB2PeriphClockCmd(RCC_APB2Periph_GPIOA|RCC_APB2Periph_GPIOB|RCC_
APB2Periph_GPIOC|RCC_APB2Periph_GPIOD, ENABLE );//GPIOB,D,G,SPI3 时钟使能
    RCC_APB2PeriphClockCmd(RCC_APB2Periph_AFIO,ENABLE);
    RCC_APB1PeriphClockCmd(RCC_APB1Periph_SPI3, ENABLE);
```

```
        GPIO_PinRemapConfig(GPIO_Remap_SWJ_JTAGDisable, ENABLE);//SPI3 与 JLINK 引脚复
用,因此需禁止 JTAG

        GPIO_InitStructure.GPIO_Pin = spi3_clk | spi3_mosi | spi3_miso;
        GPIO_InitStructure.GPIO_Mode = GPIO_Mode_AF_PP;      //复用推挽输出
        GPIO_InitStructure.GPIO_Speed = GPIO_Speed_50MHz;
        GPIO_Init(spi3_gpio, &GPIO_InitStructure);

        GPIO_InitStructure.GPIO_Pin = spi3_cs;
        GPIO_InitStructure.GPIO_Mode = GPIO_Mode_Out_PP;     //NSS 信号推挽输出
        GPIO_Init(spi3_gpio, &GPIO_InitStructure);
        GPIO_SetBits(spi3_gpio, spi3_cs);

        SPI_InitStructure.SPI_Direction = SPI_Direction_2Lines_FullDuplex;
//SPI 设置为双线双向全双工
        SPI_InitStructure.SPI_Mode = SPI_Mode_Master;         //设置为主 SPI
        SPI_InitStructure.SPI_DataSize = SPI_DataSize_8b;    //SPI 发送接收 8 位帧结构
        SPI_InitStructure.SPI_CPOL = SPI_CPOL_Low;           //串行同步时钟的空闲状态为低电平
        SPI_InitStructure.SPI_CPHA = SPI_CPHA_1Edge;         //串行同步时钟的第一个跳变沿(上
升或下降)数据被采样
        SPI_InitStructure.SPI_NSS = SPI_NSS_Soft;            //NSS 信号由软件管理
        SPI_InitStructure.SPI_BaudRatePrescaler = SPI_BaudRatePrescaler_2;   //定义波特率预分频
的值:波特率预分频值为 2
        SPI_InitStructure.SPI_FirstBit = SPI_FirstBit_MSB;   //数据传输从 MSB 位开始
        SPI_InitStructure.SPI_CRCPolynomial = 7;             //CRC 值计算的多项式 (dm:7 为复位值)
        SPI_Init(SPI3, &SPI_InitStructure);                  //根据 SPI_InitStruct 中指定的参数初始化外设 SPI3 寄
存器

        SPI_Cmd(SPI3, ENABLE);//使能 SPI 外设
        spi_sendrece(SPI3, 0xFF);//启动传输
    }
```

代码中,spi_sendrece 为发送数据,并接收反馈信息的重要函数,该函数见本书代码 3-15。要对 ENC28J60 进行编程,实现了 SPI 通信之后,接下来就是读写 ENC28J60 的寄存器,下面的代码就实现了通过 SPI 与 ENC28J60 通信,实现读写寄存器的操作,见代码 3-59。

代码 3-59 读写 ENC28J60 寄存器函数的实现

```
#define Enc28j60_CS            GPIO_Pin_11
       /* Enc28j60 片选线 */
#define Enc28j60_CS()          GPIOB->BRR = Enc28j60_CS;
#define Enc28j60_CSH()         GPIOB->BSRR = Enc28j60_CS;
// ================================================================
```

```c
//读取 Enc28j60 寄存器
//op 操作码
//address 地址
//返回值:读到的数据
// ============================================================================
u8 Enc28j60ReadOp(u8 op, u8 address)
{
    u8 dat = 0;
    Enc28j60_CSL(); //拉低片选,使能 SPI3
    dat = op | (address & ADDR_MASK);
    spi_sendrece(SPI3,dat); //发送命令
    dat = spi_sendrece(SPI3,0xFF); //发送 0xFF(高电平),接收数据,行当于读寄存器
    if(address & 0x80) //位域指令操作码高位为 1,完成操作需要需要 2B
    {
        dat = spi_sendrece(SPI3,0xFF);
    }
    Enc28j60_CSH();
    return dat;
}


// ============================================================================
//写入 Enc28j60 寄存器
//op 操作码
//address 地址
//data 要写入的数据
// ============================================================================
void Enc28j60WriteOp(u8 op, u8 address, u8 data)
{
    u8 dat = 0;
    Enc28j60_CSL();
    dat = op | (address & ADDR_MASK);
    spi_sendrece(SPI3,dat); //写命令(操作码)
    dat = data;
    spi_sendrece(SPI3,dat); //写数据
    Enc28j60_CSH();
}
```

通过读写寄存器,可以对 ENC28J60 进行编程和配置。在配置之后,要通过网络发送数据,需要写 ENC28J60 的内存缓冲区;获取网络数据,又要读取 ENC28J60 的内存缓冲区。

读写内存缓冲区的代码及包发送和接收的代码见代码 3-60。

代码 3-60　读写 ENC28J60 内存缓冲区函数及包发送和接收函数的实现

```
// ===========================================================================
//读 Enc28j60 缓冲区
//len 读取的长度
//data 目标地址
// ===========================================================================
void Enc28j60ReadBuffer(u32 len, u8 * data)
{
    Enc28j60_CSL();
    // issue read command
    spi_sendrece(SPI3, Enc28j60_READ_BUF_MEM); //发送一次读缓冲区指令
    while(len)
    {
        len--;
        *data = (u8)spi_sendrece(SPI3,0); //循环读取
        data++;
    }
    *data = '\0';
    Enc28j60_CSH();
}


// ===========================================================================
//写 Enc28j60 缓冲区
//len 写入的长度
//data 要写的内容的首地址
// ===========================================================================
void Enc28j60WriteBuffer(u32 len, u8 * data)
{
    Enc28j60_CSL();
    spi_sendrece(SPI3, Enc28j60_WRITE_BUF_MEM); //发送一次写缓冲区指令
    while(len)
    {
        len--;
        spi_sendrece(SPI3, *data); //循环写缓冲区
        data++;
    }
    Enc28j60_CSH();
```

```c
    }
// ==========================================================================
//发送数据包到网络
//len:数据包大小
//packet:数据包
// ==========================================================================
void Enc28j60PacketSend(unsigned int len, unsigned char * packet)
{
    // 设置传输缓冲区首地址
    Enc28j60Write(EWRPTL, TXSTART_INIT&0xFF);
    Enc28j60Write(EWRPTH, TXSTART_INIT>>8);

    //设置包大小
    Enc28j60Write(ETXNDL, (TXSTART_INIT+len)&0xFF);
    Enc28j60Write(ETXNDH, (TXSTART_INIT+len)>>8);

    //写控制字节
    Enc28j60WriteOp(Enc28j60_WRITE_BUF_MEM, 0, 0x00);

    //复制包到传输缓冲区
    Enc28j60WriteBuffer(len, packet);

    //发送到网络
    Enc28j60WriteOp(Enc28j60_BIT_FIELD_SET, ECON1, ECON1_TXRTS);

    //复位传输逻辑
    if((Enc28j60Read(EIR) & EIR_TXERIF))
        Enc28j60WriteOp(Enc28j60_BIT_FIELD_CLR, ECON1, ECON1_TXRTS);
}


// ==========================================================================
//获取数据包
//maxlen:数据包最大允许接收长度
//packet:接收数据包缓存区
//返回值:收到的数据包长度(字节)
// ==========================================================================
unsigned int Enc28j60PacketReceive(unsigned int maxlen, unsigned char * packet)
{
```

```
unsigned int rxstat;
unsigned int len;


if(Enc28j60Read(EPKTCNT)==0)//收到的以太网数据包长度
{
    return(0);
}

// 设置缓冲器读指针
Enc28j60Write(ERDPTL,(NextPacketPtr));
Enc28j60Write(ERDPTH,(NextPacketPtr)>>8);

// 读下一包的指针
NextPacketPtr = Enc28j60ReadOp(Enc28j60_READ_BUF_MEM,0);
NextPacketPtr |= Enc28j60ReadOp(Enc28j60_READ_BUF_MEM,0)<<8;

// 读包长度
len = Enc28j60ReadOp(Enc28j60_READ_BUF_MEM,0);
len |= Enc28j60ReadOp(Enc28j60_READ_BUF_MEM,0)<<8;

len -= 4;  //去掉CRC记数
//读接收状态
rxstat = Enc28j60ReadOp(Enc28j60_READ_BUF_MEM,0);
rxstat |= Enc28j60ReadOp(Enc28j60_READ_BUF_MEM,0)<<8;
// 接收长度必须小于等于maxlen
if(len > maxlen - 1)
{
    len = maxlen - 1;
}

if((rxstat & 0x80)==0)
{
    len = 0;
}
else
{
    Enc28j60ReadBuffer(len, packet);  //从缓冲区复制包
}
// 移动接收读指针到下一个包
Enc28j60Write(ERXRDPTL,(NextPacketPtr));
Enc28j60Write(ERXRDPTH,(NextPacketPtr)>>8);
```

```
            // 包计数器减一
            Enc28j60WriteOp(Enc28j60_BIT_FIELD_SET, ECON2, ECON2_PKTDEC);
            return(len);
        }
```

另外,函数 Enc28j60Init() 实现了对 ENC28J60 的各个寄存器进行设置,设置 MAC 地址等操作等。还有另外一些函数,限于篇幅不能一一列出,读者可以参考随书源代码。这部分的所有函数在 enc28j60.h 中定义,在 enc28j60.c 中实现。

3.9.2 uIP 编程

TCP 为其上层协议提供了可靠的比特流,它将比特流分割为一个一个的适当大小的段,这些段以 IP 包的形式在网络上传输。ENC28J60 就适合于发送和接收这些 IP 包。但要实现 TCP/IP,还需要协议栈。本节先论述需要的协议,然后使用 uIP 来实现。

完整的 TCP/IP 包含很多的内容,例如 ARP 实现了将 IP 地址翻译为 MAC 地址,SMTP 实现了邮件收发,超文本传输协议 HTTP 实现了互联网中的 WWW 服务,对于嵌入式系统而言,首先应先检查网络硬件软件是否正常,然后实现数据的传输。因此需考虑的协议有:

1) 网络层的 IP (Internet Protocol)、ICMP (Internet Control Message Protocol) 控制报文协议、ARP (Address Resolution Protocol) 地址解析协议。

IP 是网络层的核心,通过路由选择将下一条 IP 封装后交给接口层。IP 数据是网络通信的核心。

ICMP 是网络层的补充,可以回送报文,检测网络是否通畅。Ping 命令就是发送 ICMP 的 echo 包,通过回送的 echo relay 进行网络测试。通过提供 ICMP 服务,实现可以通过 Ping 命令验证嵌入式系统网络的连通性。

ARP 是地址解析协议,通过已知的 IP,获得对应主机的 MAC 地址。因为编程时是向目标 IP 地址发送数据,而对方也需要知道本机的 MAC 地址,所以必须使用 ARP。

2) 传输控制协议 (Transmission Control Protocol, TCP) 和用户数据报协议 (User Datagram Protocol, UDP)。

TCP 是面向连接的通信协议,通过 3 次握手建立连接,通信完成时要拆除连接,由于 TCP 是面向连接的,所以只能用于点对点的通信而不能用于广播。TCP 提供的是一种可靠的数据流服务,采用"带重传的肯定确认"技术来实现传输的可靠性,但可靠性的提高也带来速度慢的缺点,在大量数据快速传输的场合,可以采用 UDP。

UDP 是面向无连接的通信协议,UDP 数据包括目的端口号和源端口号信息,由于通信不需要连接,所以可以实现广播发送。UDP 通信时不需要接收方确认,因此属于不可靠的传输,可能会出现丢包现象,但是可以编程验证。实验证明,使用 UDP 适合于大量数据的快速传输。

要使用 uIP,需将 uIP 的全部源代码复制到工程的一个目录下,实验工程中用 uip 目录来存放 uip 的源文件,用 uipapp 目录来存放实验代码。配置工程,在 INCLUDE PATH 中加入这两个目录。

以下文件的功能如下:

uip-config. h 文件用于配置 uIP,如配置 TCP 最大连接数、端口监听数、缓冲区大小、CPU 内存是大端模式还是小端模式等。这些配置都以宏定义的形式存在。

uipopt. h 也是配置文件,它包含 uip-config. h,但其内容一般情况下不需要进行修改。

uip_arp. h 和 uip_arp. c 文件用于实现 ARP。

psock. h 和 psock. c 实现套接字通信。

uip-timer. h 和 uip-timer. c 为实现定时器的代码,系统中一般需要两个定时器,一个为每 0.5s 一次的 uIP TCP\UDP 轮询,以及每 10s 一次的 ARP 表清除操作。

uip. h 和 uip. c 为最核心的代码,是主要的 TCP/IP 实现代码。对于 uip. h 和 uip. c 中的部分函数说明如表 3-18 所示。

表 3-18   uIP 核心函数一览

函 数 名	描 述
uip_sethostaddr	设置本机 IP 地址
uip_setdraddr	设置网关 IP
uip_setnetmask	设置子网掩码
uip_init	uIP 初始化,在使用最初调用
uip_setipid	设置一个 16 位的 ID
uip_input	当接收到一个包后,对接收包的处理。uip_buf 缓冲区中存放这个接收包,全局变量 uip_len 中存放该包的大小。当该函数返回后,如 uip_len 大于 0,则需要回送包给网络,uip_buf 缓冲区中存放这个回送包,全局变量 uip_len 中存放该回送包的大小
uip_periodic	周期性的连接处理。当定时器每次计时结束后应调用。同 uip_input 一样,调用之后,如果有包要送出,uip_len 大于 0
uip_listen	开始监听一个端口
uip_unlisten	停止监听一个端口
uip_connect	使用 TCP 连接到一个远程主机
uip_send	使用当前的连接发送数据
uip_abort	退出当前的连接
uip_stop	通知远程主机停止发送数据
uip_restart	重新开始由 uip_stop 停止的连接
uip_newdata	查询是否有新的网络数据
uip_acked	是否发送的数据被确认
uip_udp_new	设置新的 UDP 连接。将自动分配一个未用的网络端口给这个连接,但也可在之后调用 uip_udp_bind ( ) 来绑定一个端口号
uip_udp_remove	删除 UDP 连接
uip_udp_bind	为 UDP 绑定一个端口号
uip_udp_send	使用当前的 UDP 连接发送数据

使用 uIP 实现 TCP/IP,需遵守开发者推荐的编程流程,这些基本流程在 uip. h 中的代码注释部分。笔者例程参考了这个流程。

例如，函数 uip_input（）调用的代码见代码 3-61。

代码 3-61　函数 uip_input 调用的示例代码 1

```
uip_len = devicedriver_poll();
if(uip_len > 0){
  uip_input();
  if(uip_len > 0){
    devicedriver_send();
  }
}
```

devicedriver_poll（）为读者应事先的轮询代码，即调用底层驱动查看是否接到新的数据包，返回数据包的大小，当有数据包的时候，uip_len 大于 0。

如果有数据包，那么调用 uip_input 接收这个包。

然后，如果 uip_input 返回后，uip_len 仍大于 0，说明需要回送一个包，那么调用用户编写的底层函数 devicedriver_send 回送这个包。

但是，如果网络需要 ARP 进行地址解析，那么写法还有区别。网络连接一般都需要 ARP 进行地址解析获得对方的物理地址见代码 3-62。

代码 3-62　函数 uip_input（）调用的示例代码 2

```
#define BUF ((struct uip_eth_hdr *)&uip_buf[0])
uip_len = ethernet_devicedrver_poll();
if(uip_len > 0){
  if(BUF->type == HTONS(UIP_ETHTYPE_IP)){
    uip_arp_ipin();
    uip_input();
    if(uip_len > 0){
      uip_arp_out();
  ethernet_devicedriver_send();
    }
  } else if(BUF->type == HTONS(UIP_ETHTYPE_ARP)){
    uip_arp_arpin();
    if(uip_len > 0){
  ethernet_devicedriver_send();
    }
  }
}
```

首先调用用户编写的底层函数 ethernet_devicedriver_poll（）查询有无数据包被接收，如果有，判断接收到的数据包是 IP 包还是 ARP 包。

如果是 IP 包，需要先调用 uip_arp_ipin（）再调用 uip_input（），如果是 ARP 包，只要调用 uip_arp_arpin（）即可。

在 uip_periodic（）函数的代码说明中，有示例代码见代码 3-63。

代码 3-63　函数 uip_periodic() 调用的示例代码

```
    for(i = 0; i < UIP_CONNS; ++i)
    {
        uip_periodic(i);
        if(uip_len > 0){
            uip_arp_out();
            ethernet_devicedriver_send();
        }
    }
```

UIP_CONNS 为连接数，对每个连接都调用 uip_periodic() 进行周期处理，然后，如果需要发回数据包，先调用 uip_arp_out() 发 ARP 包，再调用用户编写的底层设备驱动函数 ethernet_devicedriver_send() 发送数据包。

uIP 的内容很多，下面结合例程进行进一步学习。

3.9.3　使用 uIP 实现 Ping 响应

本代码将实现在 STM32 开发板上进行网络初始化，进行轮询，能够响应 Ping 命令验证网络设备和连接的正确性。

一般来说，为程序代码方便移植，uIP 不会直接调用用户的网络驱动端口函数，因为用户硬件不同，发送数据包和接收数据包的函数也大不相同。用户应根据自己的驱动代码，填写 tapdev.c 文件。uIP 的 unix 目录下的 tapdev.h 和 tapdev.c 是协议栈的一部分，是 uIP 与硬件驱动的端口，将硬件驱动端口函数和初始化代码在其中调用实现。

根据亮点 STM32 的硬件及前面写好的驱动程序，编写 tapdev.c 代码见代码 3-64。

代码 3-64　tapdev.c 的实现代码

```
const u8 mymac[6] = {0x03,0x04,0x05,0x06,0x07,0x08};//MAC 地址

//网络硬件初始化代码,返回值:0,正常;1,失败
u8 tapdev_init(void)
{
    u8 i,res = 0;
    res = Enc28j60Init((u8*)mymac);//初始化 Enc28j60
    //把 MAC 地址写入缓存区
    for(i = 0; i < 6; i++)
        uip_ethaddr.addr[i] = mymac[i];
    Enc28j60PhyWrite(PHLCON,0x0476); //写指示灯状态
    return res;
}
//读取一包数据
//MAX_FRAMELEN:最大帧长
//uip_buf:数据包缓存区
uint16_t tapdev_read(void)
{
```

```
        return Enc28j60PacketReceive(MAX_FRAMELEN,uip_buf);
}
//发送一包数据
void tapdev_send(void)
{
        Enc28j60PacketSend(uip_len,uip_buf);
}
```

其中，MAX_FRAMELEN 是在 Enc28j60.h 中定义的宏，为收到的一个数据包的最大长度。Enc28j60Init() 和 Enc28j60PacketReceive()、Enc28j60PacketSend() 都是在硬件驱动程序中实现的函数。在 uIP 中，只需要调用 tapdev.c 中的函数来实现硬件操作，不直接与用户的其他代码打交道。

为配合 uIP 的定时器，系统中还需要实现一个定时器，这个定时器的中断时间设置为 10ms，每 10ms 将全局变量 uip_timer 的值加 1。选择定时器 6，该定时器设置为每 10ms 中断一次。在中断服务程序中简单地实现将 32 位整型全局变量 uip_timer 的值加 1。定时器的中断服务程序代码见代码 3-65。

代码 3-65 定时器 6 的中断服务程序代码

```
u32 uip_timer = 0;//uip 计时器,每 10ms 增加 1
//定时器 6 中断服务程序
void TIM6_IRQHandler(void)        //此中断程序每 10ms 调用一次
{   if(TIM_GetITStatus(TIM6,TIM_IT_Update)! = RESET) //检查指定的 TIM 中断发生与否:TIM 中断源
        {
            uip_timer + + ;//uIP 计时器增加 1
        }
        TIM_ClearITPendingBit(TIM6,TIM_IT_Update);   //清除 TIMx 的中断待处理位:TIM 中断源
}
```

现在可以写主程序了，因为只需要响应 Ping 命令，主程序比较简单，与网络相关部分代码见代码 3-66。

代码 3-66 主程序网络相关部分代码

```
TIM6_Int_Init(36000 - 1,20);//设置定时器 6 产生 10ms 一次的中断,用于网络
while(tapdev_init())//初始化 ENC28J60
{
        LcdPrintStr("◆网络初始化失败!",10,100,BLUE,WHITE,1);
        delay_ms(200);
};
LcdPrintStr("◆网络初始化成功!",10,110,BLUE,WHITE,1);
uip_init();                    //uIP 初始化
    uip_ipaddr(ipaddr,192,168,1,16);      //设置本地 IP 地址
uip_sethostaddr(ipaddr);
```

```c
    uip_ipaddr(ipaddr,192,168,1,1);//设置网关IP地址
    uip_setdraddr(ipaddr);
    uip_ipaddr(ipaddr,255,255,255,0);//设置网络掩码
    uip_setnetmask(ipaddr);
      while(1)
    {
            uip_polling();
    }
```

该代码流程为:
1) 初始化定时器6,每10ms产生一次中断。
2) 调用 tapdev_init() 实现网络设备的初始化。
3) 调用 uip_init() 初始化 uIP。
4) 调用 uip_ipaddr() 分别设置 IP 地址、网关地址和子网掩码。
5) 调用 uip_polling() 进行轮询。

函数 uip_polling() 实现轮询,代码见代码3-67。

代码3-67　网络轮询代码

```c
//uip轮询,由用户主循环调用
void uip_polling(void)
{
    static struct timer arp_timer;//定义了1个timer类型的结构变量,用于ARP超时处理
    static u8 timer_ok=0;//静态局部变量
    if(timer_ok==0)//仅初始化一次
    {
        timer_ok = 1;//因为静态局部变量,改变值后在下次进入函数的时候保持该值
        timer_set(&arp_timer,CLOCK_SECOND*10);    //创建1个10s的定时器用于每10s将ARP表清空
    }
    uip_len = tapdev_read();//从网络设备读取一个IP包,uip_len在uip.c中定义
    if(uip_len>0)          //如果有数据
    {
        //处理IP数据包(只有校验通过的IP包才会被接收)
        if(BUF->type == htons(UIP_ETHTYPE_IP))//是否是IP包?
        {
            uip_arp_ipin();    //去除以太网头结构,更新ARP表
            uip_input();       //IP包处理
            if(uip_len>0)//需要回应数据
            {
                uip_arp_out();//加以太网头结构,在主动连接时可能要构造ARP请求
                tapdev_send();//发送数据到以太网
            }
```

```
                }else if(BUF->type==htons(UIP_ETHTYPE_ARP))//处理ARP报文
                {
                    uip_arp_arpin();//收到ARP包后的处理
                    if(uip_len>0)tapdev_send();//需要发送数据,则通过tapdev_send发送
                }
            }
            //以下为定时器服务代码,每隔10s调用1次ARP定时器函数,用于定期ARP处理。ARP表
10s更新一次,旧的条目会被抛弃
            if(timer_expired(&arp_timer))
            {
                        led_turn3;//指示灯翻转,由亮到灭或由灭到亮
                        timer_reset(&arp_timer);
                        uip_arp_timer();
            }
        }
```

轮询中首先调用 timer.c 中的 timer_set() 函数设置定时器,使用静态变量 timer_ok 保证只设置一次定时器。如果不这样做,也可以将定时器设置这一部分代码写在主程序中。因为这里只需要响应 Ping 命令,就只设置了一个每 10s 中断一次的定时器,用来周期性地清空 ARP 表。

轮询中调用 tapdev_read() 来读取数据包。如果有数据包,那么全局变量 uip_len 大于 0,需调用 uip_arp_ipin() 去除以太网头结构,更新 ARP 表,然后调用 uip_input() 来进行包处理,使用 ICMP 对 Ping 的处理就在该函数中实现。然后,如果需要返回响应数据,那么需调用 uip_arp_out() 加以太网头结构,然后调用 tapdev_send() 送出反馈包。

最后的代码就是定时器的服务代码,调用 uip_arp_timer() 来定时更新 ARP 表。

将工程编译后下载到开发板,可以看到 LED 指示灯 3 每 10s 变一次。将计算机和目标板都连接网线到一个路由器,在计算机上键入 Ping 命令,可以得到如下结果,如图 3-70 所示。

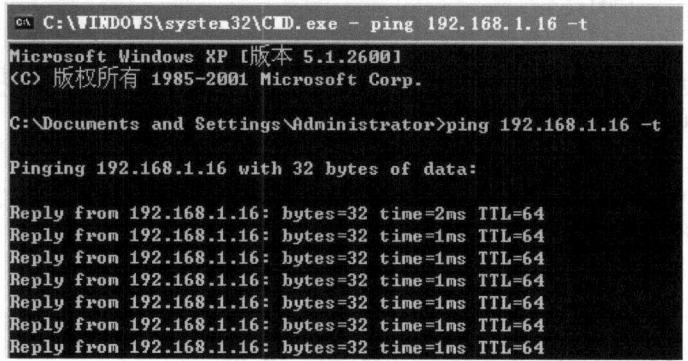

图 3-70　Ping 通目标板

基本的实验完成了，验证了网络、硬件、代码的正确性。下面，将实现一个非常实用的例子，做一个更为复杂的 AD 数据采集和网络 UDP 传输实验。

3.9.4　AD 采集和网络 UDP 传输

在本节，在前面所学内容的基础上，将产生一个周期性的斜波，然后用一个 AD 通道采集这个斜波。同时，将采集到的数据通过网络传送到远程计算机，在远程计算机使用 VC 编写代码接收数据并以图形的方式显示在屏幕上。要完成这些功能，需要以下：

1）DAC 斜波发生器，该斜波发生器在 3.8 节已实现。
2）ADC 的 DMA 方式数据采集，采样率为每秒 60KB，也在 3.8 节实现。
3）使用 uIP 的 UDP 数据传输，这是要实现的主要内容。
4）使用带示波器功能的亮点网络调试助手，将采集的数据显示在计算机屏幕上。

本例程不需要全部重新编写，在 3.9.3 的例程的基础上进行扩充即可。网络调试助手采用 VC 嵌入 CVI 控件编程，不是本书研究的内容。

修改主程序，部分代码见代码 3-68。

代码 3-68　主程序网络相关部分代码

```c
u8 AdDataBuff1[DataBuff/2] __attribute__((at(0X20002000)));   //20002000-200023FF
u8 AdDataBuff2[DataBuff/2] __attribute__((at(0X20002400)));   //20002400-200027Ff
u8 buf_sig; //buf_sig=0 表明是 AdDataBuff1 写满 buf_sig=1 AdDataBuff2 写满
u8 control_sta;
int main(void)
{
    …//此处略去一些初始化代码
    Adc15_Init();//将 ADC15 配置在外触发模式
    TIM1_Int_Init(30000);//频率 30kHz,用于 AD 转换用 PWM
    BP_DAC1_InitTriangle();//由 DAC1 发出三角波,此时周期性斜波已经发出
    //这里略去部分液晶显示代码
    while(tapdev_init())//初始化 ENC28J60
    {
        LcdPrintStr("◆网络初始化失败!",10,100,BLUE,WHITE,1);
        delay_ms(200);
    };
    TIM6_Int_Init(36000-1,20);//设置定时器 2 产生 10ms 一次的中断,用于网络
    LcdPrintStr("◆网络初始化成功!",10,110,BLUE,WHITE,1);
    uip_init();                    //uIP 初始化
    uip_ipaddr(ipaddr,192,168,1,16);//设置本地 IP 地址
    uip_sethostaddr(ipaddr);
    uip_ipaddr(ipaddr,192,168,1,1);  //设置网 IP 地址
    uip_setdraddr(ipaddr);
    uip_ipaddr(ipaddr,255,255,255,0);  //设置网络掩码
    uip_setnetmask(ipaddr);
```

```
        uip_ipaddr(ipaddr,192,168,1,100);
        uip_udp_conn = uip_udp_new(&ipaddr,HTONS(2040));//建立一个 UDP 连接(实际上
UDP 是无连接的,这里只是一个端口),设置目的 IP 与目的端口
        uip_udp_bind(uip_udp_conn,HTONS(2000));              //绑定本地端口为 2000

        while(1)
        {
            uip_polling();//调用轮询函数
            ADC_ExternalTrigConvCmd(ADC1,DISABLE);//除能 ADC1 外触发转换
            if(control_sta&1)//接收到了"on"
            {
    Adc15DmaConfig(DMA1_Channel1,(u32)&ADC1->DR,(u32)AdDataBuff1,DataBuff/2);
                //存储器地址为 AdDataBuff1,长度为 DataBuff/2(1024 个双字节)
                DMA_Cmd(DMA1_Channel1,ENABLE);              //使能 DMA 传输
                ADC_ExternalTrigConvCmd(ADC1,ENABLE);    //使能指定的 ADC1 的外触发启动
转换功能
                while(control_sta&1)
                {
                    buf_sig = 1;//最开始的时候默认为 BUF2 满
                    led_on1;//led1 指示
                    uip_process(UIP_UDP_SEND_CONN);        //告诉 uIP 应该构建一个 UDP 报文
                    uip_arp_out();//加以太网头结构,在主动连接时可能要构造 ARP 请求
                    tapdev_send();//发送数据到以太网
                    while(1)
                    {
                        if(DMA_GetFlagStatus(DMA1_FLAG_HT1) == SET)//等待 DMA 传完
                        {
                            DMA_ClearFlag(DMA1_FLAG_HT1);    //清除发送完成标志
                            break;
                        }
                    }
                    uip_polling();
                    buf_sig = 0;
                    uip_process(UIP_UDP_SEND_CONN);
                    uip_arp_out();//加以太网头结构,在主动连接时可能要构造 ARP 请求
                    tapdev_send();//发送数据到以太网
                    while(1)
                    {
                        if(DMA_GetFlagStatus(DMA1_FLAG_TC1) == SET)//等待通道 1 传输
完成
                        {
                            DMA_ClearFlag(DMA1_FLAG_TC1);    //清除发送完成标志
```

```
                    break;
                }
            }
            uip_polling();
        }
    }
}
```

需要注意的是，这里采用的是双缓冲乒乓操作。AdDataBuff1 地址设置在 0X20002000，AdDataBuff1 地址设置在 0X20002400，DataBuff 这个宏的值是 2048，其 16 进制为 0x800，DataBuff/2 就是 0x400。

全局变量 control_sta 的最低位为 1 表示正在向主机发送数据，为 0 表示停止向主机发送数据。当接收到计算机通过网络发送过来的"on"字符串的时候，将 control_sta 的最低位取反。因此，当第一次接到"on"，就开始发送数据，再接到，就停止发送数据。

Adc15_Init 时，将开启 ADC 的 DMA 传输功能，在 Adc15DmaConfig 函数中，配置 DMA 通道 1 负责将 ADC15 采集的数据传送到内存，内存的首地址在 AdDataBuff1，外设数据宽度为 16 位，内存数据宽度 16 位，从 ADC15 的 DR 寄存器搬移 DataBuff/2 个半字（2048B）到内存。特别注意！从 AdDataBuff1 开始的 2048B，包括了从 AdDataBuff2 开始的 1024B 的！

在第一次发送数据的时候，调用 DMA_Cmd（DMA1_Channel1，ENABLE）使能 DMA 传输，然后 ADC_ExternalTrigConvCmd 启动外触发开始进行 AD 转换，这时 AD 转换器将开始进行转换，DMA 将转换的结果复制到 AdDataBuff 开始的内存缓冲区。这时，设置 buf_sig = 1，表示正在写 AdDataBuff1，此时应该发送 AdDataBuff2 开始的 1024B 的数据。发送的方法是先调用 uip_process（UIP_UDP_SEND_CONN）来要发送的数据包复制到 uIP 的发送缓冲区中，然后调用 uip_arp_out（）加以太网头结构，最后调用 tapdev_send（）发送数据到以太网。之后查询 DMA 有没有半传输完成（DMA_GetFlagStatus（DMA1_FLAG_HT1）==SET）。如果半传输完成，那么很明显，DMA 会将 AD 转换的结果复制到 AdDataBuff1 开始的 2048B 的后半部分了，这部分内存是从 AdDataBuff2 开始的。这时，要做的就是在 AdDataBuff2 开始的内存区接收数据的同时，将刚刚采集到的数据（AdDataBuff1 开始的 1024B）发送出去！这就是双缓冲乒乓操作。

于是，设置 buf_sig = 0，重复上面的过程发送数据，发送完成后，判断 DMA 传输是否全完成（DMA_GetFlagStatus（DMA1_FLAG_TC1）==SET），如果完成，又要发送缓冲区 AdDataBuff1 的数据，接收数据到缓冲区 AdDataBuff2。然后这样循环下去，直到又接收到了"on"字符串而停止发送数据。

要完成上述的操作，还需要在函数 uip_process（）中加入自己的代码。uip_process（）函数在 uip.c 中，修改的代码见代码 3-69。

代码 3-69　修改的 uip_process（）函数部分代码

```
uip_process(u8_t flag)
{
```

```c
        register struct uip_conn *uip_connr = uip_conn;//用 uip_connr 指向当前的连接 uip_conn

#if UIP_UDP

   if(flag == UIP_UDP_SEND_CONN) {
        uip_slen = PacketSize;
      if(buf_sig){
                 memcpy(uip_sappdata, (AdDataBuff2), uip_slen);
             }
        else
             {
                 memcpy(uip_sappdata, (AdDataBuff1), uip_slen); }
        goto udp_send;
     }
#endif /* UIP_UDP */
以下忽略
```

代码中，根据 buf_sig 的值，决定复制 AdDataBuff1 还是 AdDataBuff2 开始的 1024B 到发送缓冲区 uip_sappdata。

另外，新加入代码 tcp_demo.h 和 tcp_demo.c，实现回调函数，见代码 3-70。

代码 3-70   tcp_demo.h 和 tcp_demo.c 部分代码实现

```c
//UDP 主回调函数
void myudp_appcall(void)
{
    if(uip_newdata()) //如果有接收到数据
    {
        UDP_newdata();
    }
}


//UDP 数据包发送
void myudp_send(char *str,short n)
{

    char    *nptr;
    nptr = (char *)uip_appdata; //uip_appdata 为 uip.c 中全局变量,指向发送缓冲区
    memcpy(nptr, str, n);    //将发送字符串复制到发送缓冲区
    uip_udp_send(n);         //发送 n 个数据
}

//UDP 接收数据分析,如果接收到"on",则将 control_sta 最低位取反
```

```
void UDP_newdata(void)
{
    char * nptr;
    nptr = (char *)uip_appdata;  //取得数据起始指针

    if(strncmp(nptr,"on",2)==0){
      control_sta = (control_sta & 254)|((~control_sta)&1);
    }
    else myudp_send("Unkown command! \n",16);
}
```

回调函数在 uip.c 的 uip_process() 函数中被调用,只要接收到数据就会与字符串"on"进行比较,如果符合,则将 control_sta 的最低位翻转,根据 control_sta 的最低位的值决定发送数据或暂停发送数据。

在 PC 端,使用笔者的亮点网络调试助手,可以观察波形。在计算机上首先设置和建立与目标板的 UDP 连接,然后发送"on"到目标板,可以观察到采集到的数据!

图中显示的波形,是由目标板采集自己发出的斜波。然后以双缓冲乒乓操作的方式,网络传输部分以 UDP 方式发送缓冲区的数据到远程计算机,DMA 控制器以 DMA 方式将数据备份到缓冲区。计算机上以图形方式连续地显示波形,如图 3-71 所示,经过数小时的连续工作无任何异常。

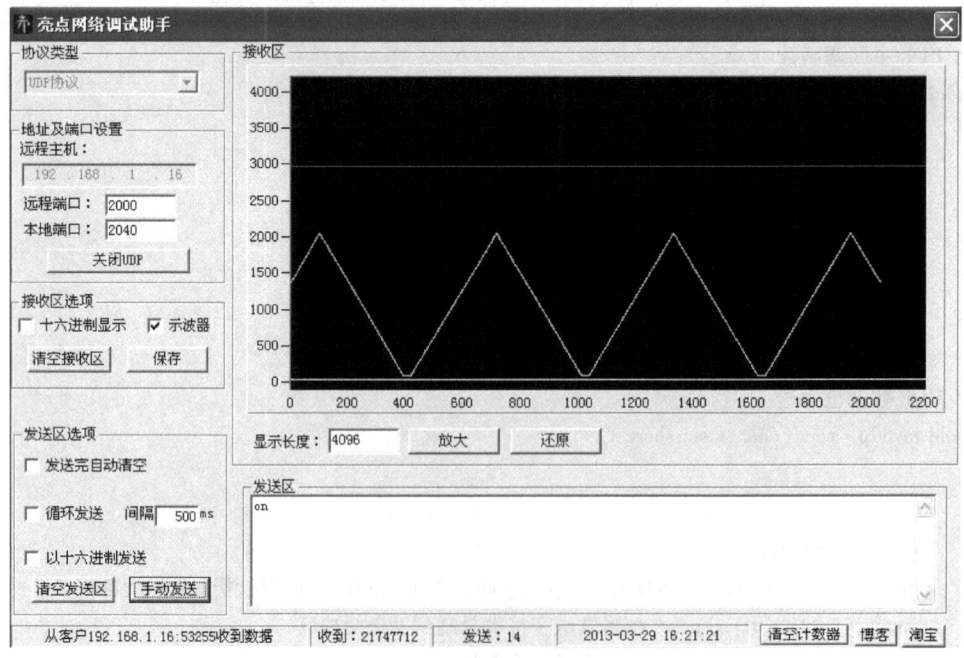

图 3-71 计算机上的波形显示

该实验稍微修改,可以应用在很多数据采集的场合。

UDP 是无连接的,非常适合于传送大量的数据。下面的小节将使用 TCP,将主机发送的数据发送回去。

3.9.5 TCP 接收和发送实验

TCP 是面向连接的协议,本实例将实现将主机发送来的数据发送回去。使用 uIP 可以比较容易地实现这一功能。

在前面代码的基础上,主程序只需要进行简单的修改,在循环之前,加入连接 TCP 服务端的代码即可。在前面实现的 tcp_demo.h 和 tcp_demo.c 中,需要加入一些代码,见代码 3-71。

代码 3-71 tcp_demo.h 和 tcp_demo.c 新加入的代码

```
//TCP 应用回调函数
void tcp_appcall(void)
{
    switch(uip_conn->rport)//远程连接 1400 端口
    {
        case HTONS(1400):
            tcp_client_appcall();
            break;
        default:
            break;
    }
}
//TCP 客户端应用回调函数
void tcp_client_appcall(void)
{
    char *nptr;

    if(uip_aborted()||uip_timedout()||uip_closed())
        { control_sta& = ~TCP_CONNECTED_FLAG;     //标志没有连接
          tcp_connect();}           //尝试重新连接
    if(uip_connected())control_sta| = TCP_CONNECTED_FLAG;    //连接成功
    //接收到一个新的 TCP 数据包
    if(uip_newdata())
    {
        control_sta| = 1<<6;//表示收到数据
        nptr = (char *)uip_appdata;//取得数据起始指针
        uip_send(nptr,uip_len);      //发送回去
    }
}
//建立 TCP 连接
void tcp_connect()
{
    uip_ipaddr_t ipaddr;
```

```
            uip_ipaddr(&ipaddr,192,168,1,194);
            uip_connect(&ipaddr,htons(1400));
        }
```

tcp_appcall 为应用程序和 uIP 的端口，在 uIP 中，这个函数在 uip_process() 函数中被调用，如果端口号是 1400，说明是 TCP 连接类型的信息需处理，则调用 tcp_client_appcall() 进行处理。如果连接被断开，则再次调用 tcp_connect() 进行重新连接，如果有新的数据，则将该数据用 uip_send() 发送回去。tcp_connect() 为建立 TCP 连接的函数，在轮询之前，需在主程序中调用它来建立连接。

代码编译后下载到目标板，使用网络调试助手建立一个 TCP 服务端，然后周期性发送数据到目标板，可以看到数据被原原本本的回送回来。实际的运行结果如图 3-72 所示。

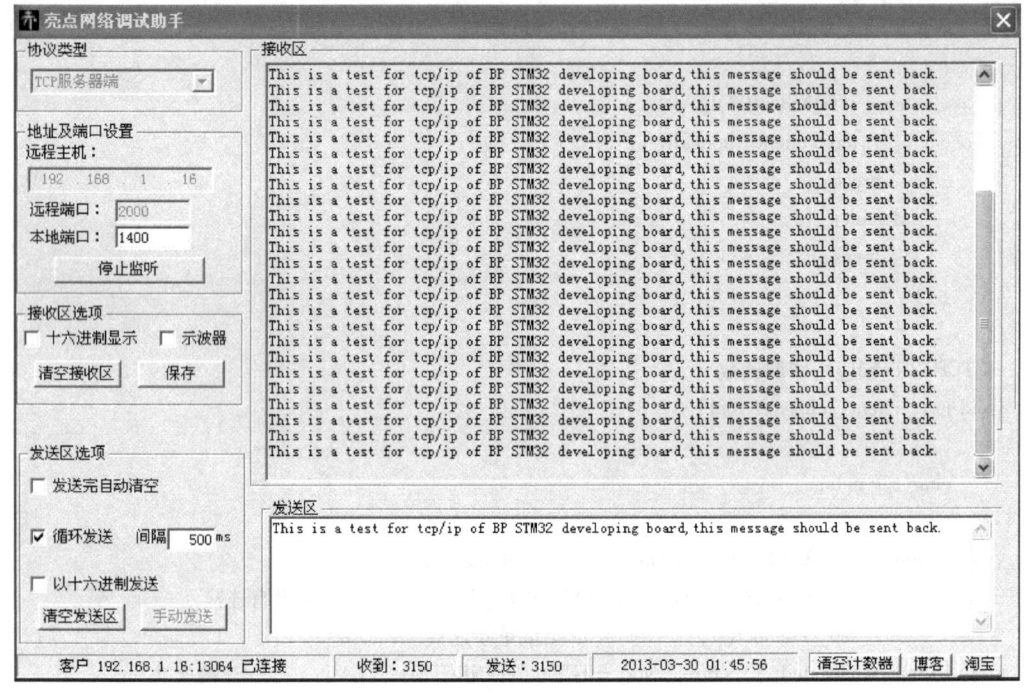

图 3-72　TCP 接收和发送实验结果

习　题　3

1. 简述从无到有地创建基于固件库的工程的流程。
2. 如何使用 JLINK 对工程进行在线调试？
3. 如果使用 GPIOC6 接口为推拉方式输出，最高频率 50MHz，分别使用寄存器模式和库函数模式，如何进行编程。
4. 编程实现 4 位流水灯。
5. 编程实现 2 个按键检测，当按键 1 按下时，LED1 翻转（由亮到灭或由灭到亮）；当按键 2 按下时，LED2 翻转。
6. 编程实现通过串口 1 发送字符串"you are welcome"。
7. 编程实现接收串口 1 数据，并转发到串口 4。

8. 编程实现将串口 1 的数据以 DMA 方式存储到内存中，并实现对内存中数据求和后发送回串口 1。
9. 论述乒乓双缓冲操作原理。
10. 使用 SPI 库函数，编程实现向 SPI FLASH 中写入连续 2k 个 "a"。
11. 编程实现从 SPI FLASH 中任意地址开始读取 2048B 的数据，并发送到串口 1。
12. 编程实现从 TF 卡的指定地址读取 1024B 的数据，并写到另一个地址。
13. 编程实现从 TF 卡的指定目录下的文件读取全部文件内容，将其中的字符 "a" 修改为 "b"，并写回该文件。
14. 编程实现读取 AT24C02 的 0x08 单元内容，并将读取的内容写到为 0xaa 单元。
15. 简述 FSMC 初始化的流程及 RA8875 初始化的流程，画出流程图。
16. 编程实现向 480×272 的屏幕，以 16 位格式画一个以红色填充的矩形。
17. 编程实现获取屏幕上的触摸信息，并在触摸点的位置开始，使用高通字库，在该位置输出汉字 "你好"。
18. 编程实现将存储在 TF 卡中汉字库写入 SPI FLASH，并使用 SPI FLASH 中的字库，在屏幕上输出 "你好！使用 SPI FLASH 输出汉字！"。
19. 编程实现从 DAC1 通道 1 输出 2V 电压，通过 ADC 通道 15 读取该电压并显示在屏幕上及输出到串口 1。
20. 编程实现通过 UDP/IP 接收格式为 0XAA 0XAB DATA1 DATA2 DATA3 0XEE 格式的数据包，并将接收到的数据的每个字节加 1，送回给发送方（发送方可以用 PC 上的网络调试助手）。
21. 以 TCP/IP 重做上一题。
22. 设计题：远程机器以 TCP/IP 每秒发送 1KB 的数据，如果编程实现将接收到的数据保存到 TF 卡，请规划数据格式，设计双缓冲模式，画出流程。

第 4 章 工程项目实例

学到的知识要转化为成果，就要开发工程项目。

本书的工程实例并不复杂，但应用于实际的电源检测系统工程。本章旨在用于本书所学的知识，完成工程项目。由于基于 STM32 的 μC/OS 和 μC/GUI 部分在亮点后续的书籍中，因此，本章完成不需要 μC/OS 和 μC/GUI 的从机部分，主机部分在后续书籍中给出。

另外，本章也引领读者，如何去分析和开始做一个工程。

既然是工程，就要从需求分析开始。

4.1 需求分析

4.1.1 需求

该工程项目的被测控设备如下：

1）电源 A。

被检测信号：电压，电流，过电流；

控制信号：开关。

2）电源 B。

被检测信号：电压，电流，过电流；

控制信号：开关。

3）电源 C。

被检测信号：电压，电流，过电流；

控制信号：开关。

4）电源 D。

被检测信号：电压；

控制信号：开关，发射。

5）功率设备。

被检测信号：电压（表示功率）；

控制信号：数字量 5 根，根据输入的功率查表进行设置。

需要以图形的方式在 480×272 的屏幕上显示各电源电压、电流值，需要以触摸的方式按键控制各电源及功率设备的开关，需要输入功率值以 5 根数字信号控制功率设备。

另外，功率设备与电源之间也需要隔离。

4.1.2 分析

从需求可见，需要检测 7 路模拟电压，由于功率设备和电源之间需要隔离，因此需要采用主从机的模式，主机和从机之间需进行高压隔离。

主机应与功率设备共地，检测并控制功率设备功率，并将该功率显示在液晶屏上。主机通过串口加隔离电路与从机进行通信，获取从机获得的各个电源的电压电流信息及控制各个电源的开关，以及电源 4 的启动发射和关闭发射。

主机应具备带触控功能的液晶屏，需要的端口如下：

1）1 路 RS232 端口，通过隔离电路与从机通过 RS232 相连，发送命令和接收数据。

2）1 路模拟输入，检测功率信号。

3）10 根 GPIO 输出，其中 5 根设置功率、4 根设置 4 个电源的开关、1 根用来设置电源 4 的发射。

从机不需要液晶屏，需要的端口如下：

1）1 路 RS232 端口，通过隔离电路与主机通过 RS232 相连，接收命令和发送数据。

2）7 路模拟输入，检测电压电流信号。

3）3 路 GPIO 输入信号，分别是 3 个电源的过电流信号。

主机需编程实现的主要功能：

1）液晶图形显示。

2）触摸屏识别。

3）串口采集和处理、显示。

4）控制命令处理和串口命令发送。

5）功率模拟量采集、处理和显示。

6）功率控制信号输入和发送。

从机需编程实现的主要功能：

1）多路 AD 采集。

2）GPIO 信息采集。

3）采集信息打包发送到串口。

4.2 工程设计

4.2.1 整体设计

整个工程设计整体框图如图 4-1 所示。

测控主机和从机都使用 STM32 系统设计，主机和从机之间通过串口通信。因为要高压隔离，采用 RS232 高压隔离设备作主、从机之间的隔离。主机的离散输出是通过继电器控制电源的开关的，在电源内部实现，因此也是采用了隔离的控制方式。

因为主机的软件设计需要采用 μC/OS 及 μC/GUI 以实现复杂的界面及任务管理，将在后续的图书中给出，这里分析从机的硬件端口和软件设计。至于主机的硬件端口和软件设计，因为使用了操作系统和 GUI，要在后续笔者的关于图形用户端口 μC/GUI 的书籍中给出。

4.2.2 从机硬件端口设计

从第 2 章的硬件设计来看，亮点 STM32 开发板的功能完全满足了项目的需要，有独立的模拟和数字端口,因此使用该开发板就可以实现项目的硬件需要,将开发板上的引脚进行选择供项目使用。有多路的串口,因为串口 1 已经转为 USB 端口输出,工程中采用串口 4 就可以满足项目的需要。

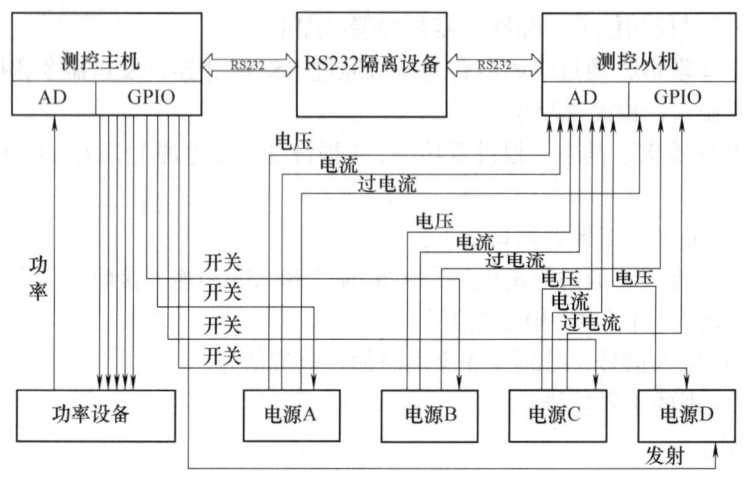

图 4-1 工程整体框图

亮点 STM32 开发板的模拟端口还提供了 4 路的 GPIO,因此不需要采用其他端口了。引脚功能分配如表 4-1 所示。

表 4-1 模拟端口功能分配

引脚	名称	对应 MUC 引脚	功　能	备　注
1	AIN15	PC5	模拟输入	电源 A 电压
2	AIN14	PC4	模拟输入	电源 A 电流
3	PB0	PB0	GPIO	电源 A 过电流
4	AGND		地	
5	AIN13	PC3	模拟输入	电源 B 电压
6	AIN12	PC2	模拟输入	电源 B 电流
7	PA3	PA3	GPIO	电源 B 过电流
8	AGND		地	
9	AIN11	PC1	模拟输入	电源 C 电压
10	AIN10	PC0	模拟输入	电源 C 电流
11	PA2	PA2	GPIO	电源 C 过电流
12	AGND		地	
13	AIN9	PB1	模拟输入	电源 D 电压
14	AIN8	PB0	模拟输入	
15	PA1	PA1	GPIO	
16	AGND		地	
17	AOUT2	PA5	模拟输出	
18	+5V		5V	
19	AOUT1	PA4	模拟输出	
20	VCC		3.3V	

4.2.3 从机软件设计

从机的软件设计应该很清晰了,需要实现采集 7 路模拟量,并将其值通过串口发送给主机,只需要配置后在主循环中实现即可。注意对 7 路模拟量都需要通过一个积分滤波的方式进行滤波,然后周期性地发送给主机。考虑采用 DMA 方式采集 AD 数据,设计软件流程如图 4-2 所示。

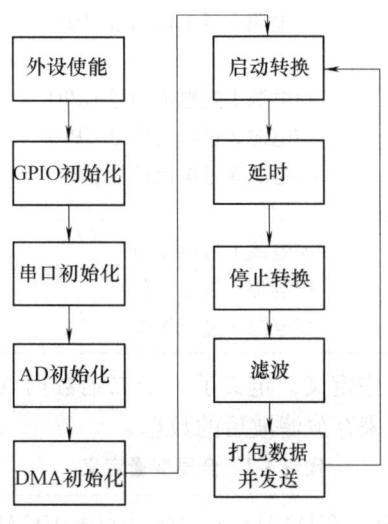

图 4-2　从机软件流程

设计发送数据的 10 个半字的格式如表 4-2 所示。

表 4-2　发送数据格式

序号	0	1	2	3	4	5	6	7	8	9
含义	FAFB	A电压	A电流	B电压	B电流	C电压	C电流	D电压	过电流状态	FEFE

其中过电流状态为 1B,低 3 位分别表示 3 个电源的过电流,位 0 为电源 1 过电流位,位 1 为电源 2 过电流位,位 2 为电源 3 过电流位。

4.3　软件开发

AD 和串口驱动的开发在第 3 章已经讲过,主机软件因使用 μC/OS 和 μC/GUI 开发在后续的书籍中实现,本部分根据上一节的流程,实现了从机软件的开发。

4.3.1　宏和变量定义

为方便系统修改,增强系统的可读性,定义了 AD 采集次数和 AD 通道数,过电流信号的引脚和通道等宏,这些定义在 bp_config.h 中。

代码 4-1　宏　定　义

```
#define ADC_TIMES 400              //每通道采 400 次
#define ADC_CHANALS 8              //为 8 个通道,其中一个通道采集的数据未使用

#define G_DS_GL GPIO_Pin_10        //电源 1 过电流信号引脚
#define G_SJ_GL GPIO_Pin_3         //电源 2 过电流信号引脚
#define G_LX_GL GPIO_Pin_2         //电源 3 过电流信号引脚

#define GPIO_DS_GL GPIOB           //电源 1 过电流信号 GPIO
#define GPIO_SJ_GL GPIOA           //电源 2 过电流信号 GPIO
#define GPIO_LX_GL GPIOA           //电源 3 过电流信号 GPIO

#define GETDSGL 0x01               //电源 1 过电流位
#define GETSJGL 0x02               //电源 2 过电流位
#define GETLXGL 0x04               //电源 3 过电流位
```

全局变量在主程序 main.c 中定义，定义了一个二维数据 AD_Value 用来存储采集到的数据，一维数组 After_filter 用来存放滤波后的数据。

代码 4-2　全局变量定义

```
u16 AD_Value[ADC_TIMES][ADC_CHANALS];   //用来存放 ADC 转换结果,也是 DMA 的目标地址
u16 After_filter[ADC_CHANALS];          //用来存放求平均值之后的结果
```

4.3.2　主程序编程

主程序根据图 4-2 流程编写，因为 GPIO 默认为模拟输入，不需要编写程序配置。

代码 4-3　主程序

```
    int main(void)
    {
        u8 i;
        u16 CJDY[10],temp;
        CJDY[0] = 0xFAFB;         //发送开始标志字节
        CJDY[9] = 0xFEFE;         //发送结束标志字节
        clock_config();           //时钟初始化(使能)
        uart4_init(9600);         //串口 4 初始化为 9600Baud
        BP_ADC_INIT();            //ADC 初始化,初始化 ADC1 的 8 个通道
        BP_ADC_DMA_Init();        //DMA 初始化,配置为使用 DMA 方式采集数据
        DMA_Cmd(DMA1_Channel1,ENABLE);//启动 DMA 通道

        while(1)   //连续读取 AD 值和 GPIO 处理后发送
        {
            ADC_SoftwareStartConvCmd(ADC1,ENABLE);   //启动转换
```

```
delay_ms(200);          //延时,转换和转存到内存进行中
ADC_SoftwareStartConvCmd(ADC1,DISABLE);   //暂停转换
delay_ms(10);
AD_filter();//对缓冲区进行滤波
for(i=0;i<7;i++)
{
    temp = After_filter[i];
    CJDY[i+1] = temp;
}
CJDY[8]=0;   //初始化过电流信息

if(GPIO_DS_GL->IDR & G_DS_GL)
    CJDY[8]|= GETDSGL;        //如果电源1过电流,设置电源1过电流位
if(GPIO_LX_GL->IDR & G_LX_GL)
    CJDY[8]|= GETLXGL;        //如果电源2过电流,设置电源2过电流位
if(GPIO_SJ_GL->IDR & G_SJ_GL)
    CJDY[8]|= GETSJGL;        //如果电源3过电流,设置电源3过电流位

for(i=0;i<10;i++)       //循环发送
{
    UART4->DR = (CJDY[i]>>8 & (uint16_t)0x01FF);   //先发高位
    delay_ms(5);
    UART4->DR = (CJDY[i]& (uint16_t)0x01FF);//再发低位
    delay_ms(5);
}
}
```

该代码注释比较详尽,注意代码中为什么采用位操作,另外注意在发送的时候,将16位分高位和低位两次进行发送。

下面补充一下串口4初始化的代码。

代码4-4 串口4初始化代码

```
void uart4_init(INT32U Baud) //参数为波特率
{
    USART_InitTypeDef USART_InitStructure;
    GPIO_InitTypeDef  GPIO_InitStructure;
    NVIC_InitTypeDef  NVIC_InitStructure;

    USART_InitStructure.USART_BaudRate = Baud;
    USART_InitStructure.USART_WordLength = USART_WordLength_8b;//8位数据位
    USART_InitStructure.USART_StopBits = USART_StopBits_1; //1位停止位
    USART_InitStructure.USART_Parity = USART_Parity_No; //不校验
```

```
        USART_InitStructure.USART_HardwareFlowControl = USART_HardwareFlowControl_None;//
无硬件流控制
        USART_InitStructure.USART_Mode = USART_Mode_Rx|USART_Mode_Tx;//发送和接收
模式

        RCC_APB1PeriphClockCmd(RCC_APB1Periph_UART4,ENABLE);//UART4 时钟使能

        //配置 UART4 发送引脚为推拉输出
        GPIO_InitStructure.GPIO_Pin = GPIO_Pin_10;
        GPIO_InitStructure.GPIO_Mode = GPIO_Mode_AF_PP;
        GPIO_InitStructure.GPIO_Speed = GPIO_Speed_50MHz;
        GPIO_Init(GPIOC, &GPIO_InitStructure);

        //配置 UART4 接收引脚为浮空输入
        GPIO_InitStructure.GPIO_Pin = GPIO_Pin_11;
        GPIO_InitStructure.GPIO_Mode = GPIO_Mode_IN_FLOATING;
        GPIO_Init(GPIOC, &GPIO_InitStructure);
        USART_Init(UART4, &USART_InitStructure);

        USART_Cmd(UART4,ENABLE);//UART4 使能
    }
```

该代码配置 UART4 各种属性，读者对代码阅读如有问题请参考 3.4 节。

另外，ADC 配置函数 BP_ADC_INIT( )和 ADC 的 DMA 配置函数 BP_ADC_DMA_Init( )及滤波函数 AD_filter( )在本书的 3.8.4 节 DMA 方式 ADC 采集实验中列出了代码，请读者查阅，这里不再赘述。

设计题

一采集系统以 12 位精度和 100kHz 频率采集 3 个通道的模拟电压，将采集到的数据通过网络发送到远程主机，设计基于 STM32 的硬件实现方案和软件实现方案，并编程实现。

附　　录

附录 A　亮点 STM32 开发板资源

本系统的所有例程的目标板为亮点 STM32 开发板，该开发板网络资源为

淘宝：http://brightpoint.taobao.com

博客：http://blog.sina.com.cn/u/2630123921

交流论坛：http://www.eeboard.com/bp

交流 QQ 群：215824172

1. 资源一览

CPU：STM32F103VET6，TQFP100 脚。

FLASH：512KB，SRAM：64KB。

1 个 JTAG/SWD 调试端口。

1 个电源 LED，1 个 USB 转串口 LED；4 个用户 LED。

3 个 RS232，USART1，USART2 支持 3 线 ISP。

1 个 Micro SD（TF）卡插座，端口采用 SPI 方式。

1 个 USB 接口

1 个显示模块端口，利用 MCU 的 FSMC 16 位端口模式控制。

1 个可以选择由 MCU 和 RA8875 控制的 W25Q64 串行 FLASH。

1 个多路选择器用来切换由 MCU 还是 RA8875 访问 SPI FLASH。

1 个 RTC 后备电池座带电池。

1 个 TL431 参考电压预留，默认板上 3.3V 电压为参考。

1 个 SPI 总线控制的 ENC28J60 网络端口（10M）。

1 个 RA8875 液晶板，带 4.3in TFT 触摸屏，带 PWM 背光调节，可选高通字库 GT23L32S4W。

1 个 36 座的图形液晶端口 PLCD1。

1 个 20 针的 8 路 AD 和 2 路 DA 及多个模拟地的模拟端口 PANALOG。

1 个 26 针的引出多路 GPIO 和多路数字地的数字端口 PIO。

1 个 16 座的字符液晶 LCD1602 端口 PLCD2。

1 个 10 针的 GPIO\SPI\RS232 端口 P01。

1 个 6 芯的 GPIO 端口 P02。

1 个 10 芯的电源端口 P03。

2. 资源按引脚分配（见表 A-1）

表 A-1　资源分配

GPIO 引脚	使用的功能	复用功能	说　　明	引出端口	拟　分　配
PA0	唤醒			未引出	

（续）

GPIO 引脚	使用的功能	复用功能	说明	引出端口	拟 分 配
PA1	未用		未用	连模拟	
PA2	USART2 TX			连模拟	
PA3	USART2 RX			连模拟	
PA4	SPI1 _ NSS	DAC _ OUT1	SPI1 用于 TF 卡端口 使用 SPI1 用于 TF 卡的时候，输出到 DA 会无效	连模拟	
PA5	SPI1 _ SCK	DAC _ OUT2		连模拟	
PA6	SPI1 _ MISO			连 P02	
PA7	SPI1 _ MOSI			连 P02	
PA8	GPIO			连 GPIO	
PA9	USART1 _ TX				未引出 下载用 不引出
PA10	USART1 _ RX				未引出 下载用 不引出
PA11			GPIO	连 GPIO	
PA12			GPIO	连 GPIO	
PA13	GPIO	JTMS _ SWDAT	JATAG/SW 端口	在 JTAG 端口	
PA14	GPIO	JTCK _ SWCLK		在 JTAG 端口	
PA15	GPIO	JTDI		在 JTAG 端口	
PB0	ADC _ IN8	GPIO		模拟端口	
PB1	ADC _ IN9	GPIO		模拟端口	
PB2	BOOT1				
PB3	SPI3 _ CLK	JTDO	JATAG/SW 端口	在 JTAG 端口	
PB4	SPI3 _ MISO	NJTRST		在 JTAG 端口	
PB5	SPI3 _ MOSI			连 P01	
PB6	I²C1 _ SCL		24c02	连 P01	
PB7	I²C1 _ SDA		24c02	连 P01	
PB8	GPIO KEY1		按键	连 P01	
PB9	GPIO KEY2		按键	连 P01	
PB10	未用			连模拟	
PB11	SPI3 _ CS			连 P01	
PB12	SPI2 _ NSS		SPI2 连 SPI FLASH W25Q64	连 P02	
PB13	SPI2 _ SCK			连 P02	
PB14	SPI2 _ MISO			连 P02	
PB15	SPI2 _ MOSI			连 P02	
PC0	ADC _ IN10	GPIO	ADC	连模拟	
PC1	ADC _ IN11	GPIO		连模拟	
PC2	ADC _ IN12	GPIO		连模拟	
PC3	ADC _ IN13	GPIO		连模拟	
PC4	ADC _ IN14	GPIO		连模拟	
PC5	ADC _ IN15	GPIO		连模拟	

(续)

GPIO 引脚	使用的功能	复用功能	说明	引出端口	拟分配
PC6	LED1	GPIO		连 GPIO	
PC7	LED2	GPIO		连 GPIO	
PC8	LED3	GPIO		连 GPIO	
PC9	LED4	GPIO		连 GPIO	
PC10	UART4_TX	拟改作 GPIO		连 P01	
PC11	UART4_RX	拟改作 GPIO		连 P01	
PC12	SPI FLASH 切换	拟改作 GPIO		连 P01	
PC13	未用	拟引出	TAMPER-RTC	输出电流只 3mA	不引出
PC14	OSC32_IN				
PC15	OSC32_OUT				
PD0	LCD1602	FSMC_D2			
PD1	LCD1602	FSMC_D3			
PD2	GPIO	GPIO		连 P01	
PD3	GPIO	FSMC_CLK		连 P01	
PD4	GPIO	FSMC_NOE		FSMC 读	
PD5	GPIO	FSMC_NWE		FSMC 写	
PD6	未用	FSMC_NWAIT	未用		
PD7	GPIO	FSMC_NE1		片选	
PD8	GPIO	FSMC_D13			
PD9	GPIO	FSMC_D14			
PD10	GPIO	FSMC_D15			
PD11	GPIO	FSMC_A16	用作(LCD_RS)		
PD12	GPIO	FSMC_A17	用作(MPU_INT)		
PD13	GPIO	FSMC_A18	用作(MPU_WAIT)		
PD14		FSMC_D0			
PD15		FSMC_D1			
PE0	GPIO	扬声器		连 P01	
PE1	GPIO			连 GPIO	
PE2	GPIO			连 GPIO	
PE3	GPIO			连 GPIO	
PE4	GPIO			连 GPIO	
PE5	GPIO			连 GPIO	
PE6	GPIO			连 GPIO	
PE7		FSMC_D4			
PE8		FSMC_D5			
PE9		FSMC_D6			

(续)

GPIO 引脚	使用的功能	复用功能	说明	引出端口	拟分配
PE10		FSMC_D7			
PE11		FSMC_D8			
PE12		FSMC_D9			
PE13		FSMC_D10			
PE14		FSMC_D11			
PE15		FSMC_D12			

3. PLCD1 端口（接 RA8875 液晶板，36 脚母座）

图形液晶端口见表 A-2。

表 A-2 图形液晶端口

引脚	名称	对应 MUC 引脚	功能	备注
1	VCC		电源 3.3V	
2	GND		数字地	
3	PD7	PD7	FSMC_NE1	用作(LCD_CS)
4	PD11	PD11	FSMC_A16	用作(LCD_RS)
5	PD5	PD5	FSMC_NWE	LCD_WR
6	PD4	PD4	FSMC_NOE	LCD_RD
7	NRST		LCD 复位	
8	PD14	PD14	FSMC_D0	
9	PD15	PD15	FSMC_D1	
10	PD0	PD0	FSMC_D2	
11	PD1	PD1	FSMC_D3	
12	PE7	PE7	FSMC_D4	
13	PE8	PE8	FSMC_D5	
14	PE9	PE9	FSMC_D6	
15	PE10	PE10	FSMC_D7	
16	PE11	PE11	FSMC_D8	
17	PE12	PE12	FSMC_D9	
18	PE13	PE13	FSMC_D10	
19	PE14	PE14	FSMC_D11	
20	PE15	PE15	FSMC_D12	
21	PD8	PD8	FSMC_D13	
22	PD9	PD9	FSMC_D14	
23	PD10	PD10	FSMC_D15	
24	GND			
25	PD12	PD12	未用	可做(MPU_INT)

(续)

引脚	名称	对应MUC引脚	功能	备注
26	VCC			
27	VCC			
28	GND			
29	GND			
30	+5V			
31	PD13	PD13	未用	可做(MPU_WAIT)
32	rSFCL		连RA8875 SFCL	SPI 时钟
33	PB14	PB14	连RA8875 SFDO	SPI DO
34	rSFCS1		连RA8875 SFCS	SPI CS
35	rSFDI		连RA8875 SFDI	SPI DI
36	NC			

4. PLCD2 端口（接 LCD1602，16 脚母座）

字符液晶端口见表 A-3。

表 A-3 字符液晶端口

引脚	名称	对应MUC引脚	功能	备注
1	VSS		数字地	
2	+5V		LCD1602 电源	
3	VL		接电阻到地	
4	PD5	PD5	LCD1602 RS	
5	PD6	PD6	LCD1602 R/W	
6	PD7	PD7	LCD1602 E	
7	PD8	PD8	LCD1602 D0	
8	PD9	PD9	LCD1602 D1	
9	PD10	PD10	LCD1602 D2	
10	PD11	PD11	LCD1602 D3	
11	PD12	PD12	LCD1602 D4	
12	PD13	PD13	LCD1602 D5	
13	PD14	PD14	LCD1602 D6	
14	PD15	PD15	LCD1602 D7	
15	BLA		1602 背光	
16	GND	PE11	FSMC_D8	

5. PANALOG 端口（模拟输入输出 20 脚公座）

模拟端口见表 A-4。

表 A-4 模 拟 端 口

引脚	名称	对应 MUC 引脚	功能	备注
1	AIN15	PC5	模拟输入	
2	AIN14	PC4	模拟输入	
3	PB0	PB0	GPIO	
4	AGND		模拟地	
5	AIN13	PC3	模拟输入	
6	AIN12	PC2	模拟输入	
7	PA3	PA3	GPIO	
8	AGND		模拟地	
9	AIN11	PC1	模拟输入	
10	AIN10	PC0	模拟输入	
11	PA2	PA2	GPIO	
12	AGND		模拟地	
13	AIN9	PB1	模拟输入	
14	AIN8	PB0	模拟输入	
15	PA1	PA1	GPIO	
16	AGND		模拟地	
17	AOUT2	PA5	模拟输出	
18	+5V		5V	
19	AOUT1	PA4	模拟输出	
20	VCC		3.3V	

6. PIO 端口（主数字输入输出 26 脚公座）

GPIO 主端口见表 A-5。

表 A-5 GPIO 主端口

引脚	名称	对应 MUC 引脚	功能	备注
1	AIN15	PC5	模拟输入	
2	GND		数字地	
3	PE6	PE6	GPIO	
4	PE5	PE5	GPIO	
5	PE4	PE4	GPIO	
6	PE3	PE3	GPIO	
7	PE2	PE2	GPIO	
8	GND		数字地	
9	PC9	PC9	GPIO	
10	GND		数字地	
11	PC8	PC8	GPIO	

（续）

引脚	名称	对应MUC引脚	功能	备注
12	GND		数字地	
13	PC7	PC7	GPIO	
14	GND		数字地	
15	PC6	PC6	GPIO	
16	GND		数字地	
17	PA8	PA8	GPIO	
18	GND		数字地	
19	PA11	PA11	GPIO	
20	GND		数字地	
21	PA12	PA12	GPIO	
22	GND		数字地	
23	PE1	PE1	GPIO	
24	GND		数字地	
25	VCC		3.3V	
26	GND		数字地	

7. P01端口（辅助端口20脚公座）

辅助端口1见表A-6。

表A-6 辅助端口1

引脚	名称	对应MUC引脚	功能	备注
1	RS232 TX2		232发送	
2	+5V		+5V	
3	GND		数字地	
4	GND		数字地	
5	RS232 RX2		232接收	
6	PE0	PE0	GPIO	
7	PB5	PB5	GPIO	
8	PB6	PB6	GPIO	
9	PB7	PB7	GPIO	
10	PB8	PB8	GPIO	
11	PB9	PB9	GPIO	
12	PB11	PB11	GPIO	
13	VCC		3.3V	
14	GND		数字地	
15	GND		数字地	
16	PC10	PC10	GPIO	

引脚	名称	对应 MUC 引脚	功能	备注
17	PC11	PC11	GPIO	
18	PC12	PC12	GPIO	
19	PD2	PD2	GPIO	
20	PD3	PD3	GPIO	

8. P02 端口（辅助端口 6 脚公座）

辅助端口 2 见表 A-7。

表 A-7　辅助端口 2

引脚	名称	对应 MUC 引脚	功能	备注
1	PA6	PA6	GPIO	
2	PA7	PA7	GPIO	
3	PB12	PB12	GPIO	
4	PB13	PB13	GPIO	
5	PB14	PB14	GPIO	
6	PB16	PB16	GPIO	

9. P03 端口（电源输出端口 10 脚公座）

辅助端口 3 见表 A-8。

表 A-8　辅助端口 3

引脚	名称	对应 MUC 引脚	功能	备注
1	+5V		+5V	
2	GND		数字地	
3	+5V		+5V	
4	GND		数字地	
5	+5V		+5V	
6	GND		数字地	
7	VCC		3.3V	
8	GND		数字地	
9	VCC		3.3V	
10	GND		数字地	

10. Ju4 _ 232 端口（RS232）

RS232 专用端口见表 A-9。

表 A-9　RS232 专用端口

引脚	名称	对应 MUC 引脚	功能	备注
1	RS232-TX4		串口 4 输出	
2	GND		数字地	
3	RS232-RX4		串口 4 输入	

11. Jusbm 端口（串口转 USB 端口）

串口转 USB 端口见表 A-10。

表 A-10 串口转 USB 端口

引脚	名称	对应 MUC 引脚	功能	备注
1	+5V		+5V	
2	D-		D-	
3	D+		D+	
4	NC			
5	GND		数字地	

12. CJLINK 端口（标准 JLINK 端口 20 脚公座）

表 A-11 JTAG/SWD 端口

引脚	名称	对应 MUC 引脚	功能	备注
1	VCC		3.3V	
2	VCC		3.3V	
3	PB4	PB4	JTRST	
4	GND		数字地	
5	PA15	PA15	JTDI	
6	GND		数字地	
7	PA13	PA13	JTMS/SWDAT	
8	GND		数字地	
9	PA14	PA14	JTCK/SWCLK	
10	GND		数字地	
11	RTCK		GPIO	
12	GND		数字地	
13	PB3	PB3	JTDO	
14	GND		数字地	
15	#RESET		复位	
16	GND		数字地	
17	DBGRQ		JTAG DBGRQ	
18	GND		数字地	
19	DBGACK		JTAG DBGACK	
20	GND		数字地	

附录 B 实验教学安排

实验教学是促进学生巩固知识，培养学生动手能力和应用能力的重要手段，是研究型教学的重要方法。亮点 STM32 开发板在本书面世之前，已经成为本校机电学院嵌入式系统设计课程实验板。本人也已成功申请学校新实验建设专项。

本试验主要涉及以 STM32F103VET6 为核心的嵌入式系统的设计及驱动开发，软件编程。有利于提高学生基础课程和专业知识综合的能力，有利于学生在以后的工作中有良好的嵌入式开发基础。"C 语言"、"数字逻辑设计及应用"、"微处理器系统结构与嵌入式系统"是基于 STM32 的嵌入式系统设计实验的基础课程。

1. 实验内容

掌握 STM32 的硬件设计、GPIO 编程、串口、DMA 方式、IIC、SPI FLASH、TF 卡、字符液晶编程、网络通信编程、模数转换编程、数模转换编程、液晶及字库等，完成驱动开发并完成最终实验报告。

2. 学时安排

32 个学时，可根据情况裁剪。

1）流水灯和按键实验，2 学时。

2）串口发送和接收实验，2 学时。

3）串口 DMA 双缓冲实验，2 学时。

4）IIC 实验，2 学时。

5）SPI FLASH 实验，2 学时。

6）TF 卡实验，2 学时。

7）TF 卡 FAT32 实验，2 学时。

8）1602 字符液晶显示实验，2 学时。

9）网络通信实验，2 学时。

10）DAC 单次发送和波形发送实验，2 学时。

11）AD 波形 DMA 连续采集实验，2 学时。

12）液晶显示实验，2 学时。

13）液晶屏触摸实验，2 学时。

14）高通字库汉字显示实验，2 学时。

15）SPI FLASH 字库汉字显示实验，2 学时。

16）图形显示实验，2 学时。

实验具体内容细节可根据本书第 3 章选择。

参 考 文 献

[1] 卢有亮. 嵌入式实时操作系统 μC/OS 原理与实践 [M]. 北京：电子工业出版社，2012.
[2] Joseph Yiu. ARM Cortex-M3 权威指南 [M]. 宋岩，译. 北京：北京航空航天大学出版社，2009.
[3] STM32F10xxx 参考手册. 意法半导体（中国）投资有限公司，2010.
[4] 32 位基于 ARM 微控制器 STM32F101xx 与 STM32F103xx 固件函数库. 意法半导体（中国）投资有限公司，2010.
[5] RA8875 Regulation. RAiO Technology Inc，2011.
[6] Joseph Yiu. The Definitive Guide to the ARM Cortex-M3，2009.
[7] UM0427 Oct. 2007 Rev 2，STMicroelectronics.